DOKTOR

HAUS

Zvanični vodič
kroz popularnu
medicinsku seriju

EVRO GIUNTI

DOKTOR HAUS

IJAN DŽEKMAN

Sa predgovorom Hjua Lorija

Naslov originala
Ian Jackman
HOUSE M.D.
THE OFFICIAL GUIDE TO THE HIT MEDICAL DRAMA

Izdavač
EVRO–ĐUNTI, Beograd, Dimitrija Tucovića 41

Za izdavača
Novica Jevtić, generalni direktor

Glavni i odgovorni urednik
Sanja Đurković

Urednik izdanja
Jelena Vitezović

Sa engleskog prevela
Dijana Đelošević

Lektura
Vesna Đukić

Tehnički urednik
Vesna Pijanović

Štampa
Budućnost, Novi Sad

Drugo izdanje

Tiraž
2.000

ISBN 978-86-505-1805-2

www.evro-giunti.com
redakcija@evro-giunti.com
marketing@evro-giunti.com
prodaja@evro-giunti.com

SADRŽAJ

UVODNA REČ

Hjua Lorija

Ovo je uvodna reč za knjigu, ali je istovremeno i završna reč za prilično veliki deo mog života. Dok je pišem tokom 2010. godine, ona se odnosi na više od desetog dela mog života. Za Dženifer Morison i Džesija Spensera, blagoslovena bila njihova mlečna put, ona predstavlja tek petinu njihovog veka. Mislim da je vreme da se ponešto razjasni, a ovaj staromodni način, štamparskom bojom na papiru, čini se dovoljno zgodnim.

Jednom sam tako sedeo u „Starbaksu" i začuh neku ženu kako objašnjava svom sagovorniku: – Juče sam jela veoma zanimljiv mafin od borovnice. – Tada me je začudio taj epitet „zanimljiv". Zainteresovao me je. Postojali su, i još uvek postoje, mnogobrojni opisi mafina od borovnice za koje se dotična dama mogla opredeliti – dobar, loš, bajat, drobljiv, košer, filovan LSD-om, u obliku Ričarda Niksona i tako redom – ali „zanimljiv"? Potpuno me je zbunilo. Kada se danas osvrnem na taj trenutak, mislim da znam šta je htela reći.

Gotovo svakog jutra u proteklih šest godina – biće ih hiljadu, koje jutro manje ili više – pre svitanja sam se pojavljivao u „Foks studio Lotu" u Los Anđelesu, malenoj kneževini na bulevaru Piko sa sopstvenom policijom, vatrogasnom jedinicom, dvoranima, seljanima, privrženicima i lopovima. U njoj nema zvanične religije ali na središnjem trgu stoji ogromna bista Ruperta Merdoka, visoka šezdesetak metara, načinjena od kostiju palih neprijatelja. (Mogao bih to da zamislim.) Tu, na scenama 10, 11, 14 i 15 zaranjao sam u fiktivni lik, na fiktivnom mestu, u fiktivnom svetu, uz jednosatnu pauzu za ručak. Moje iskustvo je tako neobično sabijeno da vam ne mogu preneti šta se dešava na scenama 12 i 13, a još manje ono što se zbiva u spoljnom svetu. Kad bolje razmislim, blage veze nemam gde se scene 12 i 13 nalaze. Možda broj 13 i ne postoji, kao u hotelima? Nedovoljno poznajem kalifornijsku klimu, ne znam koja je stranka na vlasti, a još manje koje su mogućnosti da se ova hip-hop stvar primi. Otkad sam ovde, metalni escajg sam koristio jedva desetak puta.

Bilo je zanimljivo, jašta, ali ne onako kao što biste možda očekivali. Zanimljivost nije proistekla iz bogatog iskustva već iz nedostatka iskustva; isključenosti iz svega osim one najneposrednije reči, treptaja oka, daha, trenutka. A taj je trenutak daleko prešišao uobičajene aktivnosti pretvorivši se u punih šest godina – tako se izgubio onaj uverljivi Trenutak.

Ali sačekajte, skačem pred rudu. Da se vratimo na to kako sve ovo funkcioniše (ako me ikada uhvatite da reč „premotavanje" koristim ikako drugačije osim u tom značenju, odmah me ustrelite, bez milosti).

....

Jedan Englez je pozvan u Los Anđeles. Na osnovu kratkog, izgrebanog video-zapisa, očigledno se našao u prilici da dobije ključnu ulogu u televizijskoj seriji. Kako bi stigao do finala, mora da skače kroz obruče, ljubi prstenje, polaže zakletve – što i čini, i to rado. I tako bi Odabran. Putuje u Vankuver, grad pun zgrada, recimo, i tamo snima jednosatnu epizodu. Polaže je pred noge Bogova. Bogovi je prikazuju ciljnoj grupi, koja joj daje dovoljno visoku ocenu, pa za njom usledi trinaest epizoda. Englez spakuje nešto košulja, poljubi porodicu na rastanku i odleti za Los Anđeles. (Naglašavam da „ne odlazi džetom" u Los Anđeles kako bi se to reklo u britanskim tabloidima – kao da svi ostali putuju parnim vozovima... Samo časak, ako se uhvatim tabloida, nikada nećemo izaći iz ove zagrade.)

Njegova očekivanja su u tom času nevelika. Zna da je američka televizijska industrija arena u kojoj se odvija žestoka borba, i da jednočasovne drame prate put istovetan doslednoj putanji spermatozoida – koji hrle ka ogromnom Nilsenovom jajašcetu u drhtaju uzbuđenja nakon čega sledi nekoliko kratkih grčevitih izvijanja i sve se okončava zaboravom. Pa ipak, kao kakvim čudom, serija preživljava te rane nedelje, ojačava i dobija zamah, sve dok se ne zalaufa i krene da se obrušava a dotični Englez zamlatara nožicama u pokušaju da izdrži lavinu, s tregerima zaglavljenim u vratima. Vreme prkosi sopstvenoj prirodi – ubrzava se, usporava se, krivi se, odlazi postrance – neobični dani provedeni unutra, na snimanju priča koje nisu stvarne, na foto-sesijama, crvenim tepisima i u tok-šouovima koji su još manje realni. Ludilo je, stoga, neizbežno. Kasno jedne večeri, dotični Englez je nađen kako tumara Pasifik koust hajvejom. Gol-golcat, mlatara četrdesetpeticom i recituje psalm dvadeset tri.

Zvao se Ronald Petigru, a emisija je, naravno, bila *Wetly flows the Mississippi* i prikazivala se dve godine na Tramp netvorku.

Iako nisam prošao tako loše kao stari dobri Petigru, bivalo je i trenutaka kada mi beše jako teško. Da li je bilo podjednako teško kao ratovanje u Avganistanu, pobeda nad Jenkijima (šta god to značilo i ko god oni bili) ili vođenje uspešnog kupleraja? Ne znam i ne mogu da saznam. Možda mislite „ma daj, to je samo televizijska serija", i u pravu ste – odrednicu „samo" možete da prikačite svakom događaju na svetu ukoliko ga dobro poznajete. Geolozi ili astrofizičari bi rekli da nuklearni armagedon vodi „samo" do uništenja ljudske vrste.

Ali postoji paradoks: da se bilo ko od nas koji radimo na seriji *Haus* ikada ponašao kao da je reč „samo" o televizijskoj seriji, onda nje ne bi ni bilo – bila bi ukinuta. Bivša televizijska serija. Kao i većina ljudi u industriji zabave, profesionalno smo skloni preterivanju. Snaga je u umu, rekao bi Marko Aurelije u lošem prevodu; a kada ljudi skloni preterivanju odluče da je nešto snažno, i usmere svu svoju fizičku i mentalnu energiju na to, onda to postane nešto. Pa, upravo smo to uradili s *Hausom*, bilo to na dobro ili loše. Nekome to može izgledati komično; ali nadam se da taj Neko ne živi u staklenoj kući, jer su one sasvim van pameti. Pomislite samo na račune za grejanje.

....

Ali naporan rad, sam po sebi, nije objašnjenje za to što je *Haus* postao najgledanija televizijska serija na planeti. (Ovo nije moja tvrdnja: tu sam informaciju nedavno pročitao u nekakvim trgovačkim novinama, i nemam pojma kako je pisac članka došao do tog zaključka. Niti nameravam da to otkrijem.) Mora da postoji još nešto. Naravno, moglo bi se kazati da je serija zbir pojedinačnih delova, ali to važi za gotovo sve van područja čiste matematike. Pokušajte da odete na posao u gomili delova honde sivik. Moglo bi se reći da Hausovo preziranje uglađenosti i učtivosti pruža starijoj publici nešto utehe u ovo doba pritvorne političke ispravnosti; moglo bi se reći da se on mlađima dopada zbog toga što ne priznaje autoritete, a oni sami vole da vide sebe kao buntovnike iako su retko kad takvi. Povrh svega, Haus je iscelitelj, onaj koji rešava probleme, spasitelj – što su vrlo često privlačne osobine. Sve te činjenice mogle su na izvestan način doprineti ulasku serije u naborane sredovečne godine. Po meni su, međutim, za to zaslužne šale.

Mislim da je Haus čudovišno zabavan. Ozlojedim se kada ga ljudi opisuju kao gunđala, mrguda ili drkadžiju, jer smatram da previđaju dobre osobine, kako serije tako i samog lika. Haus je po meni nestašan, oštrouman i odlično društvo. Sviđa mi se da provodim vreme sa njim. Štaviše, verujem da je njegova duhovitost sastavni deo njegovog karaktera i zanimanja. Evo, objasniću vam.

(Naravno, ne morate mi dozvoliti da vam išta objašnjavam. Možete, ako hoćete, da sklopite ovu knjigu uz tresak i odšetate se u knjižaru, do polica s priručnicima tipa „Sam svoj majstor". A možete i da preskočite fotografije Olivije Vajld, nije nikakav problem.)

Samo je nekoliko stvari dosadnije od razgovora o prirodi humora ili o razlozima zbog kojih je neka šala smešna, ali hajde da ih brzo pretresemo pa da nastavimo. Većina šala u suštini zavisi od spajanja dve naizgled različite stvari. Upravo nas zasmejava nenadano prepoznavanje ranije neprimećene sličnosti. (Uf. Osećam se prljavo jer opisujem nežnu lepotu humora takvim grubim, mehaničkim jezikom. Ali šta je tu je, leptir je prikovan.) Šala, dakle, dolazi iz onog dela mozga u kome nastaju metafore, stvaraju se i tumače poređenja, analogije i ostalo. Haus ima naviku da, s vremena na vreme, opisuje medicinska stanja u metaforama. Time se na prikladan način laicima približavaju stručni izrazi i objašnjenja onoga što se dešava (u seriji je to obično pacijent, a u stvarnom svetu, pa, publika). Osim te svrhe, Hausova veština iznalaženja metafora čini ga izuzetnim u onom što radi. Zahvaljujući svojoj sposobnosti da raščlanjuje probleme pomoću metaforičkih alatki (upotrebio sam jednu, opisujući drugu – ovo bi se moglo nazvati nabiflanom rečenicom) sagledava situaciju jasnije i logičnije od svojih kolega. U tom zabavnom delu Hausovog mozga istovremeno se rađaju dijagnoze i tu se izražava njegov odnos prema smrti.

Haus je ateista. (Dejvid Šor me nije ovlastio da kažem ovo, ali ja se, evo, izlažem opasnosti i izjavljujem to. Ako Haus u devetoj sezoni spozna Boga, prepraviću ovaj deo rukopisa.) Šta da učini ateista kad se suoči s činjenicom da je kosmos hladan i prazan? Može skočiti u reku, može juriti za srećom, kao što to neko nezaboravno reče ili može smišljati šale. Verujem da je za Hausa ateistu, šala svetinja. Ona je suština njegove ljudskosti. Ublažavati patnju, ispravno postupati – Haus je prisiljen da poštuje ta pravila i on to čini gunđajući, nepouzdano, uz sumnju da je takva igra besmislena i da je sve puka taština. Šala, s druge strane, predstavlja radosni usklik, iskru božanskog, način da se nametljivom kosmosu zabode prst u oko. Haus, u suštini, ismeva smrt. To je jedna od mogućnosti, dečice.

....

Sada se oni praktičniji od vas, čitalaca, oni što premeštaju točkove na kolima kako bi se ujednačeno habali i redovno čiste oluke od lišća, možda pitaju kakve veze sve gore izrečeno ima s time kako funkcioniše tipična američka bolnica. Da li su pravi doktori skloni metaforama, da li se šale, postupaju li kao Haus, Kadi ili Vilson? A ako jeste tako, je li to vredno pomena?

Prvo i pre svega, oni koji smatraju da je Prinston Plejnsboro tipična bolnica, sigurno su veći deo života nepristojno dobrog zdravlja. Ta bolnica nije tipična a ni realna, niti nam je to bila namera. Prinston Plejnsboro je za mene uvek bio začarana šuma, u koju pacijenti dolaze da ih izleče od alegoričnih tegoba. Metodi lečenja su metaforični, dijalog je dijalektičan. Naravno,

u svakoj drami moraju se poštovati zakoni sopstvenog uni-
verzuma – likovi ne umeju da lete niti putuju kroz vreme – a
serija je verodostojna onoliko koliko vreme i novac mogu to
da omoguće (osim očiglednog izuzetka: u Hausovom svetu ne
postoji televizijska serija *Haus*). Bilo kako bilo, likovi i doga-
đaji nisu istiniti. Pomoću priča namećemo praznom svemiru
oblik, moralnost i značenje. I lepotu, takođe. Jednom je engle-
skom slikaru pejzaža Džozefu Tarneru kritičar izneo zamerku
da nikada nije video takav zalazak sunca, prezrivo pokazavši
na njegovu sliku, na šta je Tarner odgovorio: – Ali, zar ne biste
voleli da ga vidite? – Dobar nastup tog umetnika.

U Hausovoj kancelariji postoji jedan rekvizit, deo scenogra-
fije. Reč je o granitnoj ploči – nekakvom podmetaču, pretpo-
stavljam – u koju je uklesana izjava *Puki podražavalac priro-
de ne može stvoriti nešto veliko*. Nikada mi se nije dopadao taj
rekvizit; isuviše razmetljiv, snobovski a i što bi nešto uklesali
u njega, šta fali samolepivoj poruci? Međutim, smatram da je
ta izjava istinita.

Ako je određeno reprodukovanje stvarnosti na ekranu ne-
poželjno, ono je i nemoguće. Barem nikad nije ostvareno, ko-
liko je meni poznato. Panduri na filmu ne izgledaju niti se po-
našaju kao oni pravi, advokati na filmu nisu kao oni pravi a ni
kapetani svemirskih brodova nisu kao pravi kapetani svemir-
skih brodova. Najčudnije od svega jeste to što filmska indu-
strija ne može tačno da predstavi samu sebe. Svaki put kada
gledate film unutar filma – svaki put, zaista – režiser snažno
trza slušalice sa ušiju i ljutito viče: – SECI! – na šta šikanirani
asistent zamlatara rukama i drekne: – Pet minuta pauze! – Za
trideset godina glume, nikada to nisam video.

Sada zvuči kao da branim seriju od svake kritike, što je mo-
žda i istina. (Ovo se pokazalo kao zgodna prilika da izravnam
nekoliko računa. Dobro de, zar ne biste i vi to uradili?) Neću da
imenujem ljude – osim Rumpygirl518, dabogda je bezrazložno
zadržali na nekoj stranoj carini, i još da joj ne dovode advoka-
ta i ne puštaju je u WC – ali želim da odbranim, ako ne seriju a
ono barem ljude koji je prave. To je izuzetna družina, a njihov
talenat i posvećenost je divljenja vredno čudo. Voleo bih da
ih vidite na delu, zaista bih voleo. Oduzeli bi vam dah. Greške
koje pravimo na snimanju *Hausa* – a pravimo ih, naravno, sve

vreme, jer je takva priroda ovog posla – nikada nisu posledica nemarnosti ili nedostatka ponosa, već su od one vrste koju načinite kada pokušavate da izračunate visinu poreza dok padate niza stepenice. Ponekad se upravo tako osećamo. Odluke zasipaju ekipu serije poput grada, ali oni ipak koračaju dalje, sat za satom, mesec za mesecom, uz umeće, lukavstvo, mišiće i dobro raspoloženje – dakle, odlikuje ih ona mešavina sposobnosti za koju verujemo da su je imali vojnici koji su se iskrcali u Normandiju. Ukratko, reč je o dobroj ekipi.

Eto, rekao sam. Računi izravnati. Rumpygirl, sada možeš da obaviš onaj jedan telefonski razgovor. Ne, nemam prokletu sitninu.

....

Predloženo mi je da pružim koju pojedinost, nekakvu građu, pa ću vas stoga provesti kroz tipičan ponedeljak.

6 PRE PODNE:

Ulazim u studio, iznova i iznova ponavljajući rečenicu „I really don't understand".* Tako se zagrevam za američki izgovor. Ako mi reč „really", koja sadrži glasove r i l nadomak jedno drugom, ne zazvuči dobro još u kolima, dan će biti loš. Izgovoriti ispravno onaj neznatni diftong u reči „stand" takođe predstavlja dobru vežbu.

Na ulazu me pozdravlja Lorens, Kerber u plavoj uniformi, koji me obaveštava da je Moć unutra i da moram težiti da pronađem Milost ovog posebnog Ponedeljka. Ponekad mi čita svoju poeziju. Drugom prilikom dobijam široki, spori smešak, kao da je sve tako očigledno pa ga ne treba ni imenovati. Na kraju se pozdravljamo laganim udarcima pesnicama i laktova čije značenje nikada neću dokučiti, makar poživeo hiljadu godina. Lorens nosi pištolj.

Odlazim u svoju prikolicu koja svake sezone postaje sve duža, kao uši u staraca. Ove godine sam zadnji deo prikolice

---

* I really don't understand (engl.) – Zaista ne razumem. (Prim. prev.)

izdao jednoj jako finoj korejskoj porodici. Žvaćem pola litre gustog espresa i letimično pregledam dnevni raspored, meni radnih obaveza za taj dan i njihove sastojke. Kao sa svakim menijem, pogled mi sklizne na cene – u ovom slučaju to je broj stranica za taj dan. Ako ih je više od sedam, biće naporno. Više od devet stranica – prava krckalica za mozak. Možda zvuči kao neveliki broj – najviše pet minuta pojavljivanja na ekranu dnevno – ali imajte na umu da su u raskošnom svetu dugometražnih filmova dve stranice više nego što siroti dragi glumci mogu da podnesu pre nego što ih zabole nožice.

Jašta, taj espreso je jako gorak.

6 I 10 IZJUTRA:

Sedim u frizerskoj stolici, gde talentovana Lori Rozman pokriva prve naznake moje ćelavosti svojom specijalnom mešavinom vlakana od debelog kartona i akrilne boje. Oduvek sam smatrao da kosa čini pedeset procenata filma. I to ne mislim na kul frizure, već na dobru kosu. Dobra kosa znači dobar karakter, kao što dobar bubnjar čini dobar bend.

6 I 30 IZJUTRA:

Poziv za okupljanje ekipe. Pravac set za probu prve scene. Ovo može biti jednostavna, mehanička radnja – ja stojim ovde, ti tamo – ili komplikovana fizička i psihološka slagalica: kako najbolje preneti značenje scene i skriveni ples likova. Bilo jednostavno ili složeno, moramo dalje. Nalik smo na ajkule – ako stanemo, prestaćemo da dišemo. (Produkcija je samo po tome slična ajkuli.) Kada je scena postavljena na radost svih, tehničari se pozivaju na poslednju probu, gde su trase kretanja glumaca obeležene na podu trakama u boji. Moja je zelena.

OKO 7 IZJUTRA:

Natrag u šminkersku stolicu, gde Marijana Elijas, grčka boginja, premazuje moje naborano lice. S obzirom na to da ću u junu napuniti osamdeset i jednu godinu, dobro obavlja posao.

U međuvremenu, direktor fotografije Gejl Tatersol plete sopstveni kolariću-paniću od svetla na setu, pa se ono odbija od muslina, belog kartona i primeraka časopisa *Auto trejder*. Kamermani Toni Gaudioz i Rob Karlson podešavaju kadriranje; asistent kamermana Gari Vilijams (visok dva metra i deset centimetara, a kreće se kao nindža; nije napravio niti jednu grešku tokom četiri godine koliko radi u ovoj produkciji) odmerava pomeranje kolica po kretnjama dublera; Ken Strejn, asistent snimatelja zvuka, razmišlja kako kog đavola da snimi dijalog a da se pecaljke ne ogledaju u pedeset staklenih površina koje sačinjavaju bolničke sobe i tako redom.

A možda su se okupili i igraju remi dok se ne vratim. Nikad se ne zna.

Posetioci na setu, bilo kom setu, često primećuju da se mnogo ljudi „samo muva naokolo". Tako i jeste, naizgled. Ali tako izgleda i kolonija mrava sve dok nakon dovoljno dugotrajnog posmatranja ne shvatite plimu i oseku tog posla. Filmski setovi zbunjuju posmatrače, jer niko ne nosi uniformu. Svi su u farmerkama i patikama, i ničije zanimanje nije predstavljeno odećom, samo što gaferi i električari obavezno nose rukavice kako bi rukovali usijanom rasvetom, i glumci oblače bele mantile kako bi vodili usijane razgovore. (Ovo je bolno očigledno loš primer.)

Gore pomenuti proces se ponavlja šest sati, sve do ručka – kada se zapravo i ne ruča. U čitavom petnaestočasovnom radnom danu članovi ekipe samo tad imaju malo vremena da pozovu svoje banke, vodoinstalatere, nastavnike svoje dece ili advokate za razvod. Koračaju naokolo s mobilnim telefonima prikopčanim za uši, mole, nagovaraju, prete, slušaju pretnje. Obično posle ručka može da se primeti kome je razgovor protekao po planu, a ko je nadrljao.

U pauzi za ručak glumci sednu za sto i pročitavaju novi scenario; ili nasnimavaju zvuk – neki delovi se ponovo snimaju zbog kakvog psa, aviona ili loše glume; ili daju intervju novinaru koji je došao da izvesti kako se ljudi na snimanju serije samo muvaju naokolo. Ako ne bude ništa od toga – onda se dremne, što ja obavljam stojeći, kao konj, da ne poremetim nadograđene vlasi i sačuvam ih za popodnevno snimanje.

I to bi u osnovi bilo to. Ponavljanje dok se ne poludi. Ili dok publika ne pronađe nešto sjajnije negde drugde. Teško je poverovati da su naši napori punih šest godina dobro prihvaćani, štaviše odlično, i u Americi i u inostranstvu. Vrištali su na mene u Italiji, a u Španiji su me jurili. Jurili, kad vam kažem. Mislim da bi me pojurili i u Francuskoj, samo kad bi znali da neće pogužvati pantalone. Prijem u inostranstvu je prilično iznenađujući, s obzirom na verbalno gustu, idiomatsku strukturu serije. Shvatam globalnu privlačnost serija s pandurima, gde se za dugački dijalog smatra i: „Ulazi u kola" – ali šta, zaboga, turski prevodilac da radi sa: „I promise you, the next knitting injury that comes in here, we're on it like stink on cheese"?* Pretpostavljam da to nikad neću otkriti. Naš redovni režiser Huan Kampanela (ovogodišnji dobitnik Oskara – o, da, družimo se s pravim ljudima), rekao mi je da je u svojoj rodnoj Argentini gledao film gde je reč „chip" (kao u „chip on his shoulder"**) protumačena kao „mikročip". Mislim, stvarno?

Pa dobro. Verovatno sam vas dovoljno dugo zamajavao. Zakuska je prošla. Ako još stojite u knjižari i pokušavate da zaključite je li ova knjiga vredna toliko para, mislim da imate više nego dovoljno informacija. Samo napred. Ne košta mnogo više od kese mafina od borovnice, a nikad se ne zna – možda vam bude i zanimljiva.

Hju Lori
Nju Rošel, Njujork
april 2010.

---

* I promise you, the next knitting injury that comes in here, we're on it like stink on cheese (*engl.*) – Obećavam ti, čim nam dođe još neko sa povredom od štrikanja, zalepićemo se za njega kao pijavice. (Prim. prev.)
** To have a chip on your shoulder (*engl.*) – frazeološki izraz, u značenju biti ljut ili ogorčen zbog nečega, obično nekog događaja iz prošlosti. (Prim. prev.)

UVOD

Jedna od sto trideset jedne epizode

Svi lažu. Pogledajte ponovo prvih nekoliko minuta pilot-epizode *Hausa*, koja se emitovala 16. novembra 2004. godine, pa ćete videti koliko se brzo uspostavlja ovo osnovno načelo sveta doktora Gregorija Hausa. U tizeru, u sceni koja se odvija pre uvodne špice, mlada učiteljica Rebeka (Robin Tani) utrčava u školu dok zvono najavljuje početak časa. Naleće na kolegu koji je začikava da kasni zato što je prethodnu noć provela s muškarcem. – Ne, nisam spavala s njim – odvraća Rebeka. – Lažeš – nastavlja prijatelj veselo. – Tebe ne bih lagala – kaže Rebeka. Sada, nakon punih šest sezona *Hausa*, publika je pametnija. I dok u učionici čavrlja sa svojim predškolcima Rebeka gubi moć govora i pada. I tako se susrećemo s prvom tajanstvenom bolešću.

Veoma brzo koračamo hodnicima bolnice Prinston Plejnsboro (PPTH). Vilson želi da Haus proveri je li tačno dijagnosticirano da Rebeka ima rak na mozgu, zato što je ona njegova rođaka. Kasnije saznajemo da Vilson i Rebeka nisu u srodstvu. Tako u samo prva tri minuta serije imamo jednu dokazivu neistinu i jednu moguću izmišljotinu, a tu je učestalost teško dostići. Ali ljudi će dati sve od sebe. Dok Haus objašnjava Vilsonu zašto neće da preuzme slučaj, guta jednu pilulu. Naivni gledalac se pita da li to Hausa boli glava. – U svom timu imaš tri previše kvalifikovana doktora koji se dosađuju – kaže Vilson – zašto ih ne bi iskoristio? – Ubrzo zatim putujemo kroz

Rebekinu nežno oblikovanu nozdrvu do mozga kao da smo na *Fantastičnom putovanju.**

....

Haus je Haus i Haus je Hju Lori. Svih šest sezona otvorenih usta smo gledali kako Haus neumešno primenjuje konvencije o odnosu doktora i pacijenta – kao, uostalom, i o svakom drugom odnosu s ljudima. U Hausovoj orbiti kruži grupa likova, koju sjajno oslikava i čarobno nastanjuje izuzetna ekipa glumaca. U Prinston Plejnsborou svi oni imaju zahtevne poslove: članovi su Hausovog tima dijagnostičara, nadziru onkološko odeljenje ili vode čitavu bolnicu. Ali njihov glavni zadatak, njihov pravi poziv jeste da komuniciraju s Hausom. Radeći s njim, zaslužuju ozbiljne plate. Haus je mizantrop, doktor koji ne voli pacijente, ovisnik s povređenom nogom koji beži od veza, čovek koji mora da razreši zagonetku i dođe do istine čak i ako pritom dobro protrese osećanja ljudi, i usput laže, krade i vara – šta god bilo potrebno da pronađe odgovor.

Stidljivci ne mogu da izdrže ni pet minuta kraj Hausa te niko od direktora i nije takav. Njegov tim dijagnostičara s početka čini trojka – brižna žena koja predstavlja moralni stožer grupe; njen (bivši) muž Australijanac koji nije baš kao Haus koliko misli da jeste; ambiciozni čovek koji mnogo više liči na Hausa nego što je spreman da prizna, i to od glave do pete. Hausov drugi tim: plastični hirurg zavodnik; lepotica s tempiranom bombom u telu i čovek koji je Hausu postavio konačnu zagonetku koju ovaj nikad neće odgonetnuti. Dvoje ljudi su najbliži Hausu. Njegova šefica, polemičarka, iskupiteljka, spasiteljka, prijateljica i osoba u koju je čas zaljubljen a čas nije, ona koja Hausu govori šta treba da uradi. I uz nju Hausov najbolji (i jedini) prijatelj, s vremena na vreme i cimer, triput ženjen (i još broji), čovek koji previše voli i koji u ovom rđavo skrojenom svemiru često po navici nastupa kao glas

* Fantastic Voyage (*engl.*) naslov je naučnofantastičnog filma iz 1966. u kojem posada smanjena na veličinu mikrometra ulazi u telo pacijenta kako bi ga izlečila. (Prim. prev.)

razuma. Svim ovim ljudima se dosta toga dešavalo u protekklih šest godina.

Kada je pilot-epizoda emitovana, sve to ih je tek čekalo. Rešavajući slučaj, Forman razotkriva Vilsonovu laž da mu je Rebeka rođaka, što je zaključio tokom nezakonitog pretresa Rebekinog stana. Kako je Forman to doznao? Na osnovu šunke u Rebekinom frižideru. (Vilson je Jevrejin. Da je Rebeka Vilsonova rođaka, ne bi jela šunku.) Zahvaljujući šunki Hausu pada na pamet ideja da Rebeka ima pantljičaru u mozgu! Rebeka konačno poveruje timu tek pošto je Čejs spasava, ubedivši je da prihvati lečenje i samo mesec dana svakodnevno pije nekoliko tableta. Ovaj povoljni ishod se Hausu čini beznačajnim. Što se njega tiče, njegova odgovornost se okončala čim je razrešio slučaj.

Rebekina pantljičara je uhvaćena kao negativac na kraju policijske potere. Nedelju za nedeljom, vrhovni autoriteti na setu, idejni tvorac i pokretač serije Dejvid Šor i njegova saradnica Kejti Džejkobs, pronalaze medicinski krimić, neobičnu i prepredenu bolest koju Haus mora da otkrije. Ali još od pilot-epizode je bilo jasno da serija *Haus* govori o mnogo čemu. Pratimo seriju zato što želimo da saznamo šta će scenaristi uraditi s odličnim likovima. Na kraju pilot-epizode, dok Haus i Vilson zajedno gledaju neku medicinsku sapunicu na TV-u, Vilson priznaje: lagao je da mu je Rebeka rođaka ne bi li Haus preuzeo slučaj.

VILSON: Ti mene nikada nisi slagao?

HAUS: Ja nikad ne lažem.

VILSON: Kako da ne.

Haus se šali. Svi lažu. Zašto lažemo? Lažemo zato što je to korisno. Vilsonova laž je navela Hausa da izleči Rebeku. Ali je ona imala još jednu, nenamernu posledicu. Da je Vilson naterao Hausa da preuzme slučaj ili ga nečim potkupio, umesto što je slagao kako je u srodstvu s pacijentkinjom, Formanu nikada ne bi bilo neobično što je našao šunku u Rebekinom frižideru. Bez te laži (i Formanovog nezakonitog upada i pretresa), pacijentkinja bi umrla. To ukazuje na značaj Hausove nehajne opaske za jedne seanse postavljanja diferencijalne dijagnoze u prvoj epizodi, koju uputi Formanu jer ovaj izjavi da nešto ništa ne znači. – Istina počinje s lažima – kaže Haus. – Razmisli o tome.

DOKTOR
[H]AUS

1

STARTNA LINIJA

⊠ STVARANJE SERIJE

> Lako je sesti za pisaću mašinu i stvoriti lik krajnje pro-
> tivrečnih karakternih crta ali je nešto sasvim drugo ka-
> da se pojavi glumac koji treba da ih oživi.

DEJVID ŠOR

**Dejvid Šor, idejni tvorac *Hausa*, prvi priznaje kako je mno-
go ljudi potrebno** da bi se razvila jedna televizijska serija. Go-
dine 2003, Kejti Džejkobs i Pol Atanasio, koji čine *Heel and Toe
Films*, predložili su Šoru da zajedno snime seriju za *Juniverzal
netvork televižn*, jer su s tim studiom imali dogovor o razvija-
nju projekata. – Bila sam njegov fan – kaže Kejti Džejkobs. – On
je rekao: „Dobro, napisaću vam pilot-epizodu a potom ćemo
smisliti šta dalje s tom idejom".

Šor je bio vrlo iskusan budući da je godinama bio izvršni
producent i šouraner* u serijama koje su drugi vodili, i bio je
više nego raspoložen da radi samostalno. Dok je Šor bio sa-
vetnik u *Senčeri sitiju*, seriji koju je kompanija Džejkobsove i

---

* Showrunner (*engl.*) osoba u američkoj i kanadskoj televizijskoj industriji zadu-
ženu za svakodnevnu kreativnu brigu o televizijskoj seriji, iako se to zanimanje
obično naziva izvršni producent; taj posao objedinjuje dužnosti i scenariste i
producenta. (Prim. prev.)

Atanasija producirala za *Juniverzal*, on je započeo rad na novoj seriji. Njih troje bi se našli i razgovarali o tome kako da sastave svoju pilot-epizodu – koju producenti snimaju u nadi da će obezbediti ugovor s nekom televizijskom mrežom. Prvo ono najbitnije: o čemu će se raditi u seriji?

Dramske serije se uglavnom odvijaju na mestima gde se ljudi zatiču u nerazrešivim opasnim situacijama – u policijskim stanicama, sudnicama, operacionim salama. Tamo se događa ili nešto veoma dobro ili nešto jako loše, a dramatičnost se podrazumeva. Budući pravnik po obrazovanju i s godinama staža na serijama s takvom tematikom, Dejvid Šor je bio rešen da ne radi na nečemu što se odvija u takvom okruženju. Pol Atanasio se zagrejao za ideju koja mu je sinula nakon čitanja članka „Dijagnoza" Lise Senders, objavljenog u *Njujork tajmsu*. U tom članku doktori pretresaju čudne simptome jednog pacijenta kako bi ustanovili dijagnozu. Iz razgovora s vlasnicima televizijskih mreža Pol i Kejti su znali da se traže serije policijskog žanra, poput klasičnih policijskih drama; trebalo je policijsku seriju smestiti u bolnicu.

Šor nije bio siguran. – Priznajem da u prvom trenutku nisam bio ubeđen – kaže on. – Radije bih poradio na nekoj od drugih ideja. – No ipak je prihvatio medicinsku temu. – Bio sam veoma podozriv ali su oni iz televizijske mreže bili veoma uzbuđeni a kako nisam idiot, nisam obznanio svoju sumnjičavost. – Šor je započeo rad („lupajući glavom o zid"), i u narednih nekoliko meseci jedan neobičan lik se izdvojio u njegovoj glavi. Dok je sastavljao opšte crte tog lika Šor se zapitao u kom se to smeru zaputio.

– **Bio sam veoma zabrinut** što se u seriji sa istrage skliznulo na glavni lik. Brinuo sam da smo namamili vlasnike televizijske mreže, da smo im umesto serije koja počiva na istrazi prodali seriju koja se temelji na glavnom liku.

DEJVID ŠOR

Postojalo je rešenje za problem koji se ticao toga šta će u mreži pomisliti. – Zauvek sam zahvalan Polu na predlogu da zaduženima u mreži ne pokažemo prvu skicu – kaže Šor. – Rekao je da će scenario biti jako dobar, pa da im za sada ne pokazujemo prvu skicu, što i nismo učinili. – Ubedivši urednike u mreži kako je bolje da sačekaju scenario, Šor se bacio na ispunjavanje tog obećanja.

Dejvid Šor je čitavih pet meseci razmišljao i premišljao i stvarao pilot-epizodu. Nakon što su Pol, Kejti i ljudi iz studija ubacili još nekoliko ideja, scenario je bio gotov: u petak, dan nakon dočeka 2004. godine. U deset sati izjutra u ponedeljak, iz mreže su ga zvali i kazali kako žele da napravi pilot-epizodu.

Režija pilot-epizode poverena je iskusnom režiseru velikih hitova, na primer njegov je film *Dežurni krivci* i serijal filmova *Iks ljudi*. Singer je postao izvršni producent.

– Ponosan sam na to što nije uneto mnogo izmena u scenario pilot-epizode. Ja sam radnju smestio u Boston zato što je to akademski grad. Kada se Brajan Singer prihvatio režiranja pilot-epizode imao je svega nekoliko primedbi, između ostalog, zamolio nas je da radnju smestimo u Prinston, gde je odrastao. Dopadala mu se pomisao na mesto koje odiše učenjaštvom ali koje nije veliki urbani centar... A to ranije nismo gledali na TV-u, što je kul. Zbog takvih rešenja serije se istaknu.

DEJVID ŠOR

Dobro je poznato da likovi iz serije *Haus* nalikuju junacima ser Artura Konana Dojla, neobičnom detektivu Šerloku Holmsu i njegovom pomoćniku doktoru Votsonu. – Likovi Hausa i Vilsona se neznatno zasnivaju na Votsonu i Holmsu, više su inspirisani njima nego što liče na njih – kaže Dejvid Šor. Holms i Votson; Haus i Vilson. Hausova prva pacijentkinja je Rebeka Adler, a to prezime je Dojl koristio. Hausa je ustrelio izvesni Morijarti – Holmsa je ubio Morijarti (ali ga je Dojl vratio među žive). Holms i Votson žive u ulici Bejker 221B; Hausova adresa je bila 221B. Holms uzima kokain, svira violinu, voli senzacionalističku literaturu i zagonetke, a i Haus ima slične zanimacije. U *Znaku četvorice* Holms kaže: – Klijent je za mene samo jedan deo, samo jedna činjenica u određenom problemu.

– Moj um se buni protiv učmalosti. Dajte mi probleme, kakav zadatak, dajte mi najzakučastiji kriptogram ili kakvu najzamršeniju

analizu, i eto me u odgovarajućoj atmosferi. Tada mogu da se odreknem veštačkih stimulansa. Ali zgražavam se nad tupom rutinom postojanja. Žudim za umnim ushićenjima. Zato sam odabrao sebi svojstvenu profesiju; stvorio je, zapravo, jer ja sam jedinstven u svetu.

ŠERLOK HOLMS

Da li vas to podseća na nekoga?

Dojla je, za njegovog Holmsa, inspirisao doktor Džozef Bel, kod koga je studirao u edinburškoj bolnici. (U epizodi *Radost sveta* Haus za Božić dobija Belov *Priručnik hirurških zahvata* i baca ga.) Bel je bio Holms u bolnici. Bio je zabavljač, rad da postavlja dijagnozu i određuje nečiji karakter na osnovu njegovog izgleda i ličnih podataka, recimo, gde je i kada izvesni pacijent služio vojsku, i prema tegobama na koje se žali. – Povremeno su rezultati bili veoma dramatični – napisao je Dojl u svojim *Sećanjima i avanturama* – mada bi ponekad grubo promašio.

Dejvid Šor opisuje praizvore Hausovog lika:

– Haus se pomalo zasniva na nečemu što mi se vrzma po glavi, na jednom delu moje ličnosti. Ne tvrdim da sam pametan kao on, niti tako zabavan, niti uopšte nalik na njega, ali inspiracija je bila tu negde. Obično se drži kao ja. Iskoristio sam neka sopstvena iskustva.

Jedno od tih iskustava bilo je prilično dobra odrednica. Šor je povredio kuk i zakazao pregled u bolnici za tri nedelje. Kada se zakazani pregled približio, kuk mu se već bio oporavio ali je Šor ipak otišao.

– Otišao sam i naveo doktoru bivše simptome. To je mogla biti inspiracija za kliničke priče. Kako sam došao na studentsku polikliniku, to me je čitav niz doktora besplatno pregledao. Pomislio sam, sećam se, kako su svi ti ljudi neobično ljubazni, puni poštovanja a ne bi trebalo da budu – jer trošim njihovo vreme. Znao sam da gunđaju zbog mene čim izađu iz sobe. Možda sam

i pogrešio, ali u to sam bio ubeđen. Iskreno, i trebalo je da budu takvi – traćili su vreme na mene. Onda mi je palo na pamet kako bi bilo zanimljivo gledati lekara koji ne čeka da izađe iz sobe. Nekog ko ne trpi budale.

PITANJE: Haus govori stvari koje doktori obično ne kazuju pred pacijentom.

ROBERT ŠON LEONARD: Neki doktori su mi rekli da im se to dopada, da zbog toga vole da gledaju seriju. Drugi su to smatrali uvredljivim. Nije me briga.

Nakon što je FOKS dao zeleno svetlo za pilot-epizodu i Brajan Singer angažovan kao režiser, moglo je da se krene s podelom uloga. Sve je više odluka donošeno, i sve je više ljudi uključeno u priču. Ne biva uvek da se odlične ideje pretvaraju u odlične scenarije pa u odlične pilot-epizode i potom u odlične serije. – Morate da pronađete pravog režisera, a to uopšte nije lako – kaže Kejti Džejkobs. – Veoma je teško odabrati odgovarajuće glumce. Izuzetno je teško izbegnuti sve greške.

Dejvid Šor je mesecima osmišljavao *Hausa* ali je dugogodišnji uspeh serije zavisio od nekoliko slučajnosti prilikom nalaženja pravog glumca za vodeću ulogu. Kasting tim *Hausa* čine kasting direktorke Ejmi Lipens i Stefani Lafin i njihova saradnica Džanel Skuderi. Sve tri su radile na *Senčeri sitiju* pa su išle na razgovore za posao kada se ta serija okončala, nadajući se da će *Haus* zaživeti. Postale su tim čim se to dogodilo. Kasting tim je zadužen da pronađe odgovarajuće glumce, a ko će biti izabran odlučuju i producenti i režiseri serije, u nekim slučajevima i rukovodioci studija i mreže. Kasting je kao i svaki drugi deo nekog procesa: najvažnije je prvi put valjano odabrati. Odgovarajući glumac može neverovatno dobro udahnuti život svom liku; ukoliko su glumci odlično izabrani, bolje su šanse da pilot-epizoda postane serija.

Kejti Džejkobs je od samog početka imala ključnu ulogu u odabiru glumaca. Televizijski kasting se mnogo razlikuje od kastinga za film, na kojem je Kejti radila pre nego što je promenila medij. – Zvuči sumanuto ali istina je: Vilsona smo odabrali pre Hausa – kaže Džejkobsova. – Jeste naopako, ali

Pomoćnica šouranera za *Haus*, Kejti Džejkobs (desno), na setu s Olivijom Vajld.

u ludilu zbog podele uloga za pilot-epizodu, moraju se odmah donositi odluke. Na filmu bi se prvo odabrao glavni glumac a zatim bi sve proisteklo iz toga. Kada se biraju glumci za pilot--sezonu morate biti izuzetno dobar lovac jer sav posao poma-lo i nalikuje na sezonu lova. Tako smo prvo odabrali Vilsona.

Robert Šon Lenard je učestvovao već u prvom danu potrage za Vilsonom. Lisa Edelstajn je krenula u studio odmah za njim. I Dženifer Morison se pojavila prvog dana. Pošto je imala još nekoliko audicija, Morisonova je pozvana prva, još dok su dru-gi glumci iščitavali ulogu Kameronove u kancelariji. Pronala-ženje samog Hausa je potrajalo, a Hju Lori je odabran tek dve nedelje pre početka snimanja pilota. Čitav posao je otežavala činjenica da su mnogobrojni studiji tragali za istim čovekom.

STEFANI LAFIN: Bila je to uloga četrdesetogodišnjaka za pilot-sezone: *Uvod u anatomiju, Mesto zločina: Njujork, Medicinska istraživanja, Očajne domaćice, Izgubljeni...*

EJMI LIPENS: Svi smo istovremeno jurili iste glumce.

DŽANEL SKUDERI: Ograničen je broj ljudi koji mogu izneti glavne uloge. Ima ih dvadeset.

Ovde ćemo izložiti priču o čuvenoj Lorijevoj traci za audiciju. U vreme kada smo birali glumce za *Hausa*, Hju Lori je bio u Namibiji, na jugu Afrike, gde je snimao film *Finiksov let*. Lorija su već imali u vidu za seriju. Ejmi Lipens je planirala da radi s njim na drugom projektu a onda ga je pomenuo i britanski kasting direktor s kojim je tim već sarađivao. Stefani Lafin je živela s rođacima; njena petogodišnja sestričina je neprestano gledala film *Stjuart Litl* (u kojem glumi Hju Lori). Tako se Lori našao na spisku, prilično dugačkom, ali je pred rođenim Britancem stajala ogromna prepreka pa se moglo desiti da odmah bude diskvalifikovan. Režiser Brajan Singer je tražio američkog glumca da igra Hausa. Kako je raspored snimanja bio veoma zbijen, nije hteo glumca pred kojim je stajao dodatni i to pozamašan zadatak da savlada akcenat. Ipak su tražili od Lorija da snimi traku za audiciju („da se stavi na traku", žargonski rečeno).

Lori je u Namibiji našao glumca koji ga je snimio u hotelu. Snimali su u kupatilu jer je svetlo tamo bilo najbolje. Lori je pročitao ulogu Vilsona u jednoj sceni i ulogu Hausa u drugoj. On je i ranije snimao trake za audicije ali ne ovako.

– **Čitav dan smo** proveli u pustinji, bili smo prljavi i neobrijani a ja sam se još i loše našalio: pri predstavljanju sam se izvinio zbog svog izgleda – navodno mi nije išlo baš najbolje u poslednje vreme. Ukoliko im to bude smešno biće dobro, mislio sam, a ako ne bude, onda verovatno ne bi ni trebalo da glumim u toj seriji. Na sreću, to im se dopalo taman koliko je trebalo.

HJU LORI

Prošle su nedelje dok je neko u Senčeri sitiju* zatražio da pogleda Lorijevu traku. O pronalaženju glumca za ulogu Hausa Ejmi Lipins kaže da su svi bili na ivici nerava. Ljudi su konačno pogledali Hjua Lorija koji je čitao ulogu Hausa (i Vilsona). Džanel Skuderi se seća tog trenutka. – I tako je iskrsnula ova traka koju sam stavila u video i bilo je „O, pa ovaj lik je dobar“. – Svi su isto reagovali, pa i Dejvid Šor.

– Kada smo pogledali traku... nastupio je jedan od onih velikih trenutaka. To je tip koji o ovom liku razmišlja isto kao ja. Osetio sam veliko zadovoljstvo zbog toga. Za mene je to bio momenat proviđenja. Zamislio sam nešto, pretpostavljam da je i on isto zamislio, ali ja sam to što zamislih i čuo u sebi a onda se isto oglasilo i iz njegovih usta, i onda sam to i video, kako izgleda upravo kako sam zamislio, i rekao: „To je to.“

Izgledalo je da je Hju Lori, izdaleka, iz nekog afričkog kupatila, opravdao Šorov naporan posao. – Pre tog časa sam se pitao da li sam stvorio nešto što ne može postojati u prirodi. Potom je trebalo pokazati traku Brajanu Singeru, a Kejti Džejkobs je dobro znala za njegov izričit zahtev da glumac nema akcenat. Ali njoj se činilo da za ovaj lik nije bitno igra li ga baš Hju Lori ili bilo koji drugi glumac, Britanac ili Amerikanac – već je trebalo da taj bude pravi Haus. – Želim da se Brajan izgubi u liku kakav je Haus – kaže Džejkobsova. – Ne kažete: „A sada ću biti Hju Lori“.

– Kada sam pustila traku Brajanu Singeru koji je gledao u TV, on je bukvalno zaobišao radni sto i približio se ekranu. Bila sam dovoljno pametna da mu pustim tu traku i dovoljno pametna da primetim njegovu reakciju. Brajan je pitao: „Ko je ovaj tip?“

KEJTI DŽEJKOBS

---

* Century City (*engl.*) – naslov serije koja se pominje na početku, a takođe je i deo Los Anđelesa u kom se nalaze kancelarije mnogobrojnih advokatskih firmi i rukovodilaca iz filmske, televizijske i muzičke industrije. (Prim. prev.)

Džejkobsova je priznala da je Englez. Ona i Singer su se dogovorili: nastaviće da traže ali mogu i zakazati sastanak s Hjuom Lorijem. Džejkobsovoj se to nije dopalo. Taman je našla pravu osobu za ulogu i nije prihvatala da ipak mora tragati za drugom. Tu leži još jedna razlika između televizije i filma. U televizijskim mrežama se podrazumeva mogućnost izbora; u filmskoj industriji nije tako – ako producent ima na umu više od jednog glumca za ulogu, to se tumači kao nedostatak vizije.

Dok Lori nije stigao u Los Anđeles nijedan drugi glumac se nije istakao, te je na kraju on bio jedini kandidat. To ne znači da je bio najbolji. Iz mreže su tražili nekog mlađeg. Prošlo je mnogo vremena od kako je Lori snimio onu traku u Namibiji, i već je drugačije razmišljao.

– Mnogo meseci kasnije moj agent mi je pomenuo „onu medicinsku seriju…" a ja nikako nisam mogao da se setim o čemu govori. „Kakva medicinska serija? Ne sećam se medicinske serije." Toliko je vremena prošlo da sam je sasvim smetnuo s uma.

HJU LORI

Kejti Džejkobs je bilo suštinski važno da se Hju Lori pojavi pred studijskim glavešinama i onima iz mreže onako neobrijan i pomalo izgužvan, kao s trake iz Namibije. – Rekla sam devojkama iz kasting ekipe da se ne sme obrijati kada dođe – kaže ona.

Lora Lankaster je predstavljala *Juniverzal*, i evo kako se ona seća tog susreta s Lorijem:

– Na sebi je imao uglavnom isto ono što nosi u seriji – blejzer, majicu, farmerke, nekakve patike jarkih boja i mali pankerski bedž na kom je pisalo „seksi". Šalio se na svoj račun jer je bilo opštepoznato da na Foksu traže nekog ko je „seksi" – bilo je to veoma domišljato i zabavno, i odmah nam je postao jasan njegov smisao za humor.

– Sećam se da sam se s Lorijem prvi put srela upravo na parkingu ispred kancelarija. Nosio je kišobran umesto štapa… Pitao me je kako je, misleći na onu sobu, a ja sam mu odgovorila: „S nama je dobro". Sećam se da mu je Gejl Berman (iz *Foksa*) ponudila stolicu na točkiće a Hju joj je odgovorio „Sedam tamo gde hoće stolica." I onda je seo i sve nas oduvao.

KEJTI DŽEJKOBS

Audicija za glumce se odvija u sterilnoj prostoriji gde desetak ljudi gleda kako neko iščitava scenu. To je veštačko i neugodno okruženje, pa audicija ima malo veze s projektom koji će se raditi.

Lori je na audiciji briljirao. – Niko nije mislio drugačije – kaže Dejvid Šor. – Svi su znali da je to to.

Sve glavonje iz studija, iz televizijske mreže i oni iz *Hausa*, znali su da od Hausovog lika zavisi čitava serija – on je bio suštinski važan za uspeh serije. Kada se Lori pojavio na audiciji, jedino upravo on nije bio svestan toga. (Upamtite, serija se nije zvala *Haus* sve do početka snimanja.)

– **U to vreme još** nisam bio pročitao čitav scenario... mislio sam da je Vilson ključni lik i da će se Haus pojavljivati jednom nedeljno. Ala sam bio naivan. Sećam se da je Brajan Singer rekao... sada to zvuči smešno... kako se serija zapravo bavi Hausom a mi smo svi klimali glavom. „Aha. Pretpostavljam." U ovom času to mi izgleda besmisleno. Ništa nikad nije tako očigledno u datom trenutku kao što se čini kad gledaš unazad.

HJU LORI

I tako je serija *Haus* dobila svog Hausa. Valjalo je još pronaći Formana i Čejsa. Omar Eps je bio na audiciji sa Hjuom Lorijem, i dobio je ulogu. Džesi Spenser je snimio traku za audiciju u Londonu, gde je živeo, a zatim je sâm kupio kartu za Los Anđeles i doputovao da učestvuje u pilot-sezoni. Čejsova uloga je prvobitno bila namenjena nekom Amerikancu, i to starijem, ali je Spenser sve ubedio da ta uloga pripada mladom Australijancu a Čejs treba da bude taj mladi Australijanac. Svi ključni glumci su bili pronađeni.

Kasting za uloge je bio prilično naporan. – Taman nađemo glumca koji nam se sviđa, on pređe polovinu scena i stvar ne proradi – kaže Stefani Lafin. – Imali smo jednu užasnu audiciju poznatiju kao loša audicija, i sećam se da je Dejvid na izlasku iz prostorije rekao: „Ovi ljudi nisu najbolji doktori na svetu."

DŽANEL: Sve se dešavalo nakon serije *O. C.* i na Foksu je sve bilo vrelo. Ako nisi privlačan, nisi na Foksu. Čak je i epizodista u *O. C.* s jedva dve replike, morao biti privlačan. Svi su morali biti privlačni.

STEFANI: Agenti su mi govorili: „Ovaj tip je stvarno privlačan", a ja bih odgovorila: „Ova osoba nije privlačna". Dolazili su kod mene i ja sam ponavljala: „Zar vam nisam rekla."

Jedno je znati kome uloga pristaje, drugo pronaći pravog glumca. Ejmi Lipens je pročitala scenario pilot-epizode i izjavila da želi Omara Epsa. To joj je padalo na pamet više nego jednom. – Omar nije bio siguran hoće li da igra u seriji – kaže Ejmi. To je potencijalno ozbiljan angažman: pre same audicije, glumci kandidati moraju se u ugovoru obavezati da prihvataju ulogu u narednih sedam godina. Mnogo glumaca je bilo spremno na takav rizik.

Kasting tim se šali da je Stefani Lafin propustila brojne glumce koji su postali filmske zvezde ili zvezde u drugim serijama. Ona ima spisak i ne govori ko je na njemu. Ali to što je konačna glumačka podela donela seriji uspeh, znači da je dobro obavila posao. Niko drugi ne bi mogao biti Kameronova, Forman, Vilson ili Haus. – Pogledate taj [Stefanin] spisak i zaključite kako je u redu što je propustila neku osobu jer ona nikako ne može biti lik u seriji – objašnjava Džanel Skuderi.

Hju Lori je oličenje lika kojeg su tražili. Postojalo je mnogo sličnosti s njegovim ulogama komedijaša u filmovima i serijama u Ujedinjenom Kraljevstvu, ali nisu bile znane sve njegove glumačke sposobnosti. Maleni brat Lore Lankaster je obožavao seriju *Crna guja*, a ona je preko praznika pogledala kompilaciju serijala. – Bio sam upoznat s njegovim radom u komedijama – kaže Dejvid Šor. – Znao sam da izaziva histeričan smeh.

Nisam imao ni najmanju predstavu o tome je li sposoban i za dramsku glumu. Ne bi mi palo na pamet da mu dodelim rolu u svom projektu.

Upitajmo se šta bi se dogodilo da Hju Lori nije snimio onu traku neobrijan i neuredan, i time nehotice dočarao Hausov izgled i pre nego što je ustanovljeno kakav će biti. Da nije snimao u Africi, Hju Lori bi verovatno bio kod kuće u Londonu, i na audiciju bi došao u sportskoj jakni i u košulji s kravatom – već se tako oblačio za prethodne audicije na američkoj televiziji. Možda ona traka ne bi ostavila takav utisak, to i sâm Hju Lori priznaje. – Možda ne bih zapao za oko Brajanu Singeru, ali čak i da me je izdvojio, lik bi možda bio sasvim drugačiji. Moglo se desiti da obučem odelo i stavim kravatu i Haus bi bio potpuno drugačiji. A možda ga čak ne bih ni igrao ja.

– Na početku sve liči na one plivačke trke u kojima učestvuje hiljadu takmičara i svi polaze sa iste startne linije a onda stignete ovde gde smo sada i to postane trka od pet kilometara i samo je deset takmičara i izazov je sasvim drugačiji.

OMAR EPS

Nekoliko članova koji su deo ekipe *Hausa* od samog početka, prijavili su se da rade pilot-epizodu koja se snimala u Kanadi. Gerit van der Mer i Marsi Kaplan su dva ključna člana ekipe koji su prešli iz *Senčeri sitija*. Van der Mer je otišao u Vankuver da organizuje snimanje pilot-epizode. Kaplanova se priseća kako je morala da odluči koji od dva projekta da prihvati. Jedan je bio *Neimenovani projekat Atanasio/Šor* a drugi pilot-epizoda *Wanted*, za *Vorner braders*, a ona nikada nije prerasla u seriju. – Dobro su izabrali – kaže Kaplanova. – Ovo je bio mnogo bolji scenario – kaže Gerit. – To je važna činjenica jer svako želi da radi u odličnoj seriji.

STEFANI: Serija je dobila ime *Haus* tek drugog dana snimanja.

DŽANEL: U početku se zvala *Neimenovani projekat Atanasio/Šor.*

STEFANI: Nismo znali kako se zove sve dok Džanel nije izvadila dnevni raspored iz faks mašine u našoj kancelariji u Senčeri sitiju. „O, serija se zove *Haus*."

Pilot je sniman u Vankuveru, a u seriju je pretočen u leto 2004. Što je kuriozitet, serija je stvorena u *NBC Juniverzalu* a prikazana na Foks televiziji (umesto na samoj *NBC*). Lora Lankaster iz *NBC Juniverzala* objašnjava da je *Juniverzal*, tada nezavisni studio, napravio prvobitni dogovor s Polom, Kejti i Dejvidom Šorom. U proleće 2004, nakon što je snimljena pilot-epizoda *Hausa* i pre nego što je započet rad na seriji, *NBC* je kupio *Juniverzal*. *Juniverzal* je pilot-epizodu *Hausa* ponudio svim mrežama. *NBC* je u to vreme razvijao seriju *Murder Investigations*, koja je imala donekle sličnu temu, te su se odlučili da se drže te serije.

Haus je počeo da se emituje pri kraju jesenje sezone 2004. godine, tek nakon što je završen prenos prvenstva u bejzbolu na Foksu. Serija nije odjednom postala popularna. – Kada smo se po prvi put emitovali, bili smo tik iza Ričarda Brensona: a naš rejting je za sto procenata premašio njegov – kaže Kejti Džejkobs. – Ništa nije emitovano pre nas. – Kejti Džejkobs se priseća borbe koja se vodila tokom prve sezone. *Haus* je počeo da se emituje u novembru i još uvek nije sustigao *Američkog idola*, gorostasa po rejtingu, a uprava mreže je zakazala sastanak s Kejti. Tražili su da se u seriju ubaci još jedan lik i druge kreativne promene. – Dejvid i ja smo prisustvovali sastanku, saslušali sve njihove ideje. Na neke smo pristali, na druge nismo – kaže Kejti.

Pitanje: Da li si tada smatrao da lik ima dovoljno šarma?

Gerit van der Mer: U njegovom slučaju to je čudan odabir reči.

Dejvid Šor je bio na odmoru kada su iz mreže ponovo zvali. Imali su još neke ideje, hteli su da ubace još nekog ko bi parirao Hausu. – Mislila sam da smo uspešno odbacili ideju o nekakvom hirurgu koji bi parirao Hausu – kaže Džejkobsova. Ali glavešine su bili odlučni – autori su morali da uvedu novi lik koji bi remetio Hausovu stabilnost. Dejvid Šor je zaključio da bi to mogao biti Vogler, igra ga Šaj

Makbrajd, veoma bogati dobrotvor bolnice koji započinje surovu borbu nerava s Hausom.

Ali epizode koje su već bile emitovane posle *Američkog idola* postale su hit i bez novog lika. – Ne krivim ih što žele da izvuku najbolje što mogu iz onoga što rade, to im je posao – izjavljuje Kejti. Ona takođe priznaje da je Šaj Makbrajd odlično odglumio Voglera. Foks je ispravljao nešto što nije čak ni bilo pokvareno, iako Vogler ostaje među najboljim Hausovim protivnicima.

Postoji tako mnogo nepredvidljivih okolnosti koje ni najbolje TV ekipe i ekipe glumaca ne mogu da predvide. Iako su svi koji su radili na *Hausu* od početka znali da je serija dobra, to nije predstavljalo garanciju za uspeh. Mnogobrojne dobre serije su okončale svoj život za stolom nekog direktora, i to bez ikakve krivice. Niko nije shvatao uspeh zdravo za gotovo, trudeći se da sledeću seriju učini još boljom. Osvrnemo li se, vidimo da na početku ništa nije garantovalo da će serija stići do 131 snimljene epizode. – Kada ste na samom početku, usredsređujete se na pilot-epizodu, a ako vam naruče još dvanaest [epizoda] onda ste srećni – izjavljuje Marsi Kaplan. – Zatim pomislite kako bi pilot mogao da vam donese još dvanaest epizoda. A možda i onih finalnih devet. Mislim da nisam razmišljala kako bismo mogli da izguramo čitavih deset godina. Bilo bi fino da uradimo pilot-epizodu i još nekoliko narednih.

2

A DA MAJKL KEJN IGRA HAUSOVOG OCA?

☒ PISANJE SCENARIJA ZA *HAUS*

PITANJE: Razmišljaš o narednih deset epizoda?
DEJVID ŠOR: I o sadašnjim, a povremeno i
dvadeset ili trideset epizoda unapred.

Dejvid Šor shvata da mnogi ljudi netremice gledaju *Hausa*.
– Siguran sam da ljudi gledaju seriju i pred televizorom prave
sendviče... ili da trpe, pa ne odu odmah u WC – kaže on – ali
bih više voleo da nisam u pravu.
Istina je da se toliko toga dešava u svakoj epizodi; jezik je
veoma precizan i ekonomičan i stoga je lako propustiti kakav
nagoveštaj u nekoj sceni ili izgubiti nit radnje. Takođe ne oče-
kujte da vam nešto bude objašnjeno više od jednom. Ogroman
napor i veština se ulažu u reči scenarija. – Mučimo se bukvalno
oko svake reči scenarija – kaže Šor. – Možda na kraju ne dobi-
jemo idealnu epizodu ali je rad na scenariju za mene najvažniji
deo i to čini devedeset odsto mog posla.

– **U tim scenarijima** najviše uživam otkako se bavim ovim poslom, a moja karije-
ra traje trideset i nešto godina. Nekada sam teška srca uzimao da čitam scenarije.
Ovo izgleda kao domaći zadatak, što i jeste ali ti su scenariji takođe i savršeno

fantastično štivo za čitanje. Uvek me nateraju na glasan smeh, uvek me iznenade a ponekad mi se i dlake na vratu nakostreše. Zaista su neverovatno štivo.

HJU LORI

Dejvid Šor organizuje grupu od dvanaest do četrnaest stalno zaposlenih pisaca i njihovih saradnika. Ima i trojicu zamenika, Tomija Morana, Gareta Lernera i Rasela Frenda. Svi su izvršni producenti. Poslednja dvojica čine tim scenarista još od filmske škole. Oni biraju scenariste s kojima će sarađivati i smenjuju su u nadziranju pisanja scenarija: Tomi nadgleda pisanje jednog a Rasel i Garet drugog i tako redom. Poput mnogih koji rade na *Hausu*, njih trojica obavljaju dva posla. Osim što nadgledaju pisanje uloge i sami pišu epizode, kao i šouraner Dejvid Šor.

Pre nego što pređu na pojedinačne scenarije za svaku epizodu, pisci moraju da osmisle priču koja će se razvijati tokom većeg dela predstojeće sezone. (Informaciju o tome šta će se dešavati u budućnosti, morate tražiti od Dejvida Šora.) Kako bi scenariji bili spremni za snimanje tokom leta, pišu ih manje-više neprekinuto iz sezone u sezonu. – Otprilike za deset meseci snimimo dvadeset četiri epizode – kaže Rasel Frend. – Na pisanje tih scenarija ode nam jedanaest meseci i tri nedelje. –

Scenaristi moraju početi pisanje najmanje šest nedelja pre nego što krene produkcija, tako da Dejvid Šor, Kejti Džejkobs, pisci i njihovi saradnici mnogo pre početka sezone održe sastanak i odaberu priče koje će se razrađivati od prve epizode. Takođe se organizuju sastanci na kojima se predlažu i pretresaju medicinske priče. Tu se razrađuje od šest do dvanaest narednih epizoda – ne više od polovine sezone unapred. Zna se da sve može promeniti i najverovatnije biva promenjeno kada se dođe do polovine sezone. Tokom sezone scenaristi i dalje moraju da prednjače kako bi bili u toku. U oktobru, kada snimanje sezone uveliko traje punih četiri meseca, polovina ekipe već planira četiri-pet budućih epizoda. – Veoma nas plaše epizode koje treba da se pripreme za novembar. Čini nam se da uveliko kasnimo. Bitno nam je samo da stignemo do Božića – kaže Tomi Moran.

Pred početak šeste sezone svi su znali odgovor na večito i ključno pitanje: šta se dešava s Hausom? Na kraju pete sezone videli smo ga kako ulazi u psihijatrijsku bolnicu Mejfild, te ćemo ga na tom mestu zateći u prvoj epizodi šeste sezone. U početku je bilo planirano da Haus u bolnici ostane od šest do osam epizoda, pa se krenulo u složenu i skupu konstrukciju ogromnih kulisa bolnice Mejfild na prostoru Foksovog studija. Ali, stvari se menjaju. Tim scenarista je shvatio – žele da se Haus vrati u Prinston Plejnsboro na kraju dvosatne prve epizode u sezoni. (Haus otkriva da je proveo sedam nedelja u psihijatrijskoj ustanovi u epizodi *Hrabro srce*, šestoj u sezoni. Dok je emitovana razmišljalo se da odatle bude pušten.)

– **Kada radite seriju** kao što je ova, morate znati kako želite da reaguje vaša publika u svakom datom trenutku. U drugoj sceni šestog čina želim da publika oseti nešto ali mora se znati šta je to nešto. Čak i ako se radi o nečem neodređenom, morate navesti publiku da oseti tu neodređenost; želim da budu šezdeset posto uvereni kako Haus razmišlja baš tako. Donekle pokušavate da budete onaj ko vuče sve konce.

DEJVID ŠOR

Zamisao da se Haus smesti u psihijatrijsku bolnicu začela se tokom pete sezone, i bila je povezana s praktičnim problemom: šta učiniti s Katnerom. Kada je Kal Pen najavio da će napustiti seriju, scenaristi su se dali u raspravu kako to da izvedu. Neki su predlagali da Katner ode na prijatan način, na primer da dobije na lutriji. Verovatnoća da se dobije na lutriji je astronomski mala; u krugu Hausovog dijagnostičkog tima ona je ravna nuli. Kada je scenarista Lenard Dik predložio samoubistvo, Tomi Moran mu je odvratio kako verovatno nije podesno ubiti nekoga tako brzo nakon što je Amber umrla. Dejvid Šor je istraživao mogućnost da Haus završi sezonu odlaskom u duševnu bolnicu i, mada je u početku odbijao da ubije još koji lik, Katnerova smrt je mogla biti prigodna. Moran je rekao Diku da bi to možda upalilo. – Pokušali smo da pronađemo drugo rešenje ali smo se iznova vraćali na ovo –

kaže Tomi Moran. – Dobro se uklapalo a konačno je i dalo ton završetku sezone.

Namera je bila da Katnerova smrt i Hausova nesposobnost da je pojmi, dovedu do Hausovog pada. Malo pre praznika 2008, scenaristi su se povukli u hotel na tri dana i zaključali u sobu kako bi razradili pojedinosti priče od otkrića Katnerovog tela u njegovoj spavaćoj sobi do Hausovog prolaska kroz kapije bolnice Mejfild. Mnogo toga je moralo biti osmišljeno: Haus krivi sebe zbog smrti Amber, ideja da se Amber pojavljuje kao priviđenje, Kadi ispira želudac Hausu i naizgled romantičan trenutak između njih dvoje praćen užasnim saznanjem da mu se i to priviđalo. – Ima tu mnogo delova za sklapanje – kaže Rasel Frend.

PITANJE: Amberina soba je rasklopljena pa pretpostavljam da je Amber otišla.

GARET: Mislim da je Amber otišla.

RASEL: Mislim da je Amber otišla; zapravo je mrtva.

PITANJE: To nikog ne sprečava…

SVI: Istina je.

Neznanje je blaženstvo sedmi je scenario za četiri godine rada scenariste/producenta Dejvida Hoseltona na seriji (njegov prvi scenario je epizoda treće sezone, *Tragovi u pesku*). Dejvid Hoselton i ostali scenaristi zaduženi su da smišljaju priče za pojedinačne epizode. Na Dejvida Šora pada odgovornost da uklopi epizodne priče u glavni tok radnje. Tomi Moran je izvršni producent za Dejvida Hoseltona. Hoseltonove ideje, makar stale i u tri rečenice, odlaze Tomiju Moranu. Ako Moran smatra da je ideja primenljiva, iznosi se Dejvidu Šoru. Ako se Šoru dopadne, sa Šorovom i Moranovom doradom ili bez nje, vraća se Hoseltonu i on piše prvu verziju.

– **Na početku** svake sezone… dogovaramo se o medicinskim pričama i glavnim tokovima priče. Dejvid Šor to fantastično radi sâm: uklapa medicinsku priču u glavnu radnju, kako bi, u najboljem slučaju, ona mogla biti važna za ono što se dešava s našim protagonistom. Zadivljena sam time što je on isključivo i potpuno odgovoran.

KEJTI DŽEJKOBS

Prva verzija Dejvida Hoseltona može biti kraća od stranice a može imati do deset-petnaest stranica. Tomi Moran možda ima napomene o prvoj Hoseltonovoj verziji i njih dvojica ih zajednički pregledaju sve dok verzija ne bude spremna za predočavanje Dejvidu Šoru, koji će je komentarisati. Prva verzija ide iz ruke u ruku po tri-četiri puta pre nego što Hoselton započne rad na scenariju. Suvišno je reći da mnoge ideje usput otpadnu. Dejvid Hoselton je razmišljao o bolesnom psihijatru koji dolazi u Prinston Plejnsboro u petoj sezoni ali kako je Haus sâm otišao u bolnicu Mejfild, ta se priča nije razvila. Priče se takođe premeštaju. Pre nego što je Hoselton započeo rad na tom scenariju, epizoda *Neznanje je blaženstvo* trebalo je da se emituje na kraju pete sezone. Premeštena je na sam početak šeste sezone a zatim je određeno da to bude deveta epizoda te sezone kako bi se Haus mogao ponovo uklopiti u bolnicu.

Pisanje jednog scenarija traje najmanje mesec dana. Ako scenarista zna da mora predati scenario Dejvidu Šoru nekoliko dana pred pripreme za epizodu, osam ili devet dana pre početka snimanja, onda će pisanje scenarija trajati toliko. Scenaristi žongliraju s nekoliko lopti tokom svake epizode. Dejvid Hoselton otkriva tri odvojene niti glavne priče, medicinske zagonetke koja je u središtu svake epizode. Prvo, mora postojati zanimljiva bolest koja može da se prikrije i često dovede do pogrešnih dijagnoza. Drugo, mora postojati upečatljiv pacijent. I treće, bitno je kako pacijent baca svetlo na Hausa ili komunicira s njim, i obrnuto. Bilo kako bilo, dijagnoza se mora ustanoviti, i obično pacijent biva izlečen, ali često uz određene posledice.

Ključna odlika završetka epizode nije kakva banalnost poput srećnog ili tužnog kraja – nego činjenica da on ne bude očigledan. U epizodi *Neznanje je blaženstvo* bilo bi očekivano da nesrećni genije Sidas prestane da uzima droge koje su mu otupljivale um i ponovo bude pametan. Njegova žena, mnogo manje pametna od njega, rekla bi: – Uspećemo u tome – a Si-das bi odvratio: – U pravu si, dušo. – Čisto, možda i zadovolja-vajuće ali ne i uverljivo. – U redu je imati donekle tužan kraj dok god time navodimo ljude na razmišljanje – kaže Dejvid Hoselton. – Nadam se da ta neprijatnost podstiče promišljanje.

Garet Lerner priznaje da izvesno vreme posle emitovanja epizode prati na netu reakcije fanova. Pita suprugu da li joj se dopala epizoda, pita roditelje da li im se dopala epizoda a zanima ga i mišljenje šire javnosti. Ono što čita ne utiče na njegov posao čak i da to hoće; scenaristi su daleko ispred onoga što se emituje, a radnja na koju fanovi reaguju odavno je uspostavljena. Po Garetovom iskustvu, ljudi koji negativno procene epizodu ređe iznose svoje mišljenje: neke epizode gotovo jednoglasno dobijaju pohvale.

Nakratko se razgnevivši, Garet se žali na onu napornu industriju koja se raz-vila, a čija je jedina svrha da otkriva spojlere za popularne TV emisije. To se do-godilo s vestima da Kameronova napušta Čejsa a Dženifer Morison seriju, iako ne baš sasvim jasnim jezikom. Premda su scenaristi ujedinili prvobitni tim dijag-nostičara, neki gledaoci su već znali rasplet. Za Gareta to rekla-kazala čini stvari nepovoljnim. – Neko ko ima pristup netu razglašava kako je pronašao i pročitao scenario u kom piše da je Dart Vejder Lukov otac ili da je Brus Vilis mrtav! Time se samo kvari užitak gledalaca i upropaštava sve oko čega smo se toliko namu-čili. Eto, rekao sam javno šta mislim.

Pored glavne priče postoji i ona sporedna u koju su uklju-čeni Haus i njegov tim i/ili Vilson i/ili Kadi. Sporedna priča može se donekle razrešiti. U epizodi *Neznanje je blaženstvo* Čejs je stigao do tačke ključanja zbog Dibaline smrti i svađe s Kameronovom posle koje ga je napustila. Grupa scenarista je baš zasedala kada je Piteru Blejku sinula zamisao da Čejs udari Hausa, onako iz vedra neba. Zatim je Tomi Moran dodao onaj čarobni obrt po kojem Čejs to ne čini zato što je ljut na Hausa već da skine s kičme ljude koji ga neprestano zapitkuju. Haus razume njegovu uvrnutu logiku. – Bio sam ushićen što će se to desiti u mojoj epizodi – kaže Dejvid Hoselton.

– Haus je kontraš, tako da sagledava drugu stranu svega. Reći će nešto što ne očekujete, ali to ne čini da bi koga šokirao ili naružio, već zato što ima jedinstven pogled na svet. Ne biva **zloćudan samo** da bi ispao dripac. On uvek ima nešto važno da kaže. Upravo **to čini ovu** seriju zabavnom ali je i izazov prilikom pisanja scenarija: **treba pronaći** to jedinstveno gledanje na stvari.

DEJVID HOSELTON

Hoseltonu je dopao prvi poljubac Hausa i Kadijeve: desio se u njegovom scenariju. Naravno, Haus i Kadi još uvek plešu onaj svoj čudni ples, mnogo meseci kasnije. Scenarista možda ne zna gde su se glavni likovi zatekli na kraju prethodne epizode, i to skoro do trenutka kada mora da napiše svoje scene. – Doznate. Dobro, dobio sam ovo – kaže Hoselton. – S ovim moram nekako da se izborim. – U epizodi *Neznanje je blaženstvo* Haus pokušava da sazna gde će Kadi i Lukas provesti Dan zahvalnosti. Haus dobavlja Kadinu adresu ili nekakvu adresu, i biva oteran. Pred sledećim scenaristom stoji pitanje šta će sada oni učiniti? Šira priča, Hausov odnos s Kadi, ovde se sigurno ne razrešava. Naravno, možda nikad i neće.

Svaki scenarista planira svoje priče drugačije. Dejvid Hoselton zapisuje ključne delove svoje priče na kartice pričvršćene na oglasnu tablu. Koristi jednu karticu za jednu scenu, reda ih prema činovima, koji su numerisani od jedan do šest. Za prvi čin ima deset kartica, za drugi čin pet i tako redom. Priče su naznačene i bojama: medicinska priča jedne je boje, priča o Hausu i Kadi druge i tako dalje. Na taj način Hoselton vodi računa da ne razvija scenu za scenom iz iste priče. Između dovršavanja prve verzije i započinjanja pisanja scenarija, pomoću kartica utvrđuje da li radnja teče glatko.

Pisanje scenarija za *Haus* je istovremeno usamljenički i timski posao. Prilikom pretakanja scenarija na papir, scenarista je suočen s praznim belim papirom, kompjuterskim monitorom ili pisaćom mašinom. („Znate da dotična epizoda treba da se snimi za osam nedelja, a ništa ne pomaže kao krajnji rok", kaže Dejvid Hoselton.) Kada je prva verzija napisana, započinje razmenjivanje informacija a scenaristi je predaju produkciji. Svi scenaristi učestvuju u izradi scenarija za koji je zadužen određen kolega. Glavni scenaristi (Tomi ili Rasel i Garet) obradiće i preraditi scenario a onda ga poslati Dejvidu Šoru, koji će ga ponovo preraditi.

U poslednjem pregledu date epizode učestvuju scenarista, Tomi ili Garet i Rasel, te Dejvid Šor – tada se tekst doteruje. Konsistentnost lika se najbolje ostvaruje ako tvorac serije baci poslednji pogled na scenario za svaku epizodu. Većina scenarista radi na seriji dovoljno dugo da bi primetili kako je nešto što je Vilson rekao u sto dvanaestoj epizodi protivrečno nečemu što je rekao u trećoj epizodi. Rasel Frend pominje da Ajra Hervic, supervizor scenarija, neverovatno dobro pamti, što je bitno za održavanje doslednosti, za razliku od njega. – Svako pamti različite detalje – kaže Tomi Moran. – To je timski rad.

Scenaristi priznaju da dragocenu pomoć dobijaju od svojih kolega, pogotovo u usavršavanju prvobitne zamisli. – Stalno razgovaramo jedni s drugima – kaže Dejvid Foster. – Sedneš uz nekoga i kažeš: „Mislim da uradim ovo; kako ti se čini?" Dok se priča zahuktava, mnogo je ovakvih prilika. – Dejvid Hoselton tvrdi kako je Dejvid Šor zaslužan za takvu kolegijalnost: on velikodušno priskače u pomoć i ukazuje na ono što je opazio, i ne stavlja svoje ime na svaku epizodu kao neki drugi glavni scenaristi. I takav stav se širi među ostalima. – Znam da je ovo Holivud [ali] stvarno se čini da smo se otresli egoizma – kaže Hoselton. Garet Lerner primećuje da on i Rasel rade baš onako kako su i radili još od filmske akademije, više od petnaest godina. – Nismo sebični, ne polažemo pravo na sve niti pridajemo važnost sebi samima. Bitno je napraviti što bolji scenario.

– **Predao sam** prvi scenario koji sam napisao a onda ga je šouraner Dejvid Šor pohvalio i ja sam pomislio: „Čoveče, odlično sam obavio posao!" Zatim sam ponovo pročitao scenario i pomislio kako u njemu nije ostalo ništa od onog što sam ja napisao. Ljudi koji rade na televiziji navikli su na prepravljanje scenarija, promene su brojne, čak i pošto se krene sa snimanjem.

TOMI MORAN

Hju Lori sa supervizorom scenarija Ajrom Hervicom

Scenarista potpuno učestvuje u procesu prepravljanja, dok u drugim serijama scenario može da ode i da se, što se njegovog scenariste tiče, nikada ne vrati. U drugim serijama priča se razbija a scenaristi grupno odlučuju šta će se dogoditi u svakoj sceni i gde se završava koji čin. Tek tada jedan scenarista može da doda neki dijalog. Mnoge sitkome od početka do kraja piše tim scenarista, u jednoj sobi, a iz šešira se izvlači ime onog koji će biti potpisan. U *Hausu* scenarista ima više slobode ali i značajnu podršku. – Po meni, u radu na ovoj seriji uzima se najbolje iz oba sveta – zaključuje Tomi Moran.

Dejvid Šor žudi da ubaci što više od priče u svaku epizodu koja traje četrdeset i četiri minuta. Svaka scena, svaka opaska, prilika je da se razviju radnja i likovi. U svakoj epizodi postoji ograničen broj opaski. – Privlači me otmenost u pisanju – kaže Šor. – Volim da je sve što temeljnije. Ne volim kada se ljudi ponavljaju... Mrzim dijalog koji počinje sa: „Šta?". Takvi se čuju u većini serija, a ja ga gotovo uvek precrtam i zamenim didaskalijom „Trinaest ga pogleda" ili nekim sličnim.

– Šor ne dozvoljava suvišne dijaloge – kaže Dejvid Hoselton. – Ne postoji: „Šta si rekao?". Nije dozvoljeno objašnjavati nešto dvaput niti širiti temu. To vas navodi da sve dobro profiltrirate.

Garet Lerner objašnjava šta je početni impuls svakog scenariste kada je suočen s brdom istraživanja nekog medicinskog stanja i s obiljem izraza: on bi uključio mnoštvo tih informacija u scenario. Stičući iskustvo, shvatio je da može razmotriti medicinsku priču i kazati: „Ovo mi ne treba; ovo mi ne treba; ovo mi ne treba." Tako ostaje više prostora za ono zbog čega gledaoci uopšte gledaju ovu seriju, to jest za likove koji međusobno komuniciraju. – Svi glumci su inteligentni – tvrdi Dejvid Hoselton. – Naša publika je inteligentna. Kada stignete do sedme sezone, mnogo toga što se dešava između likova dobija skraćenu formu. Znamo kako će Haus ući u prostoriju. Štošta se kaže pogledom.

– Ja sviram violinu; Dejvid je napisao simfoniju. Mogu da vam kažem kakav je osećaj glumiti nekoga.

ROBERT ŠON LENARD

– Imam posla s pametnim ljudima – kaže Dejvid Šor. – A ne želim da budem snishodljiv prema svojim gledaocima.

Češće se dešava da se napisana dugačka scena potom skraćuje. Dejvid Šor se šali da je u prvoj epizodi na kojoj je radio kao glavni scenarista omiljeni metod skraćivanja scene bio ovaj: skloni se prva opaska, potom poslednja, a zatim prve dve i poslednje dve reči svake preostale opaske. Po Dejvidu Hoseltonu, u fazi prve verzije se izbacuje mnogo nepotrebnih scena, a onda Dejvid Šor još više sažima scenario. Da li ove dve scene mogu da se spoje u jednu? Ako treba da se pojavi šala, ona mora značiti nešto.

Sposobnost glumaca da prenesu značenje a da ništa ne kažu neprocenjiva je za uštedu vremena. Važno je da *Haus* ima režisere koji znaju scenariste i ostale članove ekipe, i mogu odmah da pređu na stvar. Neverbalna gluma može poboljšati neku scenu. Dejvid Šor izjavljuje – Toliko puta smo imali odličnu poentu, pronicljivu, jezgrovitu izjavu o životu ili čemu već, a onda otkrijemo da je scena bolja ukoliko Vilson uputi samo jedan pogled. I Haus i publika tačno znaju šta je Vilson hteo da kaže tim pogledom i zato izbacujemo dijalog. Suština je iskazati ono bitno. Potrebni su vam vrsni glumci i valja to zaslužiti, ali je takođe potrebno da do biti dođete i kroz scenario.

– Radili smo i druge serije, gde smo ponekad dobijali dnevni raspored, i bilo je: „Čoveče, šta se dogodilo?". U ovoj seriji [glumci] uvek unaprede postojeći materijal, što naš posao čini divnim. Neverovatno je šta uspevaju da postignu s datim scenarijima. Više se ne može očekivati.

RASEL FREND

Kejti Džejkobs, scenograf Džeremi Kasels i koordinator izgradnje Stiven Hauard razmatraju vizuelni prikaz serije kako bi napravili pozornice na kojima scenaristi mogu da upravljaju svojim likovima. Uzmite, na primer, stan koji dele Haus i Vilson. U scenariju je pisalo da se Vilson seli i samo se navodilo da ide u luksuzno potkrovlje. Džeremi Kasels i Kejti Džejkobs su pretresali stanove i prostore u kojima bi Haus i Vilson naletali jedan na drugo ili provodili vreme zajedno. Džeremi je takođe predvideo i biblioteku – njih dvojica su uspešni doktori koji imaju obimnu medicinsku literaturu. Biblioteka bi predstavljala sofisticiranije mesto za druženje od kauča u dnevnoj sobi.

– Pitam scenariste i Dejvida Šora: „Koliko spavaćih soba imamo, koliko kupatila, ko ima bolje kupatilo, čiji je stan?". Pokušavamo da stvorim povode za priču. Smatram kako treba da imaju dva kupatila, možda Haus ima samo tuš kabinu a

Vilson kadu, iz čega može proisteći određena scena. Vilson se, recimo, probudi jednog jutra mamuran i zatekne Hausa u svojoj kadi.

KEJTI DŽEJKOBS

I sam stan ima priču. Neki čovek je kupio taj stan, porušio nekoliko zidova i odmah zatim ga prodao. Stan su prvobitno hteli da kupe Kadi i Lukas, ali ga je Vilson krišom kupio kako bi ga delio s Hausom (zbog toga se Lukas sveti u *Premeštanju lanaca*: oposum, olabavljeni rukohvat, protivpožarna prskalica). Stan je potpuno prazan i običan, tako da mu neobičan par može dati lični pečat. Kejtina ideja je bila da Hausova i Vilsonova spavaća soba budu u istom hodniku. – Hoću da Vilson može poželeti laku noć Hausu, i Haus njemu, a sada to mogu. – Zatim su Stiv Hauard i njegova ekipa napravili stan i zabava je mogla da počne.

Vilson (u *Na tajnom zadatku*) odmah počinje da flertuje s privlačnom novom susetkom Norom i otkriva da ona njega i Hausa smatra za gejeve. – Nismo gejevi – kaže Vilson. – Stvarno? – pita Nora. Haus, koji nosi košulju boje lavande i iskazuje zanimanje za mjuzikle i Norine cipele, objašnjava Nori kako nisu obznanili da su ljubavnici. Hausov pakleni plan je da startuje Noru. Taman njih dvoje za večerom u jednom intimnom restoranu pričaju o tome gde će prespavati, kada ih Vilson prekida.

VILSON: Volim ovog čoveka. Ne želim da protraćim niti jedan sekund svog života u poricanju. [nudi mu prsten] Gregori Hause, oženi se mnome!

HAUS: Oho! Ovo je neočekivano.

– **Dobro je porazmislila** o svemu, što nam pomaže u pripovedanju. Njena ideja je bila da Vilson ima glavnu spavaću sobu s raskošnim kupatilom i raskošnom kadom, dok Haus nema kadu; on je smešten u dečjoj sobi i ima samo tuš kabinu. To je stvarno smešno i dobro ćemo to iskoristiti...

RASEL FREND

U prvoj epizodi šeste sezone (*Slomljeno*) tim scenografa i scenarista je morao tesno da sarađuje jer su set i scenariji sklapani gotovo istovremeno. Da li je potrebno nešto dodati na setu kako bi se ispričala priča? Moramo znati kako će izgledati set da bismo mogli napisati priču. Za scenariste je bilo prilično mučno da se premeštaju na novu lokaciju s gotovo potpuno novim likovima. Glumačka podela za dvodelnu epizodu je odabrana iako kompletna priča nije bila sklopljena. Kada su scenaristi razbijali priču na tablama u sobi za scenariste, Hausovog psihijatra su počeli da zovu Andre jer su zamišljali Andrea Brauera u toj ulozi. Svi su ga jednoglasno izabrali i Kejti Džejkobs ga je dovela.

– **[Kejti] je došla i rekla:** „Pronašla sam odličnog glumca za ulogu Alvija [Lin-Manuel Miranda]". Pogledali smo njegovu traku i bio je odličan, pa smo izgradili njegov lik oko stvarne osobe, uzevši u obzir da peva i repuje i radi različite stvari. Sve smo to uneli tek pošto je izabran za ulogu.

RASEL FREND

– **Pun sam strahopoštovanja** [prema scenaristima]. Odlični su. Imamo veoma fin odnos. Nikada nisam radio u seriji u kojoj vlada tako divno raspoloženje između scenarista, glumaca i producenata. Veoma prijateljsko i srdačno. Odlazio sam u kancelariju gde bih na njihovim kompjuterima video fotografije neobičnih medicinskih zahvata i znao bih da rade na nečemu što će se narednih nedelja pretvoriti u scenario.

PITER DŽEJKOBSON

....

Pošto se snimanje njegove poslednje epizode okonča, Dejvid Hoselton otvara prozor i udiše vazduh po prvi put posle dugo vremena. A zatim je spreman da pređe na novu priču. Ima ideju koju će preneti na papir, a onda će se vratiti u onaj ciklus pisanja scenarija. Ponovo se uključio u dvadesetoj epizodi (*Izbor*).

Dejvid Hoselton i Dejvid Šor studirali su prava na Univerzitetu u Torontu. Zajedno su uređivali univerzitetski bilten koji se do tada zvao *Lo skul njuzleter,* a veoma brzo je bio preimenovan u *Hirsej.* Hoselton nikada nije radio u svojoj struci; pre dvadeset pet godina se preselio u Los Anđeles s još jednim prijateljem sa studija, u potrazi za poslom scenariste. Pre nego što je prešao da radi *Hausa* pisao je scenarije po narudžbini, na primer za film *Prvi vitez* sa Šonom Konerijem, a zatim je radio na filmovima za *Piksar* i *Dizni.* Hoselton uživa u timskom radu na televiziji. Pisanje scenarija može biti usamljenički posao, što znači da je izvlačenje dugačak i samotnički proces kada se negde zaglavi. Nema nikakvu želju da se vrati u taj svet. – U današnje vreme postoji mnogo odličnih televizijskih serija – kaže on. – *Dekster, Ljudi s Menhetna* i *Izgubljeni.* To su sve izvrsna mala umetnička dela.

EPILOG: HAUS I MAJKL KEJN

U epizodi *Mladeži* koju su napisali Doris Igan i Dejvid Foster, pacijent nedelje je Kineskinja čiji su roditelji pokušali da je ubiju kada je bila beba, naime proboli su joj teme iglama. – Sve nas upropastili su roditelji – kaže Haus. – Ona ima i fizički dokaz. – Eli Ati je ideju dobio iz novinskog članka. Dobar primer kako medicinska priča prati i osvetljava drugu priču u epizodi, u ovom slučaju smrt Hausovog oca i Hausovo i Vilsonovo putovanje kolima na sahranu. Na sahrani, Haus se naginje nad očev kovčeg, naizgled da šapne nešto pronicljivo ili barem donekle pronicljivo na rastanku, ali zapravo štricne komadić očevog uha za DNK analizu.

– **To je zaista poteklo** iz zamisli da Majkl Kejn igra Hausovog oca. Bilo je to moje lično fantaziranje, moja glupa ideja. Nažalost, ona mi je pala na pamet tek nakon što smo odabrali Hausovog oca, ali svejedno sam mozgao kako bi Majkl Kejn mogao da bude Hausov otac. Možda bi Majkl Kejn mogao da bude njegov otac ako kažemo da otac kojeg smo videli nije njegov biološki otac. Da je Haus možda čitavog života imao teoriju da mu je mama imala aferu dok je otac bio negde u službi. Pošto mrzi svog oca, sve vreme podgreva tu fantaziju. „Moj tata nije moj tata i to znam još od svoje dvanaeste, to je moj prvi deduktivni zaključak."

RASEL FREND

Posejano seme ponekad zadugo ne iznikne. Teoretisanje o Hausovom ocu se isplatilo trideset pet epizoda nakon što je to pitanje postavljeno, u epizodi *Skriveni životi*. Vilson zatiče Hausa u čitanju knjige *Korak po korak: Propovedi za svakodnevni život*, zbirke propovedi izvesnog unitarijanističkog sveštenika. Razumljivo, Vilson je zbunjen time što deklarisani ateista Haus traži duhovni savet na ovaj način ali kada ugleda fotografiju autora na koricama knjige (Haus je uvio knjigu u omot *Zlatne posude* Henrija Džejmsa), shvata o čemu je reč. Haus priznaje da je pisac, inače porodični prijatelj, njegov biološki otac. Pročitavši knjigu, Haus zaključuje da ni s tim čovekom ne može da uspostavi odnos baš kao ni sa zvaničnim ocem.

....

U više od sto trideset i jedne epizode likovi Dejvida Šora prate sasvim jasno utvrđenu priču. Pa ipak, mnogo toga još nije ispričano, a još više nije napisano. Ili, preciznije, još malo pa je napisano ili se o tome tek raspravlja. Koji likovi su imali srećno ili nesrećno detinjstvo? Kameronova, možda. Da li su Formanovi roditelji krivi zbog njegove maloletničke delinkvencije? Da li je Čejs razmažen?

RASEL: Ali [Čejs] nije blizak s ocem.

TOMI: Ne sećam se šta smo uradili sa Čejsovim ocem.

RASEL: Umro je, zar ne?

TOMI: To mu dođe kao učenje za ispite: kad ih položim, izbacim ih iz glave i prelazim na sledeće. Danas sam za ručkom pokušavao da se setim šta se ono zbiva u desetoj epizodi, koju smo radili prošle nedelje i koja još nije snimljena. Sada radimo trinaestu epizodu. Sve vreme moramo da gledamo unapred.

Nisu u pitanju samo epizode koje smo završili nego sve o kojima smo razmišljali da ih uradimo. Juče sam razgovarao s Dejvidom [Šorom] o jednoj ideji. Ne sećam se o čemu se radi, ali sam bio ubeđen da smo to već upotrebili. Zar nismo? A on je bio u fazonu „ne, mislim da smo pričali o tome da je iskoristimo ali nikada nismo". U glavi vidim čitave scene.

RASEL: Bio je to Vilsonov brat.

TOMI: Čitava ona zamisao da se Vilsonov brat povrati i izađe iz bolnice.

GARET: On je otišao da ga poseti ali ga nije poveo sa sobom. Zapravo nikada nismo videli Vilsonovog brata.

RASEL: I to smo pokušali da upamtimo…

TOMI: On mu je pomagao i dobro mu je išlo ali na kraju mu se stanje pogoršalo i on odlazi.

GARET: Sve je bilo samo nagovešteno.

TOMI: Mislio sam da smo to uradili…

RASEL: Mislim da je Piter [Blejk] napisao prvu verziju. Imali smo sve o tome. Priča je dobra. Trebalo bi da je uradimo.

GARET: Ponekad pregledate neki stari folder na kompjuteru i pomislite: „Bože, zašto ovo nismo uradili?". Hvala Bogu, jer nam sada treba tako nešto.

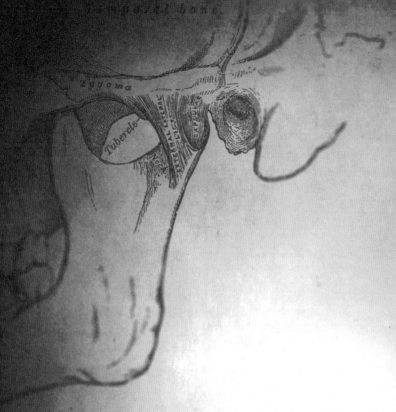

– Mislim da je Haus kao i saradnja s njim poput droge. Postoji određena za-visnost u oba slučaja.

Dženifer Morison

KAMERONOVA

Dženifer Morison

Hausu je Alison Kameron jedna od malih zagonetki kojima se zanima. U pilot-epizodi, zabrinuta da je Haus ne ceni, Kameronova ga pita koja kvalifikacija joj je obezbedila posao, i tako potvrđuje svoje najcrnje sumnje: posao je dobila zbog svog izgleda. Haus priznaje da je bila dobar kandidat ali je radoznao zašto želi da „razbija svoju bajnu guzu od posla" umesto da se uda za nekog bogataša. – Prelepe žene poput tebe ne studiraju medicinu – kaže Haus – osim ako nisu oštećene koliko i lepe. Da li te je neko u porodici zlostavljao?

Kameronovu nije uzdrmala Hausova nametljivost, ali je i dalje osetljiva – u epizodi *Materinstvo*, na početku prve sezone, teško joj pada da roditelje obavesti o tome koliko je njihova beba bolesna a zatim joj je gotovo nemoguće izustiti da je beba umrla. – Lakše je umreti nego gledati nekoga kako umire – izjavljuje ona, kao da zna. Hausa zanima njena reakcija, znači li da je i sâma izgubila bebu, pa je to i pita. – Stvarno umeš da budeš skot – odgovara mu Kameronova. Haus prekopa njen medicinski karton i odbaci tu teoriju (*Vernost*).

> – Tragični gubici je čine odlučnom da nešto napravi od svog života. Iako njene moralne dileme ponekad izgledaju preterane, one Kameronovoj donose utehu. Ako „radi pravu stvar" na sopstvenu štetu, možda može da uspostavi smisao u ovom životu.
>
> DŽENIFER MORISON

Uprkos Hausovom prezrivom stavu prema njoj, Kameronova je spremna da mu progleda kroz prste zbog njegove zloupotrebe lekova, i kaže Formanu da on nije zavisnik već da trpi bolove. Kameronova se zaljubila u Hausa i to žestoko. Haus ima dve prilike da je smuva i oba puta zabrlja. Prvo je poziva na trke monster kamiona (*Sportsko lečenje*), a to i nije pravi sastanak. Haus priznaje da je zbunjen što je Kameronova zainteresovana za njega. U epizodi *Uzor* pita Kameronovu zašto joj se dopada. – Nisam topao ni mekan, a ti si u suštini punjena životinjica koju je napravila nečija baka – kaže joj. Kameronova isprva želi da napusti bolnicu, kao što joj instinkt samoodržanja nalaže, ali pristaje da se vrati ukoliko Haus izađe s njom „i to ne samo na večeru kao kolege, već na pravi sastanak." (*Deca*)

– Kameronovu privlači talenat, a Haus je izvrstan dijagnostičar. Premda je sarkastičan a s vremena na vreme gotovo zao, njegova darovitost i odlučnost da spasava živote odnose prevagu nad svim ostalim.

DŽENIFER MORISON

Haus se doteruje za sastanak (vezuje kravatu!); kupuje buketić cveća; sluša Vilsonov savet o sastancima. U restoranu Kameronova izjavi Hausu da je zao prema njoj zato što mu se sviđa, a ako počne fino da se ponaša to će značiti kako je dozvolio svojim osećanjima da se ispolje. Kameronova mu kaže da ima samo jednu priliku: želi da zna šta Haus oseća prema njoj. Do tog časa Haus se uveliko okanuo Vilsonovih saveta i umesto da ostvari vezu, on žudi da odgonetne zagonetku. Govori kako Kameronova misli da može sve popraviti – zato se i udala za čoveka koji je umirao od raka a sada traži novu priliku da pokaže milosrđe. On je dvostruko stariji od nje, produžuje, ne izgleda dobro, nije ni šarmantan ni fin. – Ja sam ono što tebi treba – kaže Haus. – Oštećena roba. (*Ljubav boli*)

– Veza Hausa i Kameronove nikada ne bi uspela zato što ova serija ne bi postojala da smo svi zaljubljeni i srećni.

Dženifer Morison

Uskoro u PPTH dolazi Stejsi i tokom njihovog razgovora o uzajamnom interesovanju za Hausa postaje jasno da ga je Kameronova prebolela. U epizodi *Medeni mesec* Kameronova kaže Hausu: – Mislila sam da si previše sjeban e da bi bilo koga voleo. Pogrešila sam. Samo nisi mogao da voliš mene. To je dobro. Srećna sam zbog tebe.

Tražimo od Dejvida Šora da nam ukratko opiše Alison Kameron i on u odgovoru samo kaže – ljudskost. Kameronova je antiHaus, plus na njegov minus. Dosledno pokazuje samilost i brigu za pacijente (Haus joj poput uvrede često dobacuje da je *brižna*). U epizodi *Jedan dan, jedna soba*,

Kameronova sedi sa usamljenim, depresivnim beskućnikom koji umire žaleći zbog besmislenosti svog života, a zatim pažljivo pere njegovo telo. U međuvremenu, Haus, koji bi se nesumnjivo složio s besmislenošću njegovog postojanja, pokušava da izbegne razgovor sa žrtvom silovanja, pa samim tim odbija i da je uteši. Hausa zanimaju zagonetke, Kameronovu ljudi.

Mnogobrojni su primeri suštinske uviđavnosti koju Kameronova iskazuje: čestita Hausu rođendan (*Sokratovski metod*); želi da zna zašto Čejs ne razgovara sa svojim ocem (*Prokletstvo*) i pokušava da organizuje sastanak između Hausa i njegovih roditelja (*Tatin sin*). Ona takođe ima najizoštreniji moralni kompas. Kada Vogler zarati zahtevajući od Hausa da otpusti nekog, Kameronova predlaže da umesto toga svima smanji plate (*Breme*), a kada otkrije da je profesionalni biciklista Džef varao, zove novine da ga raskrinka (*Točkovi*). U epizodi *Površno* ne uvažava Hausove želje i protivljenje, nego otkriva Kadi da je otac petnaestogodišnje manekenke spavao s ćerkom. Ona uvek radi ono što je ispravno.

Kameronova se trudi da izbegne Hausovo etiketiranje. Kada Haus primeti da se nešto dešava između nje i Sebastijana, stručnjaka za tuberkulozu (*Tuberkuloza ili ne*), zaključuje da se zainteresovala za kolegu zbog činjenice da je spreman umreti za ono u šta veruje. Ali ubrzo zatim ona zaskače Čejsa i predlaže mu odnos prijatelja s posebnih pogodnostima. Možda je njena smelost neočekivana. U epizodi *Točkovi* ona se poverava Vilsonu da se zaljubila u najboljeg druga svog muža dok je ovaj umirao u bolnici, ali nije spavala s njim.

Kameronova postaje žestoka. U epizodi *Lov* pacijent koji boluje od side, Kalvin, nehotice poprska krvlju Kameronovu i onda traži od nje da se razljuti ali ona ostaje pri svom stavu. Zatim u *Euforiji*, nakon što je Forman ubode zaraženom iglom, pristaje da bude njegov opunomoćenik i donosi odluke koje se tiču njegovog zdravlja ali ne prihvata njegovo izvinjenje. – Prvo ćemo te izlečiti a onda, ako još uvek budeš želeo da se izviniš, biću ti na raspolaganju. – Haus utiče na Kameronovu: ona daje narkozu Džordžu, užasno gojaznom pacijentu, u epizodi *Šta bude, biće*, kako bi ga sprečila da napusti Prinston Plejnsboro pre nego što bude podvrgnut lečenju. Detektiv Triter pita Kameronovu zašto je lojalna Hausu (*Pronalaženje Jude*). Promenila se, zaključuje Triter, a mi vidimo da jeste. Deset godina ranije se sâma prijavila na testu iz matematike, a sada je ljuta na Vilsona zato što cinkari Hausa.

– Kameronova se razvija tokom šest godina provedenih u bolnici Prinston Plejnsboro. Smatram da je nemoguće raditi za nekoga kao što je Haus a ne biti veoma pogođen njegovim odlukama i metodima kojima postiže stvari na svoj način.

DŽENIFER MORISON

Na Dan zaljubljenih Kameronova predlaže seks Čejsu, na šta on kaže: – A šta ako me to vređa? – Onda nisi čovek kakvog tražim – odgovara Kameronova (*Neosetljivost*). U početku je to odnos koji dolikuje Hausu. Čejs krši pravila tražeći još, ali ga Kameronova odbija. – Bilo je zabavno, i to je sve. A sada je gotovo. (*U vazduhu*). Kameronova rešava da gleda samo sebe. Kada pomisli kako Haus planira da napusti PPTH (*Idiot*), sama sebi piše preporuku jer je zabrinuta za svoj posao. Na kraju treće sezone, kada se tim rastaje i ona odlazi, kaže Formanu, Čejsu i Hausu da će joj nedostajati, ali nije očajna; biće dobro.

Kada se Kameronova vrati u PPTH da vodi službu hitne pomoći, drugačija je žena i to ne samo zbog plave kose. Verena je za Čejsa i srećna što radi podalje od Hausa. Haus je grdi što je prihvatila očigledno manje važan posao. – Ovde mogu da činim dobro – odgovara mu. – Više se ne opterećujem. – U *Ostvarenju sna* Kameronova pokazuje da je prebolela Hausa kada je on pita da li želi da se vrati i ponovo radi za njega.

KAMERONOVA: Nedostaje mi posao. Nedostaje mi da trčim naokolo i izigravam detektiva. Nedostaju mi zagonetke.

HAUS: Ozbiljno, otpustiću Trinaest. Ili Katnera, ako misliš da je Trinaest opasna riba.

KAMERONOVA: Ti mi ne nedostaješ.

Kameronova je dovoljno sazrela, pa kada Kadi reši da bude uz svoju bebu, upravo nju pita hoće li da je zameni (*Bezbolno*). Kadi se uglavnom bavi obuzdavanjem Hausa (možda joj u tome prođe i polovina radnog vremena) i Haus smesta pokušava da manipuliše njome. Kameronova daje otkaz: gotovo je s Hausovim igrama.

Kameronova nikako da se veže uz Čejsa. On se žali: ujutru ga isteruje iz stana, on nema fioku za svoje stvari i samo je gost u njenom stanu. – Ne mogu stalno da te jurim – kaže joj Čejs (*Svrab*). Kasnije, kada pronađe prsten (*Spasioci*), Kameronova ne želi da je Čejs zaprosi, smatrajući da je to reakcija na Katnerovu smrt. Čak i kada se predomisli i reši da se uda za Čejsa, hoće da joj on dâ uzorak sperme kako bi joj ostao u slučaju da se raziđu; sačuvala je spermu i prvog muža (*Pod kožom*). Kameronova isprča Čejsu svoje nedoumice i objasni mu kako bi bilo naivno da to ne učini (sa čim se Čejs ne slaže). U epizodi *Obe strane* Haus predlaže Kameronovoj da uništi uzorak sperme svog muža i ona obavesti Čejsa da će to uraditi ali on joj odgovara da je sve u redu, da su njegove sumnje raspršene.

Kameron i Čejs, venčani

Naravno, njihova sreća je kratkog veka. Posle Dibaline smrti Kameronova sluti da nešto nije u redu. Smatra da Čejs ima ljubavnicu i mora to da dokaže. – Volim te bez obzira na sve – kaže u *Poznate nepoznanice*. – Ubio sam Dibalu – prizna Čejs. – Kameronova može da oprosti Čejsu ali on je ubio njenu ljubav kao što je ubio i Dibalu. Kada Čejs odluči da ostane, Kameronova mora da ide. Pošto to isprča Hausu, Kameronova potvrđuje Hausovu prvobitnu dijagnozu njenih osećanja prema njemu. – Bila sam idiot. Pokušala sam da budem kao ti, da te razumem, zato što sam mislila da te mogu izlečiti.

KAMERONOVA: Volela sam te. A volela sam i Čejsa. Žao mi je obojice; zbog onog u šta ste se pretvorili jer nema povratka ni za jednog.

Kameronova pruža ruku Hausu ali on ne želi da se rukuje, prisetivši se onoga što se dogodilo kada je prvi put napustila PPTH. I tako ga ona ponovo ljubi i odlazi. Haus je podstakao krizu u braku Čejsa i Kameronove i udesio da se tim ponovo okupi. Taub, Trinaest i Čejs su se vratili. Haus objašnjava Vilsonu šta je bilo s Kameronovom: – Rastala se od Čejsa i napušta bolnicu. Troje od četvoro i nije tako loše.

Suočen s mogućnošću da otpusti nekog doktora, teško da bi se Haus odlučio za Kameronovu. U početku je želeo da otkrije njene slabosti. Na kraju shvata da Kameronova ima zadivljujuću snagu upravo zbog tih istih osobina.

PITANJE: Izgled Alison Kameron: prsluci, jarke boje...

KETI KRENDAL: I s Kameronovom se odvija jedna priča. U početku su svi kolege i ne zarađuju mnogo pa smo joj dali manje skupu garderobu. Kada je dobila posao u Hitnoj pomoći počeli smo da je oblačimo u skuplju odeću jer je rukovodila tim odeljenjem.

PITANJE: Znači, njena odeća je postala bolja?

KETI KRENDAL: Pokušali smo da ispričamo i tu priču. Oblici odeće se nisu promenili. I dalje nosi bluzice s pufnastim rukavčićima, prsluke i pantalone.

Dženifer Morison o... *Hausu*

PITANJE: Šta Kameronova vidi u Hausu?

– Kameronovu privlače projekti. Ona u Hausovim očima vidi tračak ranjivosti i saosećanja, uprkos njegovoj gruboj spoljašnjosti. Protivno razumu, on će je uvek privlačiti.

PITANJE: Kameronova napušta svoj posao više puta. Koliko joj teško pada da odustane?

– Kada se naviknete da budete deo tima koji leči retke bolesti i spasava živote kojima naizgled nema spasa, mislim da su i posao i čovek koji se njime bavi nužno privlačni.

PITANJE: Pitao sam Hjua Lorija, Roberta Šona Lenarda i Lisu Edelstajn šta misle – hoće li njihovi likovi biti prijatelji za dvadeset godina. Da li će 2030. godine Kameronova potražiti Hausa ako se zatekne u istom gradu?

– Mislim da neće morati da ga potraži ako se 2030. nađu u istom gradu. Mislim da će on potražiti nju i pre nego što ona sazna da je Haus u gradu. Uprkos snažnoj privlačnosti među njima, postoji i nekakva očinska povezanost; kao da članovi njegovog tima postaju njegova deca u metaforičkom smislu. Mislim da bi ga ta veza i njegova nezasita radoznalost naveli da je potraži.

Dženifer Morison o... Kameronovoj

PITANJE: Da li je Kameronova brižna na sopstvenu štetu?

– Kameronova pronalazi sopstveni identitet u pokušajima da postane dobra osoba. Dejvid Šor i ja smo mnogo razgovarali o tome kako je Kameronova pritisnuta prošlošću ispunjenom gubicima... Stvarna žena po kojoj je Dejvid zasnovao lik Kameronove u ranoj mladosti je izgubila troje braće i sestara u požaru a muž joj je umro od raka u prvoj godini braka. Uvek sam sve to doživljavala kao prošlost Alison Kameron.

PITANJE: Ona ne prihvata Formanovo izvinjenje nakon što je negirao da su prijatelji, i tako iskazuje veliku čvrstinu. Nikada nije slabić. Da li je zabavno tumačiti tako složen lik?

– Oduvek sam cenila to što Kameronova nije predvidljiva. Ni u stvarnom životu niko nije sasvim predvidljiv. Svi povremeno činimo nešto što nam ne priliči ili štagod iznenađujuće. Dejvid Šor obavlja sjajan posao jer unosi ponešto neočekivano u svaki lik. Veoma sam zahvalna što na televiziji mogu da igram ženski lik koji se razvija i menja i koji je pun nenadanih složenosti. Uzbudljivo je i izazovno, i učinilo me je boljom glumicom.

PITANJE: Koliko se Kameronova menja tokom serije?

– Kameronova potiče iz brižne i moralne sredine. Budući da provodi sve više vremena s Hausom, uči kada da zaobiđe pravila kako bi nekome pomogla a kada da brani stavove kojih se još ne odriče. Pored toga, sve se više navikava na Hausov sarkazam i grub način ophođenja prema drugima i postaje sve neosetljivija. Na kraju, bolje shvata širu sliku.

PITANJE: Bobin Bergstrom [medicinska savetnica u *Hausu*] rekla mi je da te je neko na ulici pitao: „Jeste li vi osoba koja glumi bolničarku u *Hausu*?" Sećaš li se toga? Šta nam to govori o tome kako doživljavamo doktore?

– Verujem da je posao bolničarke jedan od najnesebičnijih i najplemenitijih na svetu, i gajim ogromno poštovanje prema njima. Ne radi se o tome da je neko pomislio kako glumim bolničarku, već neki ljudi zaista smatraju da žene nisu doktori. U seriji nosim beli mantil, izgovaram iste medicinske termine i izvodim istovetne doktorske postupke kao Džesi Spenser, pa ipak su nam ponekad ljudi prilazili i njemu se obraćali sa: „Vi ste onaj doktor iz *Hausa*" a meni: „O, a vi ste bolničarka u toj seriji." Kao što važi za sve drugo, pretpostavljam, mora proći vreme dok se uvrežene predstave ne promene. Zaista nije prošlo mnogo otkad su i žene počele da se zapošljavaju na radnim mestima prvobitno predviđenim za muškarce. Polako ali sigurno, stići ćemo i do toga.

PITANJE: Koliko ti je laka ili teška medicinska terminologija?

– Medicinska terminologija mi je teška. Čini mi se da nikada ne može biti lakša ukoliko se izvesne reči ne ponavljaju dovoljno često.

PITANJE: Otkud si doznala za ulogu Kameron?

– Poslali su mi materijal kao i za svaku drugu pilot-epizodu. Zvala se *Neimenovani projekat Atanasio/Šor*. Nisam ni pomislila da će me uzeti u obzir. Tada sam imala dvadeset četiri godine a predviđeno je da lik bude tridesetdvogodišnja doktorka. U jednoj epizodi Kameronova pravi svoju biografiju; Kameronova je diplomirala one godine kada sam ja završila srednju školu. Pretpostavljam da je to čarolija televizije...

PITANJE: Sada si ovekovečena kao majka kapetana Kirka [u *Zvezdanim stazama*]. Kako se osećaš?

– Još uvek ne poimam kako mi je, ali je veoma kul. Osećam se blagosloveno i srećno što sam glumila u tom filmu. Čitavo iskustvo je bilo i više nego zadivljujuće.

PITANJE: Glumila si u filmu *Ratnik*, da li je to velika promena u odnosu na *Hausa*?

– Da, *Ratnik* predstavlja drastičnu promenu u odnosu na *Hausa*. Glumim ženu *ultimat fajt* igrača. Zaista uživam u izazovu koji donose nove uloge. Veoma sam srećna što sam uspela da uklopim snimanje filma u pauze u snimanju serije. To mi je pružilo mogućnost da se razvijam kao glumica. Rekla bih da mogu još bolje dočarati Kameronovu i mogu više doprineti seriji, ukoliko mnogo glumim i u drugim projektima. U *Ratniku* i *Zvezdanim stazama* od mene se iziskivalo različito, koje ranije nisam imala prilike da dočaram na platnu.

A bio je tu i sasvim novi izazov, uloga Kejt Keler u *Čudotvornoj radnici*, na Brodveju. Maštala sam o Brodveju još od pete godine. Zaista mi se ostvario san.

PITANJE: Ti si najomiljenija među fanovima najgledanije televizijske serije na svetu. Ponosiš li se zbog toga?

– Biti najomiljenija među fanovima najgledanije televizijske serije na svetu neverovatna je čast! Neprestano me oduševljavaju i podsećaju na skromnost fanovi Kameronove i Hameron [spoj Haus i Kameronova]. Punih šest godina sam radila neverovatan posao upravo zahvaljujući tim fanovima, a i dalje ću imati prilike da radim ono što volim zahvaljujući njima. Ponosna sam što mi je pružena prilika, ali sam mnogo više zahvalna i dirnuta. Podrška kojom su me obasuli moji obožavatelji i fanovi mog lika, predstavlja divan poklon. Greje moje srce i daje mi nadu da ono što radim pričinjava radost drugima. Volela bih da mogu zagrliti baš svakog fana i zahvaliti mu se.

3

OSMODNEVNA RADNA NEDELJA

☒ Stvaranje serije, prvi deo

PITANJE: Dešava li se da se snimljena epizoda ispo-
ručuje mreži za prikazivanje u zadnjem času?
GERIT VAN DER MER: Svaki put.

Kejti Džejkobs stoji u svojoj kancelariji i vitla žutim listom pa-
pira. Reč je o memorandumu iz Foksa, mreže koja emituje *Ha-
usa*, seriju u kojoj je Džejkobsova sa Šorom šouraner i izvršni
producent. Glavonje iz Foksa su odavno odlučile da nastave
snimanje *Hausa* u sledećoj sezoni. Mnogo pre početka sezone
poslali su producentima *Hausa* ovaj memorandum koji u gru-
bim crtama predstavlja raspored za sledeću sezonu.

– Sve određuje datum emitovanja – kaže Džejkobsova. –
Evo kada želimo da se emitujete. – Datumi emitovanja su glav-
ni. Ponekad idu reprize ali se datumi ne pomeraju; od toga se
počinje. Stoga morate da smislite nešto što nije samo spremno
za emitovanje, već je i izvrsno.

Hausov tim je spreman uz nepopustljivu tačnost; ispunja-
vaju vreme u programu mreže od dvadeset dva do dvadeset
četiri puta u sezoni, punih šest godina. Biti spreman je teško
ali biti odličan još je teže. Ta odgovornost kolektivno pada na
ramena više od sto pedeset ljudi, poput Kejti Džejkobs, koji
rade na seriji u Foksovom studiju u Senčeri sitiju u Los Anđe-
lesu (po L. A. su raštrkani i mnogi drugi koji rade na *Hausu*). U

studiju su Dejvid Šor, tvorac *Hausa* i šouraner serije, direktor produkcije Greg Jaitanes i Dejvid Foster, pravi doktor angažovan za rad na seriji. Svi scenaristi, producenti, glavni u odeljenjima – scenografije, šminke, vizuelnih efekata, izrade scenografije, rekvizita, kastinga, publiciteta – pomoćnici direktora, kamermani, šarferi, montažeri, tehničari, osobe zadužene za osveženje, asistenti produkcije (PA) i stažisti, naseljavaju mrežu kancelarija i četiri ogromna saundstejdža. Koliko je serija *Haus* uspešna, vidi se i po tome što je za nju odvojeno više prostora u Foksovom studiju nego za bilo koju drugu seriju.

Svi su usredsređeni na to da završe posao do apsolutno nepromenjivih datuma emitovanja. Mreža ne priznaje lekarska opravdanja, čak ni za *Hausa*. Epizode se snimaju jedna za drugom u neprekinutom ritmu, počevši od produkcije, koja počinje sa radom preko leta kako bi sve bilo gotovo za jesenji raspored emitovanja. Gledamo li ih jednu za drugom, u njima se prati osnovni ritam opisan u segmentima od osam do devet dana koji odgovaraju snimanju pojedinačne epizode. (Svaki dan snimanja na setu odvija se u trzavom ritmu stani-kreni. Mnogi sati provedeni u pripremi prekidaju se razdobljima neprekinutog snimanja od jutarnjeg poziva ekipi do poslednje klape, što se može dogoditi i šesnaest sati kasnije.) Prvo, da osmotrimo sve iz šireg ugla.

Snimanje jedne epizode Hausa uglavnom traje osam dana. Često se rad jedne ekipe koja završava snimanje epizode preklopi s radom druge koja započinje snimanje istog dana. Povremeno je potreban i deveti dan za složenije snimanje ali kada bi se svaka epizoda snimala devet dana, ta matematika ne bi radila i produkcija bi ostala bez slobodnih dana za snimanje pri kraju sezone. Dok se jedna epizoda snima (epizoda A) druga se priprema (epizoda B). Deo ekipe radi na jednoj epizodi od početka do kraja, kako ona prelazi iz B faze u A fazu pa sve do režiserske verzije koja odlazi u montažu. Jedno vreme je direktor produkcije Greg Jaitanes stajao iza kamere u svakoj drugoj epizodi. Jedan asistent režije radi pripremu dok drugi snima; i rekviziteri se tako smenjuju.

Drugi članovi ekipe imaju drugačiji raspored. U skladu s pravilnikom svog esnafa, režiser ima petnaest dana da radi na epizodi. Kada ne snima, priprema sve za snimanje sa asistentom režije. *Haus* ima tri montažera i svaki ponaosob preuzima odgovornost za osam epizoda u sezoni od dvadeset četiri epizode. Dugoročniji projekti se ne uklapaju u ciklus od osam/devet dana. Novi set, kao što je stan u koji su se u šestoj sezoni uselili Haus i Vilson, duže se dizajnira i gradi, iako ne toliko koliko možda zamišljate.

Ništa se ne može dogoditi mimo scenarija, tačnije gotovo ništa, jer ne biva uvek scenario prvi gotov – ponekada kasting, dizajn seta i njegova konstrukcija moraju da počnu pre nego što scenaristi doteraju uloge koje treba da se podele ili napišu šta će se dešavati na setu koji se gradi. Scenarista može raditi samostalno na scenariju dva meseca a da tek onda započne intenzivni proces uređivanja i ispravljanja. I pre ovoga, tim scenarista i glavni producenti određuju glavne tokove priča koje čine polovinu predstojeće sezone. Scenario se zatim vraća Dejvidu Šoru na doterivanje i potom se razdeli glavnima u pojedinačnim odeljenjima. Obično prvi nagoveštaj onoga što treba da se pripremi za sledeću epizodu svako stekne tek pošto dobije scenario. Scenario za epizodu B se dobija prvog dana snimanja epizode A, što znači da imaju nedelju dana da se pripreme pre nego što iznova počne snimanje.

Rukovodioci odeljenja, poput kostimografkinje Keti Krendal te rekviziterâ Tajlera Patona i Majka Kejsija, razlažu početni scenario kako bi odredili šta treba obezbediti za tu epizodu. Keti se stara da svaki novi lik izgleda na određeni način i da dobije odgovarajući broj kostima, prema broju dana koje, po scenariju, ima u epizodi. Sve čime glumac barata na ekranu jeste rekvizit, tako da Tajler i Majk smišljaju šta valja pribaviti. U scenariju se često ne opisuju podrobno likovi ili prostor.

Režiser održava sastanak s rukovodiocima odeljenja, na kojem se raspravlja o konceptu, i gde se ono što je ovlaš naznačeno u scenariju može potanko opisati i uskladiti sa zamišlju režisera o tome kako će se radnja odvijati. U međuvremenu scenario još uvek može da se doradi. Slede raznorazne verzije – režiserova, ograničavajuća, produkcijska – sve dok konačna produkcijska verzija nije spremna. Produkcijska verzija obično sadrži informacije sa sastanka o konceptu a na finalnom sastanku produkcije utvrđuju se zadaci svakog odeljenja i to pre nego što snimanje počne.

Džefri Kolo, zadužen za odnose s javnošću, nadgleda proces odobravanja. Scenario šalju u kompaniju zaduženu da napravi izveštaj u kojem označava moguće probleme: imena zbog kojih može nastati sukob ili dozvole koje treba nabaviti. Primerak tog izveštaja odlazi *Juniverzalovom* advokatu i programskom odboru mreže. Programski odbor može zatražiti da se nešto ublaži: – Potrudite se da u pornografskoj sceni nema golotinje – ili – umesto ovoga recite ono. – U tom izveštaju se neprestano ponavlja jedna rečenica – kaže Gerit van der Mer. – „Molimo vas, učinite to s merom, kao i obično." Pravno odeljenje može zatražiti da se promeni neko ime. Postoji zakon koji štiti javne ličnosti u igranim serijama. Javne ličnosti se mogu pomenuti samo ukoliko to nije uvredljivo ili iskrivljeno. Takođe postoji i farmakološki savetnik koji odobrava izbor lekova.

Povremeno nešto iz scenarija izgleda kao da neće proći programski odbor. U *Autopsiji* devetogodišnja devojčica traži od Čejsa da je poljubi zato što misli da umire i to joj se čini kao jedina prilika. – Pročitao sam taj scenario i pomislio: „E, sad smo gotovi" – kaže Marsi Kaplan. – Dejvid Šor uvek pomera granice i uvek pogađa u sam centar.

Proces je istovetan i za ostala odeljenja. Nakon što se scenario razloži, šminkerka za specijalne efekte Dalija Dokter će saznati da li joj treba protetika i koju će laboratoriju angažovati za to. Tajler Paton i Majk Kejsi, nekoliko dana nakon sastanka o konceptu, prisustvuju odvojenim sastancima sa glavnim kolegama: medicinskim savetnicima, dekoraterima, ljudima zaduženim za video-plejbek i vizuelne efekte. Nakon tog sastanka Tajler i Majk idu svojim poslom. Ako se u scenariju traži sendvič, znaće da li će glumac stvarno zagristi sendvič i postoje li neka ograničenja u vezi sa ishranom. Ukoliko neki glumac uzme defibrilator, rekviziteri će imati spreman onaj koji radi, ako se to traži.

Kada snimanje počne scenario je već uveliko razložen. Sled scena koje se snimaju je izložen u rasporedu snimanja a tu su navedena i odeljenja koja su tog dana angažovana u snimanju. Tu su i pojedinačne rečenice i kratki opisi scena, kako bi svi znali šta se kog dana dešava još pre nego što dobiju dnevni raspored gde se u najsitnije detalje opisuje redosled poslova, minut po minut i opasku po opasku. Tajler i Majk u kancelariji imaju tablu na kojoj izlažu spiskove onoga što će im trebati iz dana u dan. Lični predmeti glavnih glumaca ne stižu na te spiskove. Naočare s dioptrijom, naočare za sunce, satovi, mobilni telefoni, Hausovi štapovi – sve je lako dostupno kad zatreba.

– **Pravimo beleške:** Robert Šon Lenard je levoruk, što nije loše zapamtiti. Koristi velike rukavice za pregled, hirurške rukavice broj osam, i nosi svoj sat. Ako ga zaboravi, imamo jedan sličan.

TAJLER PATON

Haus ima dva prva asistenta režije. Kada Robert Skot vodi snimanje na setu, Kevin Vilijams priprema sledeću epizodu. Pošto epizoda bude snimljena, smenjuju se. Kevin tesno sarađuje sa svojim režiserom, na primer s Lesli Glater u epizodi koju sada priprema. Ona svrati do Kevina i obavesti ga da je završila s kastingom za taj dan i da su pronašli glumca za glavnu epizodnu ulogu – mlađi je nego što su zamišljali ali odlično se uklapa. Kevin joj kaže da su oni iz odeljenja za pronalaženje lokacija naišli na neke kuće koje će pogledati sledećeg dana.

Kako bi napravio raspored snimanja, Kevin rastavlja scenario na pojedinačne scene i ponovo ga sastavlja u najboljem mogućem sledu koji može da sačini, s otprilike šest stranica scenarija po danu snimanja. To je veoma sofisticirana slagalica. Koristeći program Entertejnment partnersa, „muvi medžik", Kevin ubacuje informacije za svaku scenu: koji su glavni glumci uključeni, da li su potrebni statisti za pozadinu, koje kamere idu na koji set, koji se specijalni efekti, kostimi, šminka i rekviziti koriste – ukratko, sve.

Kevin označava neka merila koja mora da uravnoteži kada sastavlja redosled snimanja. Ako se snima scena napolju, po danu, logično je da se to zakaže početkom nedelje. Raspored za ekipu (vreme kada treba da su na setu), koji je regulisan pravilnikom sindikata o vremenima za odmor, obično se određuje kasnije tokom nedelje. Ako bi se noćna scena u eksterijeru snimala početkom nedelje, ekipa bi radila do nedopušteno kasnog doba. Ukoliko se scenografija mora izgraditi, scene koje

Dva prva asistenta režije: Kevin Vilijams [levo] i Robert Skot.

se odigravaju u njoj mogu da se pomere za kraj radne nedelje kako bi ostalo više vremena za konstrukciju. Ušteda vremena se postiže ako ekipa ne mora da premešta svu opremu iz jedne bolničke sobe u drugu posle svake scene, mnogo se vremena dobije ako se izbegne menjanje scena. Ali gomilanje scena mimo njihovog prirodnog niza zato što se snimaju u sličnom okruženju može biti na štetu glumaca – oni bi radije snimali scene po sledu iz scenarija jer bi im to pomoglo u pripremi. Dok organizuje radnu nedelju, asistent režije (AD) mora se postarati da svi budu zadovoljni.

 **– Radim najbolji posao u šou biznisu**
– kaže Kevin Vilijams.

Kevin Vilijams je u svoje vreme punih deset godina farbao scenografije i premeštao nameštaj u Majamiju, a onda se preselio u L. A. U seriji

Poroci Majamija bio je epizodni glumac i dubler Filipa Majkla Tomasa i dobijao je poneki zadatak kao asistent produkcije (PA); sve vreme je naokolo pokazivao svoj CV. Do četvrte sezone je postao asistent produkcije u seriji i nakupio dovoljno dana (šest stotina) za učlanjenje u Udruženje režisera; nadalje je mogao da radi kao drugi drugi asistent produkcije (22AD). Nakon *Majamija*, Kevin je radio svuda po zemlji i otkrio čari Los Anđelesa dok je bio drugi asistent produkcije (2AD) u *Dosijeu iks* („pravi cirkus") i *Sedam dana* na *UPN* a onda ga je Gerit van der Mer angažovao u *Gideon's Crossing*. Radio je u seriji *Džordanino raskršće* kada ga je Gerit ponovo pozvao. *Haus* je bila hit serija. – Kako sam mogao da odbijem? – rekao je Kevin.

U ovom procesu sve je usmereno ka tome da se režiseru omoguće što bolji uslovi rada kako bi ostvario svoje viđenje svake scene iz scenarija. Režiser će odlučiti koliko mu je materijala potrebno, što određuje koliko puta će se određena scena snimati sa kamerom (ili kamerama) uperenom na različitog glumca ili glumce svaki put. Biva da se lagana, zabavna scena ponovi samo jednom. Za napete, ključne scene treba obezbediti mnoštvo materijala. Možda se one mogu završiti mirnijim scenama kako bi se omogućilo dovoljno vremena za zahtevniji deo priče. Akcione scene imaju sopstvenu dinamiku, pa koordinatori dublera na samom setu nadgledaju borbu. Svaki režiser ima svoje prioritete. – Neki režiseri mogu da napakuju mnogo teškog materijala u jedan dan; većina radije jednog dana snima samo jednu tešku scenu – objašnjava Kevin.

Što više asistent režisera sarađuje s režiserom, to bolje poznaje njegov stil. Što je duže određeni režiser radio s nekim glumcima i ekipom, to će i njemu samom biti lagodnije. Možda će slati manje materijala u montažu (to jest, imaće manje snimaka) jer će biti sigurniji da je to postigao sa manjim brojem snimaka. Ta se odluka donosi u fazi planiranja kada režiser pogleda scenu i kaže: – Želim ovaj snimak i ovaj snimak – i tako redom. Radeći izvesno vreme s nekim režiserom, Kevin Vilijams može da predvidi kako će on hteti da snimi određenu scenu pa da ispadne dobra.

Kako se razrađuje broj i vrsta snimaka, Kevin mora da sarađuje s ekipom ne bi li udesio da režiserova zamisao bude ostvarena i doznao da li će im određenog dana biti potrebna posebna oprema. Za razgovor u hodu (kada kamera ide unatrag prateći likove koji pričaju dok hodaju niz hodnik, recimo) režiser možda želi da koristi stedikem, kameru s kontrategom kojom se snima bez potresa čak i kada rukovalac ide unatraške. Asistent režije bi ekipu zaduženu za opremu obavestio da za taj dan iznajme stedikem i da snimatelj bude spreman za probu. Stedikem snimatelj u *Hausu* Rob Karlson je drugi snimatelj. Kamerman je plaćen više kada koristi stedikem. Kada se ukaže potreba za tim sredstvom, kamerman dobija veći honorar za čitav dan snimanja, stoga se taj trošak mora uzeti u obzir.

Kevin pazi da održava dobre odnose sa scenaristima. Ako na vreme dobije informaciju o nečem neobičnom što se sprema, može steći dragocenu prednost. Na primer, ukoliko je neki glumac maloletan, pogotovo ako je pacijent nedelje neko dete u opasnosti, mora se obezbediti posebna nega. Deca mogu da rade samo jasno određen broj sati dnevno a snimanju mora prisustvovati i nastavnik ili socijalni radnik. Pravilnik o bebama je još stroži; bebe mogu učestvovati u snimanju samo po dvadeset minuta od dva dvočasovna razdoblja dnevno. Ako se snima usnula beba može se upotrebiti lutka ili se uzima animatronička beba kad treba prikazati pokret ruke ili treptaj. Za to su potrebna dvojica lutkara koji pomeraju model dok se ne snima, što može predstavljati više napora nego koristi. Sa životinjama je još komplikovanije. – Prođu godine dok se životinja ne izdresira da radi ono što se od nje traži, a vi je koristite samo osam dana – kaže Kevin iz gorkog ličnog iskustva.

....

Najveća nepoznanica u pravljenju rasporeda jeste tizer, snimak koji gledaoce uvodi u medicinsku tajnu koja ih čeka u epizodi te nedelje. Oni se obično snimaju na lokacijama daleko od Prinston Plejnsboroa (to jest van Foksovog studija). Kvalitet je visok: policijska potera po krovu na početku epizode *Hrabro srce* dobra je kao svaka slična filmska scena. Scenaristi će se potruditi da obaveste ekipu ako razmišljaju o izuzetno ambicioznom tizeru. Neke ideje prosto nisu ostvarive. Možda

Spremanje scene za snimanje stedikemom.
Režiser Greg Jaitanes je u prednjem planu;
direktor fotografije Gejl Tatersol je s desne
strane.

za njih nema termina u rasporedu ili je njihovo organizovanje preskupo.

Odgovorni producenti, zaduženi za pravljenje rasporeda i finansije, jesu Gerit van der Mer i Marsi Kaplan. Gerit i Marsi čine sve što mogu kako bi se zamišljeno ostvarilo, bilo da se gradi istraživačka stanica na Antarktiku, prevrće autobus u Prinstonu ili *hamer* na Bliskom istoku, ruši kran u Trentonu ili podiže izbeglički logor u Africi – ali u okviru budžeta. Gerit mora da odluči kada je kontraproduktivno zamarati sve i planirati dodatni dan za snimanje; može nastupiti problem ako glumac nije slobodan, recimo. Teško je organizovati snimanje s dve kompletne ekipe zato što se morate postarati da glumci ne budu pozvani na dva seta istovremeno. Ponekad se ideje menjaju. U šestoj sezoni, u epizodi *Vilson*, bilo je zamišljeno da Vilson ide na jedrenje sa svojim prijateljem Takerom ali je na kraju odlučeno da pođu u šumu, u lov na divlje ćurke, što je mnogo jeftinije.

– Dejvid Foster je došao i rekao: „Zamenio sam jedrenje lovom. Da li će biti ikakvih problematičnih delova za vas, momci?" A mi odgovorismo: „Neće, sviđa nam se lov. Bolji je od jedrenja."

MAJK KEJSI

Serija u celini raspolaže budžetom za amortizaciju i planiranim budžetom. Budžet za amortizaciju pokriva kapitalne troškove koji nisu vezani za pojedinačne epizode, kao što su veliki konstrukcijski projekti koji se odvijaju između sezona. Planirani budžet ide na planirane troškove za svaku epizodu i za amortizaciju podeljenu s brojem epizoda u sezoni, koja je predstavljena kao pojedinačna stavka. Gerit i Marsi su veoma svesni ove činjenice: ako nešto planirano za treću epizodu košta nekoliko stotina hiljada dolara više nego što je predviđeno budžetom, onda osamnaesta epizoda, koja je u datom času samo zračak u oku Dejvida Šora, mora biti jednostavna. Dakle, smisli je, ali imaj u vidu konačni obračun. – Moj cilj – kaže Marsi, misleći na budžet serije – jeste da budem u budžetu.

Haus je proizvod mreže *NBC/Juniverzal*. Do decembra 2009, poštovala su se finansijska pravila tadašnje matične kompanije *NBC – GE*, jedne od najvećih korporacija u Americi. Serija povremeno odlazi na reviziju i sve što je u njoj stvoreno ili kupljeno, sve na šta je potrošen novac, teoretski je imovina koja se mora pokazati revizoru. Na kraju svake sezone računovodstvo dostavlja spisak imovine svih ostalih odeljenja, stvari kojima se mora ući u trag, a to znači da niko nikada ništa ne baca. (Na osnovu zdravog razuma lako je zaključiti kako je scenografija obično prevelika da bi se rastavila i sačuvala.) Takođe sve mora biti spremno za pravljenje inserata – ponovno snimanje izvesnih scena ako u postprodukciji iskrsne neki problem (posle snimanja) – i mora se bešavno nastaviti tamo gde se neki stari lik vraća ili pisci reše da ponovo odu u prošlost, ali se većina predmeta koji su korišćeni samo jednom i tako čuva.

Tajler Paton i Majk Kejsi čuvaju svaki rekvizit koji je ikada korišćen, veći deo u providnim plastičnim kutijama koje se uzdižu u planine u ostavi u zadnjem delu jednog prostora iza scene. Usred plastičnih tela, faks mašina i lažnih pornića, nalazi se kutija na kojoj piše Vintidž idiotarije i Providne plastične žabe. U prvoj sezoni Haus baca žabu na nekoga, pa su rekviziteri pronašli određeni broj žaba kako bi mogao da bira (nikada ne postoji samo jedan primerak određenog rekvizita). Čuvaju se za svaki slučaj. – Kada vrše reviziju, dođu s nasumice odabranim spiskom stvari – kaže Majk. – „Gde su vintidž idiotarije?", „Gde je žaba od dve hiljade dolara?" – Rad na televiziji se razlikuje od ostalih poslova koje vodi *GE*.

– Ne rasipamo novac kao pijani mornari – kaže Džejms Volas, asistent produkcije. Jedan od zadataka produkcije jeste da pazi na troškove. Administracija ima spisak pojedinačne imovine svakog odeljenja i kopije svih porudžbenica načinjenih u seriji. Ako želite da saznate koliko je potrošeno na ketering prilikom nekog snimanja pre tri godine, pitajte produkciju. I oni troše novac. Koordinator produkcije Meg Šave pokušava da primeni novu politiku *NBC-a* – koristiti što manje tanjira i čaša od stiropora kako bi se ukinula deponija, a to znači da od snabdevača valja tražiti biorazgradljiv pribor za jelo. Od viljuške načinjene od krompira, do višemilionskih kulisa, postoji mnogo toga što se mora kontrolisati. – Velika je stvar praviti televizijsku seriju – kaže Elizabet Džejms Re, supervizor produkcije. – Ogromna. Mnogo novca se ulaže, u razna odeljenja. Zaista se trudimo da iznađemo načine da smanjimo troškove.

PITANJE: Vi morate biti u stanju da nađete rešenje za svaki zahtev, zar ne?

DŽEJMS VOLAS: U Hausovoj glavi postoji scena kad Kadi izvodi striptiz pred Hausom, pa su morali da dovedu devojku [za probu]. Morali smo da obezbedimo idealno okruženje za nju i kupili smo šipku za striptiz, koja može da se produži i uz koju je išao fini DVD s objašnjenjem kako se šipka koristi.

ELIZABET DŽEJMS RE: Tehničari su ugradili šipku u jednu sobu za pacijente i tamo se odvijala proba. Lisa je morala da vežba a postojala je i još jedna striptizeta u epizodi.

... [posle snimanja] tehničari su zvali i pitali: „Da ostavimo šipku u sobi ili smo završili?"

MEG ŠAVE: I šta da radiš s tako nečim kada postane imovina i moraš negde da je pohraniš?

PITANJE: I gde je ona sada?

MEG: U ostavi.

Asistent produkcije Den Horstman opisuje kancelarije produkcije kao mozak čitave serije. Tamo se čuvaju podaci o svemu: svi dnevni rasporedi, verzije scenarija i rasporedi snimanja, koja vrsta filma je korišćena u kojoj sceni i koliko je preteklo posle snimanja. Oni se staraju da bitne informacije stignu u odeljenja; da se razdele memorandumi za sastanke i da na njima bude hrane i pića; da onaj ko zatraži scenario dobije primerak, što važi i za dnevne rasporede i informacije o lokaciji. Očigledno je ključno da svako ko treba da bude na snimanju na nekoj lokaciji zna gde je to. Kada tamo stignu, moraju imati sve što im treba jer će se tada lakše snimati.

Jedan od zadataka Elizabet Džejms Re jeste i to da organizuje putovanje za glumca koji ne živi u Los Anđelesu. Glumci su njena briga dok ne dolete, a nadalje je za njih odgovoran drugi asistent režije (AD) koji im pravi raspored. Ako je na istočnoj obali u nedelju loše vreme a Hju Lori mora da stigne u L. A. iz Njujorka kako bi snimao u ponedeljak, Elizabet mora pronaći rešenje (kada se upravo to dogodilo, sredila je da ga prevezu kolima do Filadelfije a da odatle krene avionom).

Kao da njegov lik detektiv Triter nije doživeo dovoljno neprijatnosti, i Dejvid Mors je ostao zaglavljen u avionu koji satima nije poleteo ka zapadnoj obali, i karta mu je pritom rezervisana u poslednjem času. Bio mu je potreban scenario, pa je Elizabet uz složenu organizaciju pokušala da mu ga dostavi preko putnika koji se ukrcao u Solt Lejk Sitiju prilikom presedanja, i koji ga je dobio kao specijalnu pošiljku (iz bezbednosnih razloga, scenariji se ne šalju mejlom). Ali Mors nije ni doleteo u Jutu jer je let preusmeren u Sinsinati, i tamo je prenoćio. Doleteo je narednog jutra, iscrpljen i pomalo izgužvan.

Za snimanje na današnjoj lokaciji, Elizabet je na dan unajmila tehničara za generator i postarala se da svi znaju gde treba da se nađu. Otkud je znala da im treba tehničar za generator? Prilikom tehničke provere lokacije na kojoj će se snimati a koju je pronašao lovac na lokacije, tehničari rasvete su izračunali koliko im rasvete treba i otkrili su da na tom mestu nema dovoljno napona. U transportnoj službi ima radnika kvalifikovanih da upravljaju generatorima, ali nije bilo nijednog slobodnog, što znači da Elizabet mora angažovati nekog sa strane. Na ovaj način stavke u scenariju postaju stavke u rasporedu snimanja a one postaju pravi poslovi.

– Obaveste me: „Ponovo ćemo snimati scenu dvadeset jedan A, iz četvrte epizode.ˮ To se nalazi u rasporedu sa samo jednom stavkom i ja se začudim: „Bože, ne sećam se te sceneˮ, i onda proverim u rasporedu i u detaljnom rasporedu, i tamo nema scene dvadeset jedan A. Događa se, jer se nove stranice scenarija štampaju i posle snimanja. Zato kažem sebi: „Okej, pogledaću scenarioˮ. Različite boje predstavljaju svaku fazu promena na scenariju, ali scene dvadeset jedan A i dalje nema. Odem do onih iz produkcije i požalim se: „Radimo scenu dvadeset jedan A iz četvrte epizode a ne mogu da je nađem." Svi počnu da je traže ali je ne nalaze. Onda predložim: „Da pozovemo scenariste", pa ih pozovu, a oni na to: „O, da, još je nismo napisali."

MAJK KEJSI

Ako se neko suoči s nečim naizgled nerešivim, obraća se produkciji. Asistent produkcije (PA) Li Perez Gonzales kaže: – Ko god ima problem, dolazi kod nas, iz bilo kog odeljenja. Čak i ako ne možemo da ga rešimo, nama se obraćaju.

– Ako im ne radi štampač – kaže Meg Šave – ako im ponestane kafe, ako požele bananu. – Den Hofman dodaje: – To su primeri iz stvarnog života.

Uporniji problemi u produkciji stižu do Gareta van der Mera i Marsi Kaplan – upravo kako i žele. Pošto je njihov posao da gledaju širu sliku, žele da znaju kada negde iskrsne problem čak i ako se neko drugi pozabavio njime. Gerit i Marsi znaju kako problem u jednom odeljenju ima domino efekat na sva druga. – Stoga mi dajte priliku da pomognem – kaže Marsi. – Ako ne znam, onda ste doneli odluku u moje ime.

– Izjave kako nisu hteli da mi kažu zato što bi rešenje bilo skupo – kaže Marsi. – Pa, juče bi koštalo hiljadu dolara a sada će koštati dvadeset hiljada dolara.

....

Epizoda koju ste gledali u ponedeljak uveče, samo jedna stavka na žutom listu papira Kejti Džejkobs, verovatno je snimljena pre šest ili osam nedelja. Čitav proces je odličan primer zakona koji glasi: zadatak se širi kako bi ispunio dostupno vreme. Kao i Tajler i Majk, Gerit i Marsi na zid pribadaju rasporede s datumima bitnim za produkciju. Plave tačke označavaju predaju scenarija, zelene trenutak kada režiser počne da radi, dani snimanja su crveni a sve žuto je postprodukcija. Šesnaest dana je odvojeno za montažu epizode a deset za montažu zvuka, lejbek (dodavanje zvuka slici) i kolor korekciju. Producenti moraju da gledaju epizodu, studio mora da je pogleda, oni iz mreže moraju je videti. Mnogi od ovih datuma su proizvoljni, priznaje Gerit. – Obično je potrebno mnogo više vremena.

Montažeri *Hausa* su Ejmi Fleming, Dorijan Haris i Kris Brukšir. Počinju s radom čim vide da je epizoda u formi sirovog materijala sa snimanja od prethodnog dana. Izgled i zvuk serije koja se stvara u postprodukciji deo je drugog poglavlja. Šire gledano, oni nastupaju na samom kraju rasporeda. Mada je datum emitovanja zadat, raspored može da se menja tu i tamo, ali najmanje u postprodukciji. – Snimanje počinje u junu [i] mi trčimo s njima a težimo tome da nam nikada mnogo ne umaknu i stoga stalno pokušavamo da ih sustignemo – kaže Kris Brukšir. – Raspored je nekad tesan a mi smo poslednji bataljon koji se brine za seriju, stoga moramo da ubrzamo rad pred kraj godine.

Kada se dobije konačni izgled slike, doda muzika i zvuk, serija se iz postprodukcije šalje u mrežu, snimljena na traku visoke rezolucije. Zaduženi u mreži potom raznose kopije trake po televizijskim stanicama u zemlji. Pošto je Foks premestio emitovanje *Hausa* s utorka na ponedeljak, epizode su morale da se dostavljaju u petak a ne u ponedeljak. Kada uđemo u cajtnot, što se dešava povremeno, ta promena u emitovanju može biti vrlo značajna.

Pošto se poslednja epizoda u sezoni isporuči, većina članova ekipe *Hausa* pravi pauzu, a tu je i dvonedeljni praznični odmor. Kada su sezone dugačke, razmaci između njih su kraći a neka odeljenja uvek rade – pauza je idealno vreme da se osmisle i naprave scenografije jer se ništa ne snima, na primer. Oni iz produkcije i dalje rade, snimaju na DVD epizode iz prethodne sezone, spremaju se za sledeću. Važno je da se svi podaci uredno čuvaju. Meg Šave je radila na seriji *Svi vole Rejmonda*. Na kraju snimanja poslednje sezone serija se okončala a kancelarije produkcije zatvorile. Naredne godine serija je predložena za niz nagrada Emi a u kancelariji nije bilo nikog da obavesti ekipu. – Ako im je nešto i trebalo, valjalo je potražiti dokumenta, videti ko je bio direktor fotografije tog dana... Ukoliko nemate jasne podatke onda je nemoguće pronaći takvu informaciju – kaže Meg. – Nikada se ne zna kada će im zatrebati ona žaba.

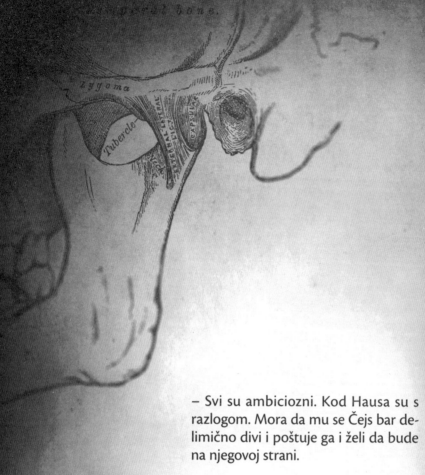

– Svi su ambiciozni. Kod Hausa su s razlogom. Mora da mu se Čejs bar delimično divi i poštuje ga i želi da bude na njegovoj strani.

Džesi Spenser

ČEJS

Džesi Spenser

Dok je Haus u Formanu i Kameronovoj video nešto, Roberta Čejsa je zaposlio zato što ga je Čejsov otac, ugledni doktor, pozvao telefonom i urgirao za sina. Negde na početku sezone Čejs žudi da udovolji svom šefu, čijim se kvalitetima divi. – Dopada mi se – kaže Čejs. – Kaže ono što želi. Radi ono što hoće. (*Sportska medicina*). Čejs jeste zadovoljan zbog ukazane prilike da radi za Hausa, ali nimalo ne pokazuje zahvalnost kada se njegov otac Rouan pojavi u Prinston Plejsborou (*Prokletstvo*). Čejs se svim silama trudi da izbegne svog oca, kao i Haus kada mu roditelji dođu u posetu. Čejs ispriča Hausu da je njegov otac davno napustio njegovu majku alkoholičarku i njega, petnaestogodišnjaka. Ali, on ne mrzi svog oca.

> – Voleo sam ga dok nisam shvatio da je mnogo manje bolno kada te nije briga. Ne očekuješ da se pojavi na tvojoj fudbalskoj utakmici, nema razočaranja. Ne očekuješ telefonski poziv od njega za svoj rođendan, ne očekuješ da ga vidiš mesecima, nema razočaranja. Želiš da se pomirimo – stučemo nekoliko piva, zagrlimo se? Dovoljno sam ga grlio. Dovoljno puta me je razočarao.
>
> ČEJS

Haus zaključuje da je Rouan došao kod Vilsona zato što ima rak. Čejs i njegov otac provedu zajedno jedan mučan trenutak i otac mu kaže kako će doći da ga vidi kad sledeći put bude u prolazu. Ali, otac zna da sledećeg puta neće biti. U epizodi *Greška* Čejs saznaje da mu je otac umro i, zabrinut, traljavo rutinski pregleda pacijenta. Ovaj umre, a Čejs pokušava da se kazni preuveličavajući svoj propust. Ali Haus ne dozvoljava da Čejs od sebe pravi mučenika, i pušta ga da ostane u timu uz ukor.

PITANJE: Čejs kao da uživa u Hausovom razmišljanju. Forman je često užasnut, Kameronova takođe, svi mnogo više od tebe.

DŽESI SPENSER: Pomalo sam sâm doneo takvu odluku. Često Čejsov lik nije sasvim objašnjen pa sam svesno odlučio da budem neko ko će se možda slagati s Hausovim mišljenjem, ako ništa suprotno nije definisano u scenariju. Svi radimo za njega s razlogom... Neki se slažu s njegovim rešenjima. Na kraju dana, svi ti likovi nisu toliko požrtvovani.

Pošto mu je otac preminuo Čejs postaje više nezavisan, a to je donekle neizbežno. Prihvata se posla i u odeljenju intenzivne nege novorođenčadi zato što mu otac ništa nije ostavio u testamentu. Čejs više nije bogati klinac (*Zauvek*) – prošla su vremena kada je odlazio na snoubording u luksuzni Gštat, kao što je učinio u prvoj sezoni (*Kontrola*). Kada Vogler traži nekog ko će cinkariti Hausa, Čejs usrdno prihvata ali kasnije odbija da otkucava Triteru (*Pronalaženje Jude*). Detektiv Triter, koji zna za njegov prošli odnos s Voglerom, ne zamrzava samo njegov račun kako bi mu namestio ali Čejs ostaje lojalan, čak i pošto Haus pomisli da ga je ponovo prodao i udara ga. I Čejs ostaje čvrst prema Hausu, kada odbija da mu napiše recept za vikodin. Od tada ga prati izvesna reputacija – u epizodi *Porodica*, Haus ga naziva podmuklim skotom.

– Uvek sam držala da postoji izvesna sličnost između njihovih likova [Čejsa i Trinaest]. Čejs, barem od četvrte sezone, prema Hausu ima taj tvrdoglavi stav, veoma nezavisan, da upotrebim izraz „ma, ko ga jebe", što Trinaest zaista ceni kod njega.

OLIVIJA VAJLD

U Čejsu se odvija očigledno veoma dubok sukob – on je i veoma human. U *Autopsiji*, ispunjava želju devetogodišnjakinje koja boluje od raka i poljubi je – ona smatra da joj je to možda jedina prilika da se poljubi.

Čejs je očigledno od samog početka bio zainteresovan za Alison Kameron. U trećoj epizodi, *Okamova oštrica*, zove je da izađu ali ga ona prekida i pre nego što je stigao da završi rečenicu. Odbija ga. U *Lovu* Kameronova, pod uticajem droge, zaskače Čejsa (kaže mu: „Nemoj sad da mi glumiš

dobricu"). Kasnije, u epizodi *Neosetljivost*, Kameronova predlaže Čejsu po-
seban odnos koji uključuje seks, jer su oboje zauzeti a i tako je zgodnije;
teško da će se zaljubiti u njega. Čejs to rado prihvata iako se poverava For-
manu i kaže kako misli Kameronova spava s njim samo da bi Hausa učinila
ljubomornim (*Položaj fetusa*). Ali Čejs traži od Kameronove više od takvog
odnosa i čim na to pristane (u *U vazduhu*), ona raskida s njim.

Čejs je uporan. Kupuje joj cveće i svakog utorka je podseća na svoja
osećanja prema njoj. S vremenom Kameronova shvata da i sama gaji takva
osećanja. (Mnogo kasnije, u *Skrivenim životima*, Čejs se brine da je Kame-
ronova zainteresovana za njega samo zbog njegovog izgleda. Čejs, Haus i
Vilson odlaze na brzo upoznavanje i Čejs, kao što se očekivalo, dobija pre-
grršt telefona uprkos tome što se vladao u stilu Foresta Gampa. Da li su ljudi
zaista tako plitki? Suočena s dokazima, Trinaest uverava Čejsa da ga Ka-
meronova zbilja voli.) Kada na kraju pete sezone Haus odlazi u psihijatrij-
sku bolnicu, Kameronova prevazilazi svoje silne sumnje i udaje se za Čejsa.

PITANJE: Iznenadio sam se kada ste se venčali.

DŽESI SPENSER: Da, i mi smo bili iznenađeni. Ali to je dobar kon-
trast priči o Hausu koji je poludeo i otišao u bolnicu.

PITANJE: To takođe znači da će pad biti dublji.

SPENSER: Tako je.

Možda će samodovoljni Čejs biti u stanju da nastavi dalje bez Hausa.
Na kraju treće sezone Haus otpušta Čejsa. – Pošto si najduže ovde, naučio
si sve što si mogao ili nisi ništa naučio. Bilo kako, vreme je za promenu.
(*Ljudska greška*). Čejs izgovara samo: – Dobro.

– Najbolje što mi se ikada dogodilo jeste to što sam dobio ovaj posao
– kaže on. – Sve u vezi s njim. To što sam ga izgubio? Pa, smatram da je i
to dobro. – Kada Haus traži zamenu za svoj prvobitni tim, misli da je Čejs
dobio posao u ogranku Mejo klinike u Arizoni i da je s Kameronovom. Čejs
je po specijalizaciji kardiolog a uz to se usavršavao za rad na intenzivnoj.
Vraća se u PPTH, na mesto hirurga i očigledno je zadovoljan. U šestoj se-
zoni Haus izvesno vreme nema doktorsku licencu pa Forman vodi tim. On
zamoli Čejsa i Kameronovu da se vrate u tim i pomognu mu jer je otpustio
Trinaest a Taub je dao otkaz.

– Mislim da Čejs ne procenjuje Hausa s tolikom naivnošću. Naivnije se odnosi prema samom sebi.

DEJVID ŠOR

Ali Čejs ne može da pobegne od Hausa. Kameronova veruje da je Haus stvorio okruženje koje je omogućilo Čejsu da (već prema tački gledišta) odluči o smrti/uklanjanju/ubistvu tiranina Dibale kako se ne bi vratio u domovinu i izvršio genocid na stotinama hiljada svojih sunarodnika (*Tiranin*). Konačno, Čejs nije kao Haus, što Dibalina smrt potvrđuje. – Nije mi lako da se vratim na drugu stranu. (*Instant karma*). Forman je već pitao Čejsa: – Stvarno misliš da možeš ubiti ljudsko biće a da sâm ne osetiš posledice? – I Čejs zna da ne može. U epizodi *Tamni vilajet* Čejs kaže da je napustio bogosloviju kada je izgubio veru. Nakon ubistva Dibale u crkvi traži pomoć i odlazi na ispovest ali sveštenik ne želi da mu dâ oprost ukoliko se ne preda. – Ubio sam čoveka – kaže Čejs svešteniku. – Ali sam ispravno postupio. (*Hrabro srce*). Dok mu se brak raspada pred očima, priznaje Kameronovoj da bi ponovo ubio Dibalu, makar ga to dotuklo.

– Čak i kada se izgubi vera, ostaje svest o duhovnosti koja utiče na njegov život. Odlazim na ispovedanje... uvek je tu negde. Ništa nije crno-belo... sve je u zoni sivog. Volim da vidim kada se u seriji postavljaju pitanja za koja nije nužno imati odgovor ali koja ostavljaju utisak na likove.

DŽESI SPENSER

Nakon dugog mučenja Čejs priznaje svojoj ženi da je zamenio Dibaline rezultate kako bi diktator dobio pogrešan tretman i umro. U početku Čejs pristaje da napusti Prinston Plejnsboro s Kameronovom, i krene iznova. Haus smatra da njihov brak neće preživeti Dibalu i zato ubrzava njegov raspad usadivši u Čejsovu glavu ideju da ga Kameronova ne smatra odgovornim – što pali. Kada Čejs shvati da Kameronova krivi Hausa više nego njega, odlučuje da potvrdi kako je lično on rešio da ubije Dibalu. Kao što Haus predviđa, i u skladu s njegovom zamisli, Čejs želi da se vrati i radi za Hausa kako bi dokazao da nije marioneta, da je samostalan muškarac. Kameronova veruje da takva Čejsova odluka dokazuje suprotno.

– Evo šta Haus poručuje Čejsu i Kameronovoj: ovo će izaći na vide-lo, pa je bolje da se to desi pre nego kasnije.

DEJVID ŠOR

Da li je Haus preobrazio Čejsa u ubicu? Kameronova svakako smatra da je tako i zato se, napuštajući bolnicu, obraća Hausu i svom mužu: – Uništio si ga i on sad ne razaznaje šta je dobro, šta loše. Više ne vidi ni to da je ljud-ski život svetinja. (*Timski rad*) – Kada se Kameronova vrati u PPTH kako bi nagovorila Čejsa da potpiše dokumenta za razvod (*Stanje uzbune*) on je čvrsto uveren da ga supruga nikada nije volela. U početku ona kaže da ne zna da li ga je volela, ali to nije istina. Kameronova svaljuje krivicu na se-be, govoreći da je ona zabrljala – prvo, kad se udala za čoveka koji umire a drugo, kad je oterala Čejsa iz svog života. Rastanak je u najmanju ruku prijateljski. Kameronova kaže da će joj nedostajati plesanje sa Čejsom i on joj stoga pušta *Alison* Elvisa Kostela, pa zaplešu, ljube se i vode ljubav. Iz-gleda kao da se Čejs osvetio: on nije kriv za raskid. I tako je Haus pobedio.

Možda bi Čejsu značilo da se priseti šta je rekao Formanu o Hausu, još u trećoj epizodi. – On stvari gleda iz drugačijeg ugla – izjavio je. – Da li je to toliko zlo?

KEJTI DŽEJKOBS: Bilo je predviđeno da Čejs bude Amerikanac, stariji od Džesija. Čula sam ga na audiciji i dopala mi se njegova pri-rodnost, stoga ne želim da je menja.

KETI KRENDAL (KOSTIMOGRAFKINJA): On pomalo liči na ško-larca. Australijanac je ali nekako podseća na školarca sa Istočne obale. On je više tip iz časopisa *Esquire*, dok je Forman više u stilu *GQ*. * Želim da uvek izgleda mlado i kao da ga nije briga što je na-očit ali je ipak svestan toga. Zna da može da izgleda dobro. Želim da ga učinim uvek mladim i savremenim.

---

* *Esquire* i *GQ* su modni časopisi za muškarce. Prvi promoviše prefinjenost, ele-ganciju a drugi modernog, savremenog muškarca. (Prim. prev.)

Džesi Spenser o... FILOZOFIJI

PITANJE: Filozofija serije može da bude mračna. Kako se to uklapa u tvoj pogled na svet?

– Serija se prilično razlikuje od ostalih na televiziji. Delimično je uspešna i zato što su autori ostali verni svojim osnovnim principima. Ponekad je veoma cinična, a sasvim sigurno ne prikazuje idealistički pogled na svet. Sviđa mi se. Trenuci nade ili iznenađenja kada se pokaže da Haus nije u pravu, ili se dogodi nešto pa mora da preispita svoj stav, još su upečatljiviji; taj kontrast je još upečatljiviji. Dozvoljavamo i toj Hausovoj bezbrižnijoj prirodi da zasija.

PITANJE: Može biti zabavno.

– Humor postoji i u mraku. Čak i taj mrak Haus pretvara u šalu ili se ruga ljudskim reakcijama u izvesnim situacijama. To se mora učiniti uz humor, u suprotnom bi sve bilo previše depresivno.

Džesi Spenser o... HAUSU

PITANJE: S Hausom nema ublažavanja.

– Svi bismo voleli da smo kao on. On ne živi po istim pravilima i usvojeni pravilima ponašanja.

PITANJE: Kada kaže da svi lažu...

– ... mnogo se lagalo.

PITANJE: Imaš priliku da udariš doktora Hausa [u *Neznanje je blaženstvo*]. Koliko dugo si priželjkivao da uradiš tako nešto?

– Lepo se sve zaokružuje zato što je i on mene jednom prilikom udario [*Pronalaženje Jude*]. On apstinira. Ja jurim da zaustavim operaciju. Shvatam da pacijent ima eritropoetsku protoporfiriju, to neću zaboraviti, a u tom času on se okrene i zvekne me po nosu.

Lepo je što sam dočekao da mu uzvratim. Mislim da je to neočekivano jer se publika pita kako to da mu se niko ne suprostavlja. Misle da se to nikada neće dogoditi.

PITANJE: Kažeš mu kako samo želiš da te ljudi ostave na miru.

– Postoje različiti načini da se čovek izbori s nekom situacijom. Da li ćete to uraditi na američki način, kroz psihoterapiju ili ćete prosto živeti kao do tada?

PITANJE: Da li se to u Australiji samo pogne glava?

– Da, apsolutno. Slaže se s australijskim pogledom na svet. Amerikanci vole psihoterapiju.

DŽESI SPENSER O... DŽESIJU SPENSERU

PITANJE: U jednoj epizodi optužen si da si Englez a Forman kaže: – Imaš kraljicu na novčanici, Englez si. – Da li te je to uvredilo?

– Ne. Uvek me doživljavaju kao Engleza zato što ne znaju. Neke Australijance vređa kad ih izjednače s Englezima, kao Engleze kad ih proglašavaju Amerikancima. Ovde ponekad Engleze smatraju Australijancima, mene Englezom. Čejs je prvobitno Amerikanac, ali smo pomislili... Zašto ne bi bio Australijanac? Smatrali smo to zanimljivijim rešenjem.

PITANJE: Sam si platio kartu za L. A.?

– Da. Umalo nisam propustio audiciju za ulogu [Čejsa]. On je tridesetsedmogodišnji Amerikanac a ja sam imao dvadeset četiri godine i mislio sam da neće hteti to da promene ali u Americi to rade. Samo odeš na audiciju i ako im se dopadneš, promeniće šta treba. Scenario je bio sasvim drugačiji od svih što sam video.

PITANJE: U tvojoj porodici ima medicinara.

– Moj tata je lekar opšte prakse. Najstariji brat je očni lekar, sledeći brat je hirurg-ortoped, onda dođem ja, pa moja mlađa sestra koja je pomalo kao Haus jer je super-pametna i ne ume s pacijentima. Ona će biti anesteziolog. A ja glumim doktora na TV. Nije to tako čudno [to što glumim doktora], zato što u Americi svaki glumac bar jednom igra doktora ili pandura ili i jedno i drugo. Neminovno je.

PITANJE: Jel' ti ikada palo na pamet da studiraš medicinu?

– Upisao sam se na fakultet, ali ga nisam pohađao. Nameravao sam da idem na medicinu, ali zapravo nisam hteo. Zaključio sam da bih to uradio zbog svoje porodice. Znao sam kako takav život izgleda.

PITANJE: Muzika ti je važna.

– Imam violinu [na setu] i pojačalo za vežbanje. Sviram violinu, gitaru, pomalo i klavir. S Hjuom sviram u jednom dobrotvornom bendu [Bend s TV-a]. To je nešto drugo, što nema veze s glumom. Sviramo u kazinima, svirali smo u Atlantisu, na Bahamskim ostrvima. Plaćaju nas, a mi to prosleđujemo u dobrotvorne svrhe.

PITANJE: Dobar si svirač?

– I jesam i nisam. Za nekog ko ne ume da svira, dobar sam. Za nekog ko ume, užasan sam.

Nisam svirao osam godina, kada sam živeo u Ujedinjenom Kraljevstvu. Pokušavao sam da izgradim glumačku karijeru. Trebalo je da nastavim ali nisam. Teško je ponovo ući u fazon. Sviram poslednje dve godine. Prsti se kreću mnogo sporije nego ranije.

Džesi Spenser o... Čejsu

PITANJE: Neki Čejsovi postupci su prilično gadni – prosleđuje Vogleru informacije...

– Tako je, on je drukara.

PITANJE: Kako opravdavaš takvo ponašanje?

– Zna da će se provući.

PITANJE: Misliš li da Haus poštuje Čejsa?

– Nikada mu to neće reći u lice, ali je ipak okupio tim zato što su dobri u svom poslu. Mada je nekoliko puta pokušao da mi dâ otkaz.

PITANJE: Ono s tvojim tatom je bilo veoma emotivno...

– Bilo je tužno gledati to. Odnosi s drugima nikada nisu savršeni i iz njih se izrode velike spletke o stvarima koje ljudi ne znaju.

PITANJE: Čejs ne želi da uzmakne...

– Ne. Srlja direktno.

PITANJE: Ispostavlja se da si bio u bogosloviji. Da li ti je zabavno da zamišljaš Čejsa kako kao dečak peva u crkvenom horu?

– Ispitujemo sličnosti između nauke i religije. Šta je vera? Šta vera znači? Da li vera zaslepljuje ljude ili zahvaljujući veri progledaju?

PITANJE: Da li je Čejs na Hausovoj strani po tom pitanju?

– Taj klinac je verovao a onda je izgubio veru negde usput i zaključio da nauka bolje objašnjava njegovo doživljavanje sveta.

PITANJE: U Dibalinom slučaju si napravio izbor.

– Da li je bolje rešiti se nekoga ko će počiniti genocid? Je li to u redu? Da li je to ispravno? Reč je o ubistvu ali ne direktnom. Nekako je dvosmisleno. Nismo stoprocentno sigurni od čega boluje. Tu postoji izvesno nagađanje. Pretpostavljam da ga ubijam. Krivotvorenje dovodi do njegove smrti. Onda morate živeti s tim čak i ako smatrate da ste ispravno delali.

PITANJE: Ali, položio si zakletvu...

– Tačno, prekršio sam Hipokratovu zakletvu da neću povređivati. Iako je Čejs uveren da čini pravu stvar, ne može se umaći od griže savesti kad se nekom namerno oduzme život. Nikada se ne umakne.

PITANJE: Zbog čega te Kameronova napušta?

– Brak je već uzdrman jer ona zna da nešto nije u redu i naposletku krivi Hausa umesto mene. To je krajnja uvreda, reći da je to uradio Haus a ne Čejs, kada Čejs veruje da je samostalno doneo tu odluku. Nije bio zaražen nikakvim Hausovim virusom koji bi ga naterao na to. Haus ne radi tako nešto – Haus rešava slučajeve. Njega nije briga da li će Dibala živeti ili umreti. On želi da rešava zagonetke. Ona ga napušta zato što smatra da ga je Haus iskvario.

PITANJE: Tek što ste se venčali.

– Znaš da ti to ne gine. Pitaš se koliko će potrajati. Niko se ne venčava u sreći i odlazi ka zalasku sunca. On shvata da ne može umaknuti od onog što će se dogoditi. Stoga odlučuje da ne beži. Mora da ostane u timu. Mora da bude što bliži svom neprijatelju i bolnici. Mora da ostane.

PITANJE: Da li ti se sviđa vožnja na toboganu?

– Da, odlična je. Nadam se da dobro radimo svoj posao zato što je scenario tako dobar a mi se moramo postarati da ga učinimo uverljivim.

PITANJE: Možeš li da upamtiš medicinske izraze?

– Pamtim prvi. Progresivna multifokalna leukoencefalopatija. I isekli su je iz pilot-epizode.

Četrnaestosatni dan

☒ STVARANJE SERIJE, DRUGI DEO

– Volim rad na televiziji jer je po prirodi timski, uz saradnju. Postoji odlična scena u filmu *Apolo 13*, kada Ed Haris baca sve stvari na sto. „Ovo je sve što imaju da ih spuste ovamo." Tako se osećam kada radim epizodu za TV. Imamo sedam dana da je pripremimo, osam da je snimimo i imamo scenario, glumce, režisera. Kako to da izvedemo? Kako je najbolje da to uradimo? Kako da to uradimo skupa? A onda to izvedemo.

GREG JAITANES, REŽISER

Satnica za dan snimanja epizode *Hausa* određena je prema sindikalnim pravilima o broju radnih sati od kraja jednog dana do početka sledećeg. Za kamermane članove sindikata važi minimum od jedanaest slobodnih sati; dakle, ako se snimanje završilo u pola osam popodne, onda se ekipa može ponovo sazvati u pola sedam sledećeg jutra. Glumci imaju dvanaest slobodnih sati tokom nedelje i minimum pedeset četiri sata za vikend. Kad god da počinje snimanje, režiser odlučuje da li se ono prekida na kraju svakog dana, deset, dvanaest, četrnaest sati kasnije. U šestoj sezoni je pola tog vremena režiser bio Greg Jaitanes.

Režiser Greg Jaitanes (levo) s prvim asistentom režije Robertom Skotom.

Greg Jaitanes ima dva posla s punim radnim vremenom – kao režiser i producent; režirao je svaku drugu epizodu od *Jednostavnog objašnjenja* do *Neznanje je blaženstvo*, a producentske obaveze u montaži i pre i postprodukciji uklapa između njih. Jaitanes voli da je u kontaktu s fanovima serije preko *tvitera*. Koristi *tviter* otkako je stvoren, prijatelj je s jednim osnivačem, i dopada mu se mogućnost da trenutno dobije povratne informacije. Podstakao je svoje kolege da mu se pridruže, tako da je *Haus* izuzetno zastupljen u *tviter* zajednici. Jaitanes izlazi na *tviter* preko svog ajfona, u pauzi između snimanja scena. Stalno je u pokretu; svaki tren kada ne režira, radi kao producent. – Neprestani osećaj da radim nekoliko stvari istovremeno održava moj mozak britkim – kaže on. – Kao da rešavate stotinu ukrštenica. – Jaitanes radi od četiri ili pet izjutra, šesnaest, sedamnaest, osamnaest sati dnevno, vraća se kući i onesvešćuje se. Vikendom provodi što više vremena sa ženom i sitnom decom.

Pošto snimanja često umeju da se oduže i drugi ljudi su odvojeni od porodica. Iako sam radi bar četrnaest sati dnevno, Jaitanes je uneo neke promene kako se drugi ne bi morali toliko zadržavati na snimanju. Želi da najbolje iskoristi vreme koje na snimanju provodi prvi glumački tim, pogotovo Hju Lori, koji je u gotovo svakoj sceni. Jaitanes održava ritam snimanja a poznat je po tome da radi veoma brzo.

Scenograf Džeremi Kasels, koordinator izgradnje Stiven Hauard i Jaitanes ugradili su motore u zidove na scenografijama koje se često koriste, tako da se oni pomeraju gore-dole i stoga se ekipe brže nameste na set i sklone sa seta. – Prilično brzo se kreće – kaže Džeremi Kasels za Jaitanesa. – Nije od onih što čekaju. – Pomera se zid između Hausove kancelarije i sale za sastanke i onaj iza aparata za kafu u sali za sastanke. Sa svake strane zida je šina i sistem prenosa, precizno izrađen do u milimetar, po rečima Stiva Hauarda.

Iz svog položaja u središtu aktivnosti, Jaitanes veoma jasno uočava potrebe svih članova svoje ekipe. Pod kreativnim kišobranom Kejti Džejkobs, zadužene za vizuelnu stranu priče, i u partnerstvu s glavnim producentima Geritom van der Merom i Marsi Kaplan, Jaitanes se trudi da svakodnevno snimanje bude što efikasnije. Takođe priprema svoje kolege režisere i radi na tome da im omogući najsigurnije kreativno okruženje kako bi napravili svoj najbolji film *Haus*.

Kao producent, Greg Jaitanes će saznati koncept priče mnogo pre onih sedam dana uoči snimanja kada kao režiser dobije scenario. Gledajući scenario po prvi put, režiser traži način da ispriča tu priču. Jaitanes podstiče svakog režisera da ide za onim što ga lično najviše dotiče. Stilovi režisera se razlikuju kao i stilovi scenarista. U *Epskoj propasti* Jaitanes je hteo da održi kretanje i nepostojanost sekvence video-igrice, od tizera do kraja epizode. Snimao je s jednom kamerom, a ne s dve ili tri, kako bi dočarao dešavanja u video-igrici iz ugla samog igrača. Bilo je to veoma drugačije viđenje nego u dvodelnoj epizodi Kejti Džejkobs s početka sezone i u epizodi *Tiranin* koju je radio Dejvid Strejton, iako su sve tri poklapaju po intenzivno mračnoj temi.

U *Epskoj propasti* Haus se vraća u Prinston Plejnsboro iz psihijatrijske bolnice Mejfild i pojavljuje se većina glavnih glumaca koji nisu viđeni još od kraja prethodne sezone. Jaitanes objašnjava kako je to uticalo na njegovu režiju. – Približio sam kameru i koristio širokougaoni objektiv da bih dobio veoma intimne snimke iz blizine [i] veoma izvajana lica jer sam smatrao da ih jako dugo nismo videli. Želeo sam da kamera uspostavi istinsku fizičku bliskost sa svima njima.

....

Sav trud uložen u planiranje satnice i pripremu za dnevni posao mora se uvažiti ako želimo da snimanje započne glatko u ponedeljak ujutru. Ključni drugi asistent režije Vins Duk uvek radi na setu. Proverava da li je sve na mestu i šalje informaciju o tome da je set spreman, prvom asistentu režije pa redom, do režisera. Dok ekipa stoji u pripravnosti kako bi postavila prvu scenu, glumci dolaze na set zarad privatnih proba. Zajedno s režiserom i scenaristom, glumci razrađuju fizičku postavku i raspravljaju do u detalje kako će odigrati scenu. Da bi se usredsredili, set se isprazni dok ne budu spremni. Snimanja *Hausa* su zatvorenog tipa, što znači da je pristup dozvoljen samo ekipi. Džefri Kolo, zadužen za odnose s javnošću, radio je na seriji *Dr. Quinn, Medicine Woman*, koja se snimala u Paramaunt hilsu u javnom parku. Neprijatan deo njegovog posla bio je da udaljava radoznale posmatrače.

Glumci u *Hausu* primaju beskrajne zahteve za sve, od izjava za štampu i televizijskih intervjua do vođenja dobrotvornih priredbi. Svi zahtevi se pročešljaju pre nego što stignu do Džefrija Kola; njegov je posao da olakša ostvarivanje onih koji su odobreni. Kada glumac nešto prihvati, Džefri vidi sa asistentima režije kad on ima slobodno vreme po rasporedu. *Haus* je neobičan po tome što u ekipi ima i PR menadžera; glumci imaju i lične publiciste za svečane događaje i medije koji se ne bave isključivo *Hausom*. I sama mreža organizuje reklamiranje, uključujući veliku „Foksovu galeriju slika" svake sezone, gde se snimaju fotografije i snimci na lup za reklame (*Haus* se uskoro vraća). Ovi snimci su postali sve složeniji jer se pokušava izaći iz uobičajenog bolničkog okruženja. Hju Lori je fotografisan s dve

zmije kako bi predstavio medicinski simbol, kaducej. Zapravo je samo jedna ukroćena zmija preslikana po vertikalnoj osi simetrije. Zmija je veteran iz filmova o Indijani Džonsu.

Lori je ozbiljno učestvovao u režiranju snimka pokvarene prikolice s ekipom glumaca u različitim karakterističnim pozama. Kameronova u haljini od tafta popravlja motor, Taub se brije pred retrovizorom, Kadi se sunča na krovu, Čejs peče hamburgere na roštilju, Forman sedi na stepeniku i diže tegove, Vilson udara loptice za golf a Trinaest je obučena kao Lara Kroft, čak drži i samostrel. Svi su u pozadini. Haus je u prednjem planu, zuri u kameru. Na glavi ima kapu s natpisom „Ja sam glavni".

Haus je sedma serija na kojoj radi Džefri Kolo. Za glumce u seriji kaže: – Izuzetno je lako sarađivati s ovim ljudima. Nisu uobraženi; veoma su realni, otvoreni, vrlo pozitivni. – Džefri kaže da su svi puni razumevanja, niko nikog ne pokušava da minira ili podriva. – Reći ću da se u većini serija na kojima sam radio, upravo to događalo.

Kada glumci završe pripreme za scenu, ekipa za rasvetu i kamermani spremaju se za snimanje. Prvom timu glumaca se pridružuje drugi tim dublera – oni bukvalno stoje na mestima koje će glumci zauzeti, kako bi bili odgovarajuće osvetljeni a šarferi mogli da podese objektive kako treba. Kada dubleri upamte položaje i kretnje glumaca u probi markiranja, prvi tim se raspušta. Podešavanje snimka može da potraje od dvadeset do četrdeset pet minuta. Dok se dubleri kreću, direktor fotografije Gejl Tatersol bira svetlo i refleksiju za svaki kadar u sceni.

Haus ima pet dublera. Patrik Prajs je dubler Hjua Lorija i Džesija Spensera. Kadi i Trinaest imaju istu dublerku. Postoji i drugi Taub te još po jedan Forman i Vilson. Ako je potreban još neki dubler, dovodi se neki statista. Dubleri su slične visine i boje kože kao glavni glumci koje zamenjuju tako da se slikaju pod istom svetlošću. Za njihovih dvadeset ili trideset minuta na setu, dok se scena priprema za snimanje, glumci iz prvog tima mogu da se odmore, vežbaju ili se preslišavaju. Raspored prvog tima je ionako čista robija; bez dublera bi bio nepodnošljiv.

Teška oprema

Patrik Prajs se pojavljuje u *Hausu* kao bolničar Džefri Sparkman. Takođe njega snimaju umesto Hjua Lorija, kada se Haus prikazuje s leđa, kad mu se vide samo ruke ili šaka kojom daje injekciju. Patrik je radio s Lorijem u filmu *Stjuart Litl* pa su ga odabrali za pilot-epizodu. – Od početka sam znao – kaže on. – Predosetio sam. Znao sam da je serija neverovatna, prosto sam znao.

Patrik učestvuje u *Hausu* od prvog poziva za ekipu do poslednje scene gotovo svakog dana snimanja i posao dublera smatra odličnim načinom da se vežba gluma. Kad radi u reklami, podstiče ostale glumce da prihvate posao dublera ako mogu. Do sada je već dobro naučio Lorijeve pokrete i zna kako on drži štap. Može ponoviti hod kako bi kameri pokazao načine na koje se Lori zanosi dok ulazi u kadar i izlazi iz njega tokom razgovora u hodu. – Pratim ga kao soko – kaže Patrik. – I u snu mogu da budem on.

Režiser sedi u takozvanom video-selu, oblasti smeštenoj postrance, u prostoriji do one u kojoj se odvija snimanje. Tu su

Patrik Prajs, dubler Hjua Lorija, izležava se na poslu.

složeni monitori na kojima se pokazuje ono što kamera gleda. Ajra Hervic, supervizor scenarija, sedi odmah do režisera a scenarista je s druge strane. Producenti ili glumci koji ne učestvuju u sceni koja se upravo snima i koji se opuštaju smeste se u visoke filmske stolice u zadnjem delu prostorije. Tu su i šminkeri i frizeri, spremni za eventualno doterivanje. Ako je u sceni neophodan kakav rekvizit, on je kod Edija Griskoa, asistenta rekvizitera. Slušalice su dostupne svakome ko želi da čuje zvuke sa snimanja.

Robert Skot, prvi asistent režije, nestrpljivo se propinje na prste iščekujući početak snimanja. Direktor fotografije sa seta upozorava asistenta režije da je skoro spreman, uzvikujući: – Pet minuta – ili – kraće od pet minuta – što je signal asistentu režije da glumci moraju biti spremni. U tom trenutku se doteruje šminka. U pozadini se statisti kreću tamo i natrag ili komuniciraju s glumcima – za tu koreografiju je zadužen drugi asistent režije Džon Nolan koji će svoje ljude postaviti na položaje, spremne da idu po određenim putanjama na setu kada snimanje počne.

Na spoljnu stranu vrata prostorije u kojoj se snima postavljena su crvena svetla i kada su upaljena, niko ne može da uđe. Montažer zvuka kontroliše zvonce, visoko među gredama iznad same pozornice. Kad zazvoni, to je znak svima na setu da zaćute. Istovremeno, montažer zvuka stavlja do znanja svima da je spreman da snima. Asistent režije podseća sve da isključe mobilne telefone. Ekipa se sklanja sa seta; svi su tihi; režiser je usredsređen na monitor. Asistent režije kaže: – Snimamo! – što znači da montažer zvuka snima zvuk. Pre digitalnog snimanja zvuk se sinhronizovao sa slikom na udarac klapnom ispred kamere praćen rečima, na primer, „šesta scena, prvi put”. Sada je „pametna klapna” prikačena za miksetu montažera zvuka. Kada klapna škljocne, vremenski kod se zaustavi i sinhronizuje. Ako u sceni ima statista, asistent režije će viknuti: – Pozadina! – kako bi se statisti pokrenuli pre glumaca, da ne ušetaju svi odjednom u kadar. Onda konačno režiser može da vikne: –Akcija!

Glumci prolaze kroz kadar a režiser ih posmatra na svom monitoru. Snimanje scene može da traje samo nekoliko sekundi; možda je fokus na glumcu koji reaguje na priču drugog glumca. U sledećem snimku odvija se isti dijalog ali kamera snima drugog glumca. Kamere se kreću po unapred određenoj putanji, zumiraju ili se udaljavaju. Scena se brzo snima i Greg Jaitanes vikne: – Seci! – i iskoči iza svog monitora. Možda kaže: – Fino – ili – veoma dobro – a onda ode do glumaca i prokomentariše njihovu glumu. Možda i svetlo mora da se podesi. Snimak je gotov ili će se ponavljati sve dok ne bude dobar. Snimak bude dobar iz trećeg pokušaja i Jaitanes se oglasi: –Bilo je odlično. Bilo izvrsno.

ROBERT ŠON LEONARD: Čitalačke probe se održavaju svake nedelje a pre njih moramo pročitati scenario kako bismo uvežbali izgovor pojedinih fraza. Reći ću: „Pa, sa ovim iscetkom mora da je... Ne mogu ovo da izgovorim. Dobro, sledeća opaska.” Prosto se ne uznemiravam. Kad god se neko spetlja, kažem: „Ako to budeš tako izgovorio na snimanju, daću ti šta god zatražiš.” Zato što je to serija kakvu bih rado gledao, u kojoj doktor kaže: „Možda ima por-pro-por-

-por-porfiriju? a ja bih rekao: „Molim ti se, Bože, neka Dženifer izgovori to tako kada budemo snimali."

PITER DŽEJKOBSON: Treba izaći na kraj sa svim tim terminima. Mislim da mi to ide od ruke, pa nemam problema da ih izgovorim kako treba, ali je za to potrebno vreme jer ako ne mogu da zvučim kao da znam o čemu govorim, onda bolje da zaboravim na sve. Jednom prilikom nikako nisam uspevao da se izborim s rečju *pancitopenija*, koju sam izgovarao pance-tu-pinija pa mi je scenarista skrenuo pažnju: „Zvuči kao neka blesava dečja igra; molim te, izgovori kako valja." E, to je bilo ponižavajuće.

PITANJE: Šta je pancitopenija?

PITER DŽEJKOBSON: Kada kažu: „Seci. Gotovo." ta reč bukvalno izađe iz moje glave. To je rasprostranjeniji oblik citopenije, šta god to bilo.

Svi koji rade na *Hausu* spremno hvale direktora fotografije Gejla Tatersola i izgled serije. – On je retka vrsta direktora fotografije jer radi veoma brzo i stvara predivne slike – kaže Greg Jaitanes. – On radi na svim epizodama, a u velikoj većini savremenih serija nije tako – kaže Kejti Džejkobs. – Zadivljena sam njegovom radnom etikom i vizuelnim kvalitetom naše serije... Ona se ističe među svim drugim serijama.

Sâm Tatersol će teško priznati da radi nešto posebno. Kada ga pritisnu, kaže: – Moj posao je da kroz slike interpretiram ono što režiser traži, da mu predložim kadrove i preuzmem kontrolu nad izgledom serije; bavim se rasvetom i sarađujem s ekipom tehničara, električara i kamermana, kako bih na pravi način prikazao scenu bilo da je melanholična, sumorna ili vesela. – Po Gejlu, koji ima iskustvo u radu na reklamama i u filmovima, u radu na televiziji je uočljiva brzina kojom se sve obavlja. Bolje je imati jasan plan ili ćete biti pregaženi u stampedu.

Tatersol poriče da serija ima jedan karakterističan izgled; svaka epizoda se drugačije snima. Dopada mu se neprekidna i neprestano preobražavajuća težnja ka savršenstvu. On navodi epizodu u kojoj je Katner izvršio samoubistvo (*Jednostavno objašnjenje*), vizuelno drugačiju po mračnom izgledu i nezasićenom koloritu koji odgovara ozbiljnosti teme.

Gejl Tatersol je Englez. Režirao i snimao reklame kad i njegove britanske kolege Alan Parker i Ridli Skot, budući filmski režiseri. Često je radio u Sjedinjenim Državama a nakon završetka *Divlje orhideje*, filma s Mikijem Rorkom i Keri Otis, snimljenog u Brazilu, na brzinu je prihvatio posao direktora fotografije u prvom filmu o porodici Adams. Preselio je porodicu iz Engleske u L. A. i ostao je da radi u tom gradu.

Kalifornija ima odličnu klimu, ali stručnjak kakav je Tatersol tvrdi da je svetlo grozno. U početku su se filmovi sporo snimali, pa je filmska industrija tražila sunčano mesto i tako se stiglo do južne Kalifornije. Koristila se prirodna svetlost i bočni zidovi studija bili su oslikani gradativno kako odozgo ne bi isuviše grejalo. A onda, kaže Gejl, neki idiot odluči da zakrovi studije i koristi rasvetu. Svetlost van studija je oštra, baca dugačke senke i pravi crnu senku oko očiju jer nema oblaka. Najomiljenije svetlo? – Na Severnom polu u februaru, gde sunce nikada ne prelazi jedanaest stepeni i javlja se kroz izmaglicu; i tako punih pet sati. Ovde [u L. A.], čarobni sat je kao čarobni minut, samo prilikom zalaska sunca. A onda nastaje mrkli mrak i sve je gotovo za tren.

Greg Jaitanes pominje da je Tatersol uložio izuzetan trud u tizer za epizodu *Razdvojeni* koja se odvija u sali za fizičko gde se rvu gluvi srednjoškolci. Dok je uobičajenih nedelju dana pročitavao scenario Tatersol je pronašao kako će Jaitanes snimati rvače sa svih strana: ugradio je šinu u pod i po njoj se kamera kretala ukrug. Sala u kojoj se snimala epizoda imala je visoki stakleni krov a Tatersol je sklopio napravu za rasvetu, smestio je na dizalicu, podigao na pedeset metara i time stvorio jedan jedini snop svetlosti upravljen prema podu. Svetlo je bilo toliko jako da je krov prekriven poluprozračnim, sjajnim platnom kako bi se stvorila difuzna svetlost, a ona se zatim odražavala u očima dece preko baunsborda.

– *Zaleđeni* je bila jedna od prvih epizoda na kojima sam radio. Sarađivao sam s Gejlom, imali smo ideju da napravimo klaustrofobičnu scenografiju, s kružnim svodom sa svetlima koja bi trebalo da su kao sunčani sat a sunce je toliko nisko da prodire kroz prozore… Gejl je odličan direktor fotografije. Voli zrake svetlosti, dim. Zasigurno se prepoznaje izgled koji je načinio Gejl i to po izvrsnosti.

DŽEREMI KASELS, SCENOGRAF

Glavešine razgovoraju: Greg Jaitanes i Kejti Džejkobs.

Tatersol je bio uveren da će njegova ideja uspeti a da nije, „pukla bi velika bruka". – Mogu biti dobar onoliko koliko i cela ekipa – kaže on i pominje gafera Montija Vudarda, glavnog tehničara Šona Velana i kamermana Tonija Gaudioza koji radi i u ekipi B. A zatim pominje „neverovatne, talentovane": Kejti Džejkobs, Dejvida Strejtona i Grega Jaitanesa. – Imao sam mnogo, mnogo sreće. – Producenti ponedeljkom, u pauzi za ručak, na velikom ekranu prikazuju epizodu snimljenu te večeri, što gleda pedeset ljudi i potom aplaudira. – Stvarno smo kao porodica – komentariše Gejl. Kako ekipa provodi više vremena s porodicom na poslu nego sa stvarnom porodicom, veoma je važno da se međusobno poštuju i vole.

Nažalost, Gejl Tatersol nikako ne može uticati na to kako će svaki gledalac proceniti njegov rad. Svačiji TV je drugačije naštelovan a mnogi od nas ga gledaju sa svim upaljenim svetlima, možda i sa svetlom direktno uperenim u ekran. Gejl je razmišljao da snimi film s lampom smeštenom posred ekrana, pitajući se koliko će gledalaca to uopšte primetiti. Statistike pokazuju da mnogi gledaoci menjaju kanal ako im se učini da je emisija isuviše slabo osvetljena. Stoga mora vrlo balansirano da stvara mračnu atmosferu. – Kada epizoda ode u mrežu, ništa više nije u našim rukama – kaže on. – Siguran sam da neki tip sedi u kakvom mračnom sobičku, kraj velikog prekidača na kom piše TAMNO i SVETLO. Mi nemamo nikakvu moć nad njim.

....

Važno je ostvariti brz tempo od samog početka dana snimanja. Asistent režisera valja da se postara i za to da se vreme ne gubi. Ako se proba oduži, može predložiti da se glumci odmaknu na stranu i pretresu scenu kako bi rasveta mogla da radi svoj posao. Režisera koji želi da ponovi scenu asistent režije može zamoliti da još jednom razmisli ali će naglasiti da režiser to poduzima na sopstveni rizik. Režiser početnik možda prečesto ponavlja scene, a asistent režije bi mogao da ga upita: „Zar to već nismo snimili?", ili „Zar ne bismo mogli da nastavimo?" – U redu je ako ponavljamo i rezultat bude bolji; tad nije bitno što se većina ne slaže – kaže asistent režije Kevin Vilijams. – Ali nije dobro ukoliko ponavljamo zato što smo nervozni ili nismo sigurni da smo dobro uradili.

– Meni snimanje nikada nije bilo zabavno. Mnogi glumci to vole; meni se nikada nije sviđalo. Kome treba dvanaestočasovni ili četrnaestočasovni radni dan? U pozorištu, probe su od jedanaest do pet, tri nedelje, i onda si gotov. [Tokom snimanja] na setu si u pola osam a kući stižeš na vreme da pogledaš Letermana.* Mora da se šalite? Pozorište je najbolje; samo novac nije neki.

ROBERT ŠON LENARD

_____

* *Late Show with Letterman* (*engl.*) zove se tok-šou koji se radnim danima emituje od pola jedanaest ili pola dvanaest uveče. (Prim. prev.)

Gerit van der Mer nam priča priču. Piter Medak je režirao *Sokratovski metod* gde je pripremao geg – trik scenu u kojoj pacijentkinja bljuje krv nadaleko. Mnogo vremena je prošlo dok nisu namestili crevo na ženino lice i podesili protok. Scena je bila spremna u pola tri izjutra, trinaest i po sati od početka snimanja. Gerit posmatra snimak na monitoru i sve izgleda kao u horor filmu. – Bilo je savršeno. Režiser kaže: „Seci", okreće se i pita me treba li da se snimi još jednom. Ja odgovaram: „Ne, to je to".

Ukoliko Broj jedan, glavni glumac, u bilo kojoj epizodi kaže kako želi da ponove scenu, onda je više nego verovatno da će se to i dogoditi. Sâm režiser može videti manje nedostatke u snimku pa će tražiti da se on ponovi. Greg Jaitanes je navodio dvoje glumaca koji su razgovarali u hodu da ponove scenu četiri ili pet puta. Kada se snima stedikemom, mnogo toga može da ispadne loše. – Otkidaš delove – kaže Jaitanes. – Snimaš s velikom marginom. Pokušavam da smestim sve tako da imaju dovoljno prostora za kretanje a onda sužavam ivice tako da imamo na čemu da radimo. – Možda neki glumac ima pogrešan tajming. – U pitanju su samo neznatni pokreti i izgovorene opaske koje sam želeo da ispravim. Svi su dobro upoznati sa svojim likovima a i razgovaram sa svima mnogo pre snimanja. Uglavnom urade ono što sam od njih tražio. Postava je stvarno fenomenalna.

Kad se snimanje ponavlja mogu se učiniti pokoje diskretne promene. Rasveta može da se popravi. Možda je pozadina bila nedovoljno ili isuviše dinamična („proredi je").

– **Postoji izraz,** *gone with the wind*, koji se govori ujutru, i *dukes of hazzard* za popodne. Ujutru, imamo dvanaest sati i sve vreme ovog sveta. Posle ručka, kako vreme odmiče a moramo da završimo do određenog roka, ta poslednja scena se zbrzava zato što su svi usporili negde tokom dana. *Dukes of hazzard* znači samo dovrši to što je ostalo.*

KEVIN VILIJAMS

---

* Aluzija na čuveni film *Gone with the Wind* (*Prohujalo s vihorom*), i scenu iz njega u kojoj glavna junakinja izjavljuje da će „o tome razmišljati sutra", tj. da za to ima vremena, i na veoma popularnu američku seriju (kasnije, i film) *Dukes of Hazzard*, punu scena jurnjave. (Prim. ur.)

Što je više neka scena ponavljana, to je teže održati kontinuitet. Opaske i kretnje glumaca moraju da se ponavljaju. Statisti u pozadini moraju da prođu scenom na istovetan način, svaki put. Neujednačen prelazak može značiti da ista osoba prelazi scenu sleva nadesno dvaput zaredom. Pored toga što beleži scene i njihovo ponavljanje u pozamašni rokovnik, supervizor scenarija Ajra Hervic prati kontinuitet kako bi se uverio da je glumac izveo istovetne fizičke kretnje u istom času.

Povremeno, glumac izgovori opasku nešto drugačije od onoga što je napisano, možda zato što mu se učini lakše ili bliskije. Supervizor scenarija to proverava sa scenaristom kako se značenje koje je scenarista imao u vidu ne bi izmenilo. Ne dešava se da scenaristi budu na setu kad se snimaju serije; u *Hausu* se to može. Nijanse u tekstu mogu ispasti sasvim drugačije na setu a glumci mogu otkriti drugačije tumačenje značenja koje je scenaristi možda promaklo. – Želim da budem izvor informacija – kaže Dejvid Hoselton. – Nadam se da niko ne zna radnju ovog scenarija bolje od mene. Ukoliko neko zapita: „Zašto izgovaram ovo?", tu sam. – Na snimanju epizode *Neznanje je blaženstvo*, Hoselton upada s opaskom da je velika stvar to što genije Sidas priznaje svojoj ženi da je zloupotrebljavao sirup za kašalj. Zaključak je da se to mora više naglasiti.

– Nismo hteli da propustimo bitne trenutke – kaže Jaitanes. – Volim da nam je na snimanju i scenarista jer tako još jedan par očiju prati... Dejvid je smatrao da sam to izneo previše diskretno a želimo biti sigurni da će publika razumeti dati trenutak. Ponekad moramo da pogurmo stvari. – Hju Lori je neprestano uključen u proces snimanja, on je taj potrebni posmatrač. – Hju je kao drugi režiser na setu – objašnjava Greg Jaitanes. – On je izvrstan saradnik. Bilo bi sumanuto ne poslušati njegove ideje.

Hju Lori je režirao *Stanje uzbune*, šesnaestu epizodu u šestoj sezoni, našavši se tako s obe strane kamere. Kejti Džejkobs je u intervjuu *Njujork Tajmsu* izjavila kako je godinama nagovarala vodećeg glumca serije da režira. Lori je rekao da je fasciniran procesom režije i različitim veštinama potrebnim za taj posao. Naterati ga da režira izgledalo je kao kada stjuardesa pokušava da nađe nekog da upravlja mlaznjakom u *Avionu*. – Ne kažem da bih se nametao ukoliko postoji neko stručniji od mene. Ali, ako niko drugi ne želi, rado bih se okušao u tome.

– Hju je pravi perfekcionista, i ozbiljno pristupa poslu. Nikada ne uzima slobodan dan. Ponekad se na snimanju zatekne scenarista i kaže: „To je u redu", a Hju odvrati: „Ne, ne, propustili su ovo." On je disciplinovan i marljiv, što je od pomoći u datim trenucima jer ne dozvoljava da nam nešto promakne.

TOMI MORAN

– Hju je kao drugi režiser na setu.

Prilikom snimanja ponovljenih kadrova, režiser završi sa snimkom i naloži: – Još snimajte, još snimajte – a pritom misli na zvuk, zato što želi da popravi neku sitnicu. To izgovori umesto da kaže: – Seci – pa da ekipa pohrli na scenu kako bi nešto podesila, popravila frizuru i šminku. Lakše je da nastavi sa snimanjem, zamoli da se scena brzo vrati na početak kako bi i pozadina odgovarala i – ponovo snimi. Sve vodi ka tome da Greg Jaitanes konačno izjavi: – Seci. Dobro je. Razvijaj. – Fraza „razvijaj" je pomalo zastarela pri sadašnjem tehnološkom razvoju ali dočarava osećanje konačnosti. (Neko kaže i: – Proveri poklopac – što znači da se kamera otvara kako bi se proverilo da kakva dlaka nije upala unutra, a to se dešava, mada ne tako često.)

....

Svaka slobodna ravna površina na setovima i u kancelarijskom prostoru pretrpana je grickalicama, žitaricama za doručak, energetskim pločicama, svežim voćem, čipsom, svakovrsnim koštunjavim voćem. Glumci i ekipa mogu da uživaju u toplom doručku, ručku i večeri; obedi se serviraju na raznim mestima na svakom stejdžu. U jedan kamion je smeštena čitava kuhinja, tu se može napraviti sendvič ili skuvati kafa. Ta slika budi u sećanju frazu „dovoljno hrane da se najede čitav puk". Za sve to su zaduženi Suzan i Brajan Borg, supružnici i saradnici. Ukoliko je samo jedan tim na setu Brajan i Suzan sve sami postavljaju, obezbeđujući osveženje za više od sto dvadeset petoro, plus i statiste. – Ponekad ostanemo bez hrane, i tada postaje gadno – kaže Suzan. – Ali onda odletimo u [Foksovu] kantinu i donesemo nešto – dodaje Brajan.

Pravila sindikata nalažu da se zaposlenima mora obezbediti obrok šest sati od početka posla, ali su se producenti Gerit van der Mer i Marsi Kaplan odlučili da se svima servira topli doručak, premda to nije obavezno. – Ljudi ovde provode silno vreme; stoga se trudimo da im bude što udobnije i lagodnije – kaže Gerit. – Ako služite brzu hranu onda će ljudi čitavog dana samo to i jesti – kaže Marsi. – Mi smo pošli drugačijim putem i obezbeđujemo pravu hranu. Iako je skuplje, ljudi su zadovoljniji.

Za topli doručak nudi se mnogo toga: jaja, krompir, prženice, ovsena kaša. Veliki obrok je za ručak (danas su na redu govedina i kupus) a jelovnik se rotira otprilike na svake tri nedelje. – Piletina i govedina... i riba i pomfrit, koje Hju Lori obožava – kaže Suzan. Tu je uvek i vegetarijanski obrok. („Lisa [Edelstajn] veoma vodi računa o zdravlju.") Suzan kaže da se Hju Lori posebno trudi oko odnošenja smeća uzbrdo do kamiona pa zato upozorava Brajana da motri na njega kako ne bi teglio kante s đubretom.

– **Jednom sam taman** krenula da izađem kada se pojavi Hju, pa nisam mogla da ga zaustavim i onda sam ga pitala: „Kako to da ste ovde svaki put kada se spremamo da bacimo đubre?" a on je pogledao na sat i rekao: „Pa, stojim ovde već trideset minuta i čekam vas – gde ste, dođavola, toliko dugo?" On je sjajan tip.

SUZAN BORG

Brajan Borg je celog veka radio u filmskoj industriji, na snimanju reklama i industrijskih filmova. Brajan i Suzan su planirali da se presele u Finiks kada su čuli za posao oko keteringa, koji nije pod paskom sindikata – posao sa „dozvolom" koji je vodio do članstva u sindikatu. A onda je Suzan dobila poziv za rad u *Hausu*. Suzan je ostala sama i zato je pozvala Brajana. – Marsi [Kaplan] nas je intervjuisala i poverovala da to možemo da izvedemo – kaže Brajan. Borgovi ne pripremaju hranu. Topla jela se kamionom dovoze na set; stavljaju ih na kolica, prenose do posuda koje se greju na struju i sipaju u njih i zatim raznose na mesta određena za serviranje. Glumci ili režiseri ponekad zažele drugačiji obrok pa Borgovi ugovaraju dostavu iz restorana, na primer iz „Panda ekspresa", „Versaja" i „In-en-aut-burgera". – Mnogo vole „Panda ekspres" – otkriva Brajan.

Suzan Borg nam priča još jednu priču. Za svaki doručak, tačno na vreme i zasigurno, Borgovi služe čizi egs*. Kada je Hju Lori osvojio nagradu glumačkog udruženja, pomenuo ih je u govoru: – Zahvaljujem se Brajanu i Suzan Borg na najboljem čizi egsu s ove strane Rio Grande.

PITANJE: Kako se to sprema?

SUZAN BORG: Ne pravimo ih mi! Kada smo promenili snabdevača, nastala je pometnja. Ne dopada im se novi recept za čizi egs.

– Teško nam je, kao bračnom paru, da radimo zajedno – kaže Suzan. – Ja sam gajila decu kod kuće a on je bio veoma uspešan. Da mi je neko rekao kako ću ovo raditi u pedeset devetoj godini života... ali, zaista volimo svoj posao. – Suzan i Brajan su u braku trideset godina. Brajan kaže: – Volim svoju ženu više nego ikada.

....

---

* Cheesy eggs (*engl.*) – kajgana od belanaca i narendanog sira. (Prim. prev.)

Brajan Borg, zadužen za ketering, donosi još jednu turu grickalica.

Dok ekipa priprema sledeću scenu koja će se snimati, mnogi na setu su u situaciji „stani, kreni". Statisti se skupljaju ispred ulaznih vrata bolničkog predvorja, ispred kulise. Sede, čitaju novine, gledaju poruke na telefonu ili se služe hranom sa stola sa osveženjem. Znaci na kantama za đubre kraj ulaza u bolnicu podsećaju sve da to nisu prave kante nego deo scenografije. Glumci idu u svoje prikolice ili sede u video-selu i čitaju časopise. Neko u ćošku drema. U vreme ručka svi se izgube, odlaze do stolova s hranom na drugom stejdžu, idu u Foksovu kantinu, u svoje kancelarije ili prikolice.

Drugi članovi ekipe dovršavaju svoje specifične poslove. Džun Park, louder, pažljivo pakuje snimljenu traku u kutiju i šalje je u laboratoriju na razvijanje. Kada materijal dospe u laboratoriju, postaje briga ljudi iz postprodukcije. Svi filmovi su brižljivo označeni i zavedeni u dnevni inventar u kome je potanko objašnjeno koji film je snimljen, šta je upropašteno ili reciklirano. Meg Šave iz produkcije mora da izvede račun za svaku pojedinačnu stavku. Džun stavlja novi film u kućište za sledeći snimak.

Set je kao arena u kojoj glavnu reč drži režiser. Vlada velika užurbanost ali bez napetosti, što ne znači da se ne može potkrasti nekakva greška. Svi rade svoj posao vešto i tačno; glumci i čitava ekipa složno prelaze svaku osminu stranice

Statisti čekaju da ih pozovu u bolnicu.

scenarija najbržim mogućim ritmom. Glumci i ekipa se poznaju prilično dugo i stoga se šale jedni s drugima. Danas se režiser bavi izbačenom scenom u kojoj igra Olivija Vajld. Pacijentkinja se žali na to koliko timu treba vremena da otkriju šta joj je. Bolesna je, rekli su joj te da je ovo, pa ono a Vajldova je prekida rečima: – Jesam li ja jedina koja gleda ovu seriju? Mi to radimo tako. – U takvim momentima svi se opuste a uz to nastaje dobar materijal za snimke sa štosovima koji se puštaju na žurci povodom kraja sezone.

Iako asistenti režisera podsećaju sve da isključe mobilne telefone pre početka snimanja, ponekad se desi da neki zazvoni u pogrešnom trenutku. To može biti zabavno. Kevin Vilijams se priseća kako je bilo kad se telefon asistenta kamere koji ima nekakvo smešno zvono začuo odmah do glumaca. – Ali time se prekida ritam a glumci različito reaguju. Veoma retko se čuje telefon nekog glumca a još reže i samog režisera.

PITANJE: Da li se ikada začuo tvoj telefon?

KEVIN VILIJAMS: Jeste jednom. I bilo mi je nelagodno.

Patrik Prajs kaže da na setu važi pravilo da se ne pominju imena kada nekome zazvoni mobilni. Niko ne želi da zna o kome je reč; samo neka se ne ponovi. Ipak, ponavlja se. – Usred snimanja neke scene, zvrr! Onda nastane zbrka. Misliš: „Samo da nije scena s Hjuom, a devedeset devet posto puta jeste."

Gregu Jaitanesu je najvažnije da ono šo uradi ispadne najbolje što može a ne kako je on zamislio. Ne želi da ograničava glumce strogim odrednicama. – Moj moto je da svako radi onako kako želi. Napraviću dobre snimke bez obzira na to gde se zateknu. – Trudio se da stvori okruženje koje će biti pogodno i za snimanje i za sve učesnike: Gejla, asistente režije, čitavu ekipu. Svaki put kada režira epizodu svestan je da i naredne nedelje svi moraju biti na visini zadatka. Zna da ne može da snima četrnaest sati: – Onda ništa ne ostaje drugom režiseru... važno mi je da svi mogu da se pokažu u najboljem svetlu sve do marta meseca. – Jaitanes je po sopstvenom izboru odlučio da radi prekovremeno. – Kako bi svi na setu dali sve od sebe, moram posebno da se potrudim a ova serija takvu posvećenost pretvara u zadovoljstvo. Rad na ovoj seriji se ne čini kao kuluk premda je na nju utrošeno silno vreme. Ne praktikujem ono što savetujem drugima ali ova serija to zaslužuje.

Producenti-režiseri postoje i u drugim serijama, iako drugačije rade, a Jaitanesu su takvi poslovi bili nuđeni više puta. Bio je srećan što će režirati *Hausa*. Za epizodu *Hausova glava* dobio je nagradu Emi. Kada je prethodni producent-režiser otišao da snima drugu seriju, njemu je ponuđeno kreativno partnerstvo kakvo je tražio i on je prihvatio. Da ga je pre petnaest godina neko pitao šta će raditi u budućnosti odgovorio bi kako misli da će u toj fazi svoje karijere snimati igrane filmove. Smatra se srećnikom što je na televiziju dospeo u vreme kada nije bila tako dobra kao sada. Upravo stoga je

napredovao u svojoj karijeri. Iako ne smatra da je ovo zlatno doba za televizijsku dramu (tako nešto se odredi tek kada period prođe), Jaitanes se ne rešava da digne ruke od te rabote sada kada je ostvario značajan lični doprinos.

– Pre tri godine sam zaključio da je sasvim u redu to što neću režirati film. Filmovi koje mi nude nisu kvalitetni ni koliko jedna epizoda *Hausa*. Niti su uzbudljivi kao *Izgubljeni* ili zanimljivi kao 24. Nisu im ni do kolena. – Priupitan za epizode koje su njemu lično najdraže, Jaitanes pominje svoj režijski prvenac *Tamni vilajet*, zatim *Hausovu glavu* i *Nevernika*, za koga je Dejvid Hoselton dobio nagradu Humanitas, te poslednjih šest epizoda pete sezone, počevši sa *Pseudokomom*, na kojoj je prvi put radio kao producent. – Bio je to odličan niz od šest epizoda. Ako ih pažljivije pogledate, videćete da nijedna nije ista. – Misli na vizuelni izgled, glumu, priče, epizodu *Razdvojeni* koja je dobila nagradu Emi za zvuk, finale... – Da učestvovati u ovoj seriji nije zadivljujuće iskustvo – kaže Jaitanes – bio bih negde drugde.

Zajednički naporan rad i veština koju su pokazali glumci i čitava ekipa, rezultirao je odličnim poslom na svakom planu. Izvrsna je čitava serija, svaka epizoda, scena, svaki kadar. Teško je zamisliti da bi *Haus* očuvao kvalitet ako bi cela ekipa ostala makar i bez jednog čoveka. Kevin Vilijams govori o jednom snimku koji im je ostao u pamćenju. Čejs je imao udela u smrti diktatora Dibale i Forman to zna. Ugrožen je Čejsov posao, njegov brak, čak i ostanak na slobodi. Da li će mu Forman pomoći? Povrh te drame, postoji i moralna dilema: da li je ispravno oduzeti nekome život kako bi se spasli drugi? I kome se duša u nevolji može obratiti za pomoć ako je i ranije bila izneverena?

Forman pita Čejsa može li da učini tako nešto a da i sâm ne oseti posledice? Vilijams prepričava: – Tri su kamere snimale sve; jedna je snimala Čejsov profil, veoma krupan plan u kojem mu kosa pada preko lica, delimično osvetljeni obris, napola u senci; on se jedva se nazire dok izgovara reč: „Ne". Znao je da posledice postoje. Dubina njegovog osećanja iskazana tom jednom odrečnom rečju, taj teskobni snimak njegovog lica dok sedi, ruiniran – sve je bilo fenomenalno i rekli smo režiseru: „Opako je urađeno". „To je to" – odgovorio je.

– Toliko toga valja uraditi: podesiti rasvetu i scenografiju kako bi se stvorila atmosfera u kojoj će Džesi lakše postići takvo stanje... momci koji stoje naokolo sa sokom u ruci nakratko su se raštrkali. Pustimo ga da uđe u takvo raspoloženje i odglumi a kada završi, može da počne žurka... Seci. Razvijaj. Završili smo. Kada se nalazimo u baru? Za sve ima vremena.

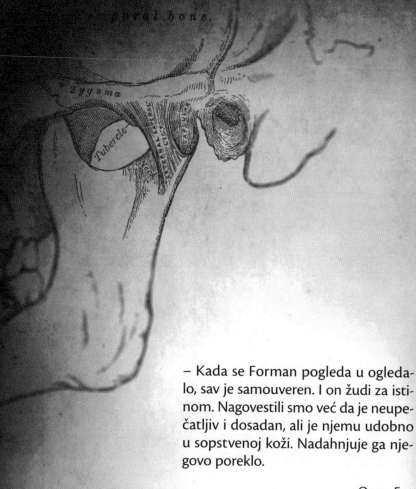

– Kada se Forman pogleda u ogleda-
lo, sav je samouveren. I on žudi za isti-
nom. Nagovestili smo već da je neupe-
čatljiv i dosadan, ali je njemu udobno
u sopstvenoj koži. Nadahnjuje ga nje-
govo poreklo.

Omar Eps

FORMAN

Omar Eps

Svi doktori iz Hausovog dijagnostičkog tima su u nekom trenutku odlazili ali su se i vraćali – samo je Kameronova uspela da pobegne živa odatle. Erik Forman je najviše oklevao da se vrati. Od svih članova tima, Forman je uvek prvi kritikovao Hausa i njegove metode. Zna da je Haus u stanju da ukrade Vilsonov blok s receptima. „Haus je narkos" (*Sin tipa u komi*). Odbija i najmanji nagoveštaj da liči na svog šefa. – Aha, isti sam on – kaže u *Otrovu*. – Osim što nisam ljuti, ogorčeni, nadobudni bogalj. – Majka tinejdžera kojeg su Haus i Forman lečili ne vidi razliku među njima. – Nadobudni ste i oholi kao i on – kaže ona Formanu. Dečak pita svoju mamu za Hausa i Formana. – Ko su ti tipovi? – Ona odgovara: – O, samo arogantne seronje koje su ti spasile život. – Dok Forman i Haus ulaze u bolnički lift obojica spuste pogled i shvate da nose iste patike.

– Hausa zanima samo zagonetka. Formana takođe zanimaju zagonetke, samo pronalazi drugačije načine da ih reši.

OMAR EPS

U pilot-epizodi smo saznali da je Formanu već sa šesnaest godina suđeno zbog provale i da ga je Haus zaposlio zbog „uličnog obrazovanja". Čini se da Haus ne zna kako je Forman jednom bio kažnjen na univerzitetu zbog nameštanja laboratorijskog rezultata. Taub hvata Formana kad pokušava da ukloni jedan dokument iz svoje fascikle u epizodi *Stanje uzbune* (Forman to opravdava time da mora pobediti klince iz dobrostojećih porodica). Taub umesto Formana cepa taj dokument; potom otkrivaju da je Haus već izmenio dokumenta u svojoj fascikli.

Detektiv Triter zna da Forman ima brata u zatvoru i pokušava da ga natera da cinkari Hausa kako bi ubrzao bratovljev izlazak iz zatvora (*Pronalaženje Jude*). Forman je ugrabio drugu priliku da radi u Hausovom timu i neprestano se trudi da dokaže kako je dostojan poverenja. U *Hausovom treningu* Forman ne može da nađe zajednički jezik s Lupe, koja je protraćila svoj život. Tim, uključujući i Formana, donosi loše odluke o njenoj terapiji; zato joj biva uništen imunitet pa ne može da se bori protiv infekcije. Forman ostaje kraj Lupe, priča joj kako je krao automobile i pljačkao kuće ali je dobio drugu šansu i stupio je u sasvim drugačije okruženje.

> **FORMAN:** Postoje neki delovi moje ličnosti kojih ne mogu da se otarasim [...] gde god da odem uvek mislim da će shvatiti kako mi tu nije mesto, poslaće me natrag ukoliko nisam najpametniji, ako nisam prvi.
>
> **LUPE:** Znaš da se to neće dogoditi. Nisi više u tom svetu.
>
> **FORMAN:** Nikada ga neću napustiti.

Haus tvrdi kako ne treba da se kaje zbog njene smrti; greške će se dešavati. U isto vreme Formanovi roditelji dolaze da ga obiđu. Forman nije išao kući osam godina. Majka mu je bolesna. Kada joj Forman isprića šta se dogodilo, ona mu oprašta ali je jasno da ne prepoznaje rođenog sina.

U *Istoriji bolesti* Forman je prvobitno neprijateljski raspoložen prema pacijentkinji koja je beskućnica ali ostaje kraj njene samrtne postelje da je uteši. Zna da su njen muž i sin poginuli u saobraćajnoj nesreći a ona je vozila auto. Ona je u delirijumu i Forman joj se predstavlja kao njen muž i oprašta joj. U epizodi *Prihvatanje* Forman ni najmanje ne saoseća sa osuđenikom na smrt (LL Kul Džej), ali kada se otkrije kako je dobijao nagon da ubija jer ima tumor, spreman je da se pojavi kao svedok odbrane. (Haus insistira da to radi u slobodne sate.) Formanov pokušaj da odbaci svoje poreklo ponovo ne uspeva zbog činjenice da mu je ipak stalo do drugih.

> – Postoji odlična epizoda kada je LL Kul Džej zatvorenik koji pokušava da sa Formanom uspostavi kontakt zato što su crnci ali Forman nije takav tip. Čvrsto svežeš pertle, prioneš na posao i postigneš dobre rezultate. On nije spreman da igra po pravilima rase, statusa ili bogatstva.
>
> OMAR EPS

Vođen željom da se dokaže, Forman je najambiciozniji od svih Hausovih doktora. U epizodi *Detoksikacija* žali se da je učio četrnaest godina (on je po struci neuorolog) a Haus ga tera da otkopava mrtvu mačku. Više puta je preuzimao odgovornost za tim: kada je u drugoj sezoni Haus suspendovan zbog toga što je slagao komisiju za transplantaciju i u šestoj sezoni, kada je Haus izgubio lekarsku licencu nakon boravka u bolnici Mejfild. Iako se Kadi dopalo čvrsto i disciplinovano vođenje posla u prvom slučaju, Haus potpuno nipodaštava Formanov autoritet. – Osoba koja ima petlju da prekrši loša pravila je heroj – kaže Forman. – Haus ne krši pravila, on ih ignoriše. On nije Roza Parks*, on je anarhista. (*Obmana*). Forman pokazuje svoju čvrstinu kada otpušta Trinaest kako bi sprečio da njegova veza utiče na njegovo upravljanje odsekom (*Epska propast*).

Forman je imao priliku da vodi odsek – samo ne u PPTH. Nakon smrti pacijentkinje Lupe Forman upada u versku krizu i iz nje izađe kada svojom „Zdravo, Marijo" spase dvojicu braće koji su prošli kroz dijagnostičko mučenje. On daje otkaz.

FORMAN: Mrzim što mogu da slušam klinca koji vrišti od bolova a da se pritom ni na tren ne pitam da li radim pravu stvar. Mrzim to što moram biti ljudsko biće kao što si ti da bih bio doktor kao ti. Ne želim da se pretvorim u tebe.

HAUS: I nećeš. Ti si kao ja još od svoje osme godine.

FORMAN: Spasićeš više ljudi od mene. Ali ću ja barem manje njih ubiti. Smatraj ovo mojom ostavkom. (*Porodica*)

Kadi napominje Formanu da se može pretvoriti i u nešto gore nego što je Haus. – Nije vredno toga – odgovara Forman. (*Ostavka*). – Ne želim da se pretvorim u tebe – kaže Hausu. – Ti si nesrećan.

Forman prihvata posao u njujorškoj bolnici Mersi. On je šef: ima sopstveni tim, sopstvenu tablu (*97 sekundi*). Smesta primenjuje ono što je naučio u PPTH, i spasava život prekršivši pravilo. Samo što mu tu kažu da

---

* Rosa Parks (1913–2005), po rečima američkog kongresa „majka modernog Pokreta za ljudska prava". Postala je poznata kada je 1. decembra 1955. odbila zahtev vozača autobusa da ustupi mesto belom putniku. Na to je krenuo masovni bojkot prevoza. Tada je u prvi plan istupio Martin Luter King. (Prim. prev.)

je pobrkao spasavanje života s onim što je trebalo da uradi i dobija otkaz. Kako je bez posla, mora da moli Kadi da ga ponovo primi. Želi povišicu, kancelariju, asistenta; ona mu nudi njegov stari posao. – Bićeš nesrećan – opominje ga Haus. – Već sam nesrećan – odgovara mu Forman. Jednostavno ne može da umakne.

> – Mislim da je u početku radio po pravilima i da je od Hausa pokupio to da moraš kršiti pravila kako bi pronašao odgovor.
>
> OMAR EPS

Forman je sasvim sigurno uspeo da za sobom ostavi svoju prestupničku mladost. Kada Haus angažuje Lukasa da pronjuška po prošlosti njegovog tima (*Srećna Trinaest*) ovaj ga obaveštava da Forman nije učinio ništa zanimljivo od svoje sedamnaeste. Priupitan, Čejs se slaže da je Forman dosadan, mada ima tetovažu. Dakle, on je vredan. Na njegovom internet profilu se vidi da ima tri prijatelja (*Epska propast*). Forman smatra da romski dečak u *Igli u plastu sena* sigurno želi da pronađe svoj put bez previše zaštite koju mu pruža porodica, ali dečak mu ukazuje na to da su Kameronova, Čejs i on sami. Kameronova i Čejs su pronašli jedno drugo, a šta ima Forman?

> – Forman je izrekao opasku da će mrtvačnice očas posla postati prepune ako dopustimo svim doktorima da se ponašaju kao Haus. Izneo je mnogo izvrsnih zapažanja o Hausu.
>
> DEJVID ŠOR

Koliko je svaki lik sposoban za opštenje s drugima, lako je testirati – samo ga valja suočiti s Kameronovom. U *Ne diraj lava* Forman piše članak za medicinski časopis o slučaju na kojem je Kameronova radila. Kameronova je užasnuta – ljudi to prosto ne rade. Haus, naravno, nije iznenađen – ljudi upravo to rade. Kameronova prevazilazi svoje razočaranje i kaže Formanu da je to mogla bolje podneti i ne želi da to utiče na njihovo prijateljstvo. Forman joj odgovara da mu je ona veoma draga ali da su kolege a ne prijatelji i nema zbog čega da se izvinjava.

> – Kada je Forman nadomak smrti i zarazi Kameronovu svojom krvlju, to je bilo moćno. Još jednom, kada stvoriš čudovište a ono se

istrgne iz utičnice u koju je prikopčano i počne samostalno da hoda, više ne možeš kontrolisati njegove pokrete.

OMAR EPS

Uskoro, Forman zaglavljuje u čistoj sobi a s njim leži pandur u užasnim bolovima (*Euforija, prvi deo*). Kako bi naterao Kameronovu da ode u policajčevu kuću i pronađe uzrok njegove bolesti, Forman je ubada zaraženom iglom. Forman preživljava i pokušava da uspostavi kontakt s Kameronovom. – Izvini, Alison. Nije trebalo da ukradem tvoj članak. Nije trebalo da te zarazim. Ispala si pravi prijatelj. Moram da znam jesmo li sad dobri. – Ali Kameronova ne prihvata njegovo izvinjenje istog časa. Možda Forman ne može odmah postati blizak s nekim. U šestoj sezoni spasava Čejsovu glavu u slučaju s Dibalom i poziva ga da izađu na piće nakon što ga je Kameronova ostavila (*Neznanje je blaženstvo*). Ali na kraju treće sezone priznaje Čejsu: – Ne sviđaš mi se. Nikada mi se nisi sviđao i nikad nećeš. (*Ostavka*).

Onako udaljenom od roditelja, uzdržanom prema kolegama, čini se kako mu je suđeno da ostane usamljeni neženja. U prvoj sezoni je imao vezu sa izvesnom predstavnicom farmaceutske kompanije (*Sportsko lečenje*). Kada upozna Trinaest, spočetka se rado pridružuje Hausu u šalama na račun njene „zainteresovanosti za oba pola". Ali zaljubljuje se u Trinaest – naravno, ona nipošto nije dosadna. Ubrzo potom suočava se s moralnom dilemom kada daje Trinaest probni lek. Za početak, Forman ne sme da daje probni lek nikom poznatom. On upada kod Trinaest da bi otkrio pridržava li se procedure lečenja (*Neka se snalaze kako znaju*), a zatim udešava termine terapija kako bi se Trinaest srela s Dženis, pacijentkinjom koja dobro reaguje na novi lek (*Bezbolno*). Kada Forman sazna da Trinaest dobija placebo lek, želi da joj daje pravi lek, što ne može učiniti a da pritom ne uništi svoju karijeru, nešto što mu je najdragocenije u životu.

Haus ga pita da li su jedna, dve ili tri godine produženog života Trinaest koje može dobiti ako uzme lek vredne njegove karijere. Ugrožavanje sopstvenog ugleda i karijere nimalo ne nalikuje Formanu. – Ukoliko je ne voliš – zaključuje Haus. – Ako je voliš, onda praviš gluposti. (*Velika beba*). Forman ipak zamenjuje lekove. Trinaest shvata šta je Forman učinio i prestaje da uzima lek ali od njega joj se već stvorio tumor na mozgu. Napokon, Forman minira korišćenje probnog leka i uspeva da sačuva svoju licencu ali i Trinaest (*Veće dobro*). Forman je pokazao nemarnost – Trinaest ne poznaje dugo. Haus nije spreman da u svom timu ima Četrnaest, to jest Formana plus Trinaest. – Odvojeno su odlični doktori – poverava Katneru.

– Skupa su moroni. – Nakon terapije s probnim lekom, oboje traže novi posao a Haus ih oboje otpušta. Ponovo zapošljava Formana tek kada se čini da više nije s Trinaest (*Nevernik*).

– U šestoj sezoni shvatate da Forman ne pokušava da preuzme Hausov posao. Kadi izjavljuje da je dijagnostičko odeljenje postojalo jedino kada je Haus bio na njegovom čelu... Forman ljutito uzvraća da ih je sve držala na plati, pa da ako ne želi da budu tu, svi će otići i nastaviti sa svojim životima. Predlaže da ponovo otvore dijagnostiku i nastave s radom. Mislim da je to Formanova ambicija. Publika je shvatila da on pokušava da zameni Hausa a Haus se nikada ne može zameniti.

OMAR EPS

Četrnaest ipak preživljava sve dok Formanova ambicija ne nadvlada njegovo srce. Kadi prepušta dijagnostiku Formanu kada Haus ostane bez licence nakon boravka u Mejfildu ali Formanu smeta Trinaest u timu. Oni jedno drugo čine nesrećnim na poslu, kada je Forman šef, ali on želi da bude u vezi s njom. Forman prelazi u akciju (*Epska propast*).

TRINAEST: Raskidaš sa mnom?

FORMAN: Ne. One noći kada sam mislio da sam gotov, ti si bila uza me. Potrebna si mi. Ne želim da te izgubim.

TRINAEST: Zašto si... daješ mi otkaz?

FORMAN: Žao mi je.

PITANJE: Forman je ljubazan. Kada otpušta Trinaest, praktično to čini pognute glave.

OMAR EPS: To je njegov stil, on je osećajan čovek.

Forman nije spreman da se odrekne šefovanja u dijagnostičkom timu, na šta Trinaest natukne kako bi to učinila na njegovom mestu. (Čak i Haus, u *Bez kajanja*, komentariše da je ono što je Forman učinio moronsko).

Forman gubi na obe strane: Trinaest odlazi a Haus se vraća i preuzima kontrolu, ne mareći da li je to formalno ili nije. Kada Haus poželi da mu se Taub i Trinaest vrate, Trinaest odbija sve dok je Forman ne uveri, rekavši joj kako nema ništa protiv da radi s njom u timu (*Timski rad*). Ali nikad se ne zna. Napokon, u epizodi *Bez kajanja*, Forman se izvinjava Trinaest što ju je otpustio, priznavši da je to učinio zbog sebe. – Sve sam upropastio – kaže on. – Nadam se da ćemo moći da radimo zajedno. – Ovoga puta možda zaista tako misli. Skrhanih ambicija, Forman možda može da se okrene svome srcu.

Formana prošlost neizbežno sustiže. U *Zveckanju lancima* Haus zapošljava Formanovog brata Markusa (Orlando Džouns), koji je nedavno pušten iz zatvora. Haus pokušava da bude u prednosti nad Formanom, a on pretpostavlja da će se njegov brat ponovo okrenuti kriminalu. Pored otkrivanja nevažnih priča poput one o mokrenju u krevetu, Markus je od male koristi Hausu. Kada Markus oda brata, ispričavši Hausu da im je majka umrla i da Forman nije održao oproštajni govor na sahrani, Haus izdaje Markusovo poverenje i otkriva da zna sve o njihovoj majci. Markus i Erik se zbližavaju zahvaljujući Hausovoj prevari, i Erik prihvata svog brata što je, Vilson veruje, upravo ono što je Haus i želeo da se dogodi.

Kakav god da je njihov odnos, Formanu je potreban izazov negativne i pozitivne sile u njegovom životu koji predstavlja Haus. Dok je Forman bio na ivici smrti (*Euforija, drugi deo*), Formanov tata Rodni je s Hausom pričao o tome šta bi se moglo desiti ako Forman padne u komu. Kada Rodni izjavi Hausu: – Erik kaže da ste vi najbolji doktor od svih s kojima je radio – čini se kao da formuliše ono što je njegovom sinu najvažnije u životu.

PITANJE: Nemoguće je zamisliti da Forman odlazi kući.

OLIVIJA VAJLD: On spava na poljskom krevetu u kancelariji. I to u fenomenalnom odelu.

PITANJE: Uvek je besprekorno obučen.

OLIVIJA VAJLD: Zato što je Omar Eps uvek savršeno obučen. Pravo iz časopisa GQ, u svakoj prilici. Uvek je besprekoran. Žena ga stalno zadirkuje zbog toga.

KETI KRENDAL (KOSTIMOGRAFKINJA): Njegova odeća je tako lepa. Ali i on je lep muškarac. Mislim, Bože, izgledao bi odlično u bilo čemu.

U izvrsnoj je formi, vodi računa o sebi i veoma izbirljiv. Sve se to lepo prenosi na Formana. Tako je uredan i doteran. Forman zaista ima dobar ukus u odevanju. Uglavnom je to Pol Smit, i pomalo Hugo Bos.

OMAR EPS O... FORMANU

PITANJE: Tvoj lik je uvek besprekorno odeven.

– Prilično dobra garderoba, a?

PITANJE: Da li ikada nosiš nešto drugo osim odela?

– Forman će nositi trenerku ili tako nešto samo ako se scena odvija u njegovom stanu. On je prilično uštogljen: Veoma suzdržan.

PITANJE: Forman je ambiciozan tip...

– Definitivno. Nalazio se na zanimljivom mestu u nekoliko poslednjih godina. Čejs i Kameronova su otišli, i on je otišao, i vodio svoje odeljenje u drugoj bolnici gde je učinio nešto u Hausovom maniru i dobio otkaz. Nerado se vratio u bolnicu. Kada se oformi novi tim, sasvim sigurno nastaje i nova hijerarhija. Ovde sam, i donekle se ja pitam. Haus je svima šef ali ja sam vođa tima a tu su još dva doktora koji ponavljaju kako u timu nema vođe.

PITANJE: Ovde si već šest godina...

– Znam nekoliko doktora koji se pitaju koliko dugo ćemo biti saradnici. Oni zapravo žele da budu Hausovi šegrti jer će postati najbolji stručnjaci na svojim poljima. Formanova najveća briga je da li postaje bolji doktor.

PITANJE: Kada si otpustio Trinaest, o čemu si razmišljao?

– Sigurno je neko negde na svetu pomislio da je ova Formanova odluka ispunjenje pravde.

PITANJE: I ranije je bilo pokušaja da se Formanu nađe devojka, na primer ona predstavnica farmaceutske kompanije.

– Koja je koristila Formana. Naravno.

PITANJE: Pitaš li se kuda to Forman ide?

– Da, naravno. Ponekad razgovaram s Dejvidom Šorom. Zbilja je zanimljivo da ni scenaristi ne znaju. Sve je tako dobro upakovano da čovek pomisli kako je čitava sezona napisana ali zapravo nije.

Sasvim sigurno želim da se Forman razvija kao lik zato što me to okrepljuje. Kuda se zaputio? Da li želi da ostane u bolnici i radi u svom odeljenju? Da li želi da otvori svoju praksu? Da li želi da osnuje porodicu?

PITANJE: A šta je s Trinaest?

– Pred Trinaest je još mnogo godina života i ako se odluči da rodi, dete će imati pedeset posto šanse da nasledi Hantingtonovu horeu. Mogao bih da se dvoumim i odlučim na nešto a onda scenaristi smisle nešto drugo. Možda će Forman pobeći od svega toga a oni zaključe: „Ne, on je toliko voli da želi da joj podari dete."

Mislim da je gledaocima toliko zanimljivo u njihovom odnosu to što im se pruža prilika da vide privatne živote Formana i Trinaest. Zabavno je gledati Formana dok u pidžami jede žitarice za stolom. Njegov lik nikada ranije nije tako prikazan. Ta ranjivost je zabavna i zanimljiva i neočekivana.

OLIVIJA VAJLD

PITANJE: Šta je s Formanom i probnim lekom?

– To što joj je rekao znači da je poštuje i veruje joj a donekle pokazuje i svoju neustrašivost, znajući da mu ona veruje.

PITANJE: Da li bi se Forman odrekao čitave svoje karijere kako bi s Trinaest proveo dve ili tri godine?

– To sve zavisi od toga da li bi neko saznao. Jedna od slabosti serije jeste to što postoji ta atmosfera disfunkcionalne porodice. Haus je otac, veoma zaštitnički nastrojen. Čejs je pravio gluposti, i Forman takođe... Kadi je svesna svega toga i ponaša se majčinski. Vilson je poput Hausove savesti ali je istovremeno popustljiv. Na suđenju, Forman želi da ispadne častan. Želi sve da prizna, a Haus mu kaže: „Šta to radiš? Oduzeće ti licencu" i vraća ga u stvarnost.

PITANJE: Moramo da se dotaknemo tvog užasnog ponašanja prema Kameronovoj. Ukrao si njen članak...

– Što je posledica podgrejane ambicije i samodopadljive pravičnosti. Bilo je zanimljivo, zato što je Forman svoj postupak opravdao time da ga Kameronova neće objaviti.

OMAR EPS O HAUSU

PITANJE: Da li su Forman i Haus na istoj talasnoj dužini?

– Sasvim sigurno imaju isti poriv... on zadirkuje Formana zbog njegove prošlosti; grešaka iz mladalačkih dana. On je očigledno talentovan doktor, sposoban da stvari posmatra iz drugačijeg ugla i spreman je da rizikuje. Možda Haus to vidi a Forman ne.

PITANJE: Iščačkaće stvari iz tvoje prošlosti...

– Ponovo se vraćamo na zagonetke. Haus je opsednut otkrivanjem stvari. U redu, zaposliću te ali ću pročešljati svako poglavlje tvog života i saznati svaku pojedinost o tebi a onda smo jednaki. Bio je zavisnik i to je otvoreno izneo. Svi znaju stvari o meni, tako da i ja treba da znam stvari o drugima.

PITANJE: Razlika je u tome što Forman više brine za pacijente?

– Nego šta. Kod Hausa je ovako: pojavi se pacijent, sav je slušen, izlečili smo ga, otkrili šta mu je, pustili ga iz bolnice. Kod Formana je:

izleči smo ga, otkrili šta mu je, ali ako ga pustimo iz bolnice samo će se vratiti na isto, pa bi možda bilo dobro da ga posavetujemo.

Hausu je stalo samo do istine i to mu je glavna crta. Svidelo vam se to ili ne, on neprekidno pokušava da bude iskren čak i ako mora da laže i igra tu igru. Sve se svodi na pronalaženje istine a to ljudi cene i tome se dive, i svi mi, ljudska bića, želimo da imamo tu odliku.

PITANJE: Postoji li apsolutna istina?

– Postoji, i uopšte se ne mora obrazlagati; ona je prosto to što jeste. Ali se ona razlikuje od činjenica. Ne, istina je istina. Bilo da su ljudi religiozni ili veruju u višu silu ili ne veruju, istina je i dalje u njima. Kada se pogledate u ogledalo, znate šta jeste a šta nije; to je neprestana borba. S tim se suočavamo svakoga dana.

PITANJE: Forman je uzdržaniji od Hausa...

– Hausa ljudi doživljavaju kao svog glasnogovornika: „Voleo bih da to mogu kazati svom šefu. Voleo bih da to mogu reći svom prijatelju." U stvarnom životu postoji vreme i mesto za određene stvari ali on živi u tom malom prostoru gde može da ima pogrešan tajming. Govori određene stvari svojim pacijentima a Forman je u fazonu: „Daj, čoveče!"

PITANJE: Forman ne dozvoljava da Haus skrene s puta nakon Katnerove smrti.

– Mora da ga obuzdava. Stvar je u tome što Haus nije predvideo šta će se dogoditi s Katnerom. A upravo to ostali likovi pokušavaju da kažu – slušaj, sranja se dešavaju. Haus to ne prihvata, tvrdi da za sve postoji razlog, sve ima naučno objašnjenje. Pre nego što je to uradio roditeljima, učinio je isto Trinaest i Taubu no, njih dvoje su odbili da prihvate krivicu. „Ej, nismo mi krivi za ovo. Niko nije mogao znati", ali je Hausu teško da to prihvati. On se vraća u svoje prirodno stanje u kom pokušava da pronađe razlog i to projektuje i na Katnerove roditelje. Bilo je to naporno snimiti.

PITANJE: Haus Formana vređa na rasnoj osnovi.

– Formanu to ne smeta, jer poznaje Hausa. U prethodnoj sezoni Haus i Vilson spremaju ćufte a Vilson ga pita da li će praviti viceve na račun loptica*? Od njega možete da očekujete tako nešto. Ipak je smešno. Ti likovi nam pokazuju našu sopstvenu zadrtost i dvoličnost. On iskazuje ono što se krije u podsvesti izvesnih ljudi. Forman ima debelu kožu.

Ponovo se vraćam na onu porodičnu atmosferu. Članovima svoje porodice, ma koliko da je disfunkcionalna, možeš da kažeš neke stvari koje ne možeš reći ljudima van tog kruga i s njima ih možeš podeliti. Naši likovi žive u tom svetu.

PITANJE: On se brine o tebi?

– Sasvim sigurno. I mi o njemu. Na kraju se sve svodi na spasavanje života.

PITANJE: Iako ste svi odreda ubijali ljude.

– Pa, ne možemo uvek biti uspešni.

Omar Eps o... Omaru Epsu

PITANJE: Pohađao si srednju školu La Gvardija [njujorška škola, ovekovečena u filmu *Fejm*].

– Da, davno je to bilo.

PITANJE: Kako je u Los Anđelesu?

– Doselio sam se ovde pre trinaest, četrnaest godina. Doselio sam se zbog posla. Prvih nekoliko godina uopšte nisam obraćao pažnju na svoje okruženje. Došao sam kako bih pronašao posao. Sada, kada

---

* Meatballs (*engl.*) znači ćufte, a balls (*engl.*) u slengu znači muda; otud brojne pošalice. (Prim. prev.)

imam porodicu i decu, obraćam više pažnje. Volim L. A. ali mi ne-
dostaje dom. Kvalitet života ovde je neverovatan.

Želim da se osećam kao kod kuće, gde god da sam. Neke stvari
mi nedostaju i kada odlazim u posetu svojima, trudim se da sve na-
doknadim ali ovde sam sada i ovde živim, tako da je to to.

PITANJE: Odigrao si neke moćne scene, krupne planove u kojima
se vidi koliko patiš.

– Mnogo toga se svodi na ljude s kojima sarađuješ, na ekipu, glum-
ce – sve to utiče na glumu. Kada se sve to spoji, nije ništa lakše ali
dobijaš smernice gde treba da budeš. Osećam podršku te mogu da
budem ranjiv i onakav kakav treba da budem.

PITANJE: Radiš ovaj posao veoma dugo. Da li tražiš nove izazove
u glumi?

– Da, ova serija je po tom pitanju veoma zahvalna, osećam da sam
sazreo kao glumac. Scenariji za *Hausa* su, čini mi se, među najbolji-
ma na televiziji i to je neprestani izazov. Drugačije je... Kada se kreće
od nule, nemaš očekivanja, što znači da nemaš podršku, TV mreži
je svejedno. Pošto gledanost poraste, otkriješ fazon i čitava mašine-
rija se pokrene, onda podižeš standard. Sami smo podigli standard.
Znate da je priroda ovog posla prevazići samog sebe. Činjenica je
da smo se od prvog dana zabavljali, i to zato što smo verovali u prvi
scenario; doživeli smo ga na pravi način. Po nivou kreativnosti, sve
je isto kao i prvog dana.

PITANJE: Serija je najgledanija na svetu. Da li to utiče na tvoj posao?

– Ni najmanje. Ponizni smo i počastvovani... Što se publike tiče, ona
je veoma hirovita, tako da se ne može ležati na lovorikama.

Imamo fanatičnu grupu fanova. Kada smo se prvi put emitova-
li, imali smo šest miliona gledalaca ali ti ljudi toliko vole našu seriju
da je i danas gledaju a glasine se šire neverovatnom brzinom. Ljudi
mi stalno prilaze i govore: „Mojoj mami se mnogo sviđa serija, ko-
načno sam je pogledao i zavoleo je"... ili „ovo je omiljena serija moje

dece, navaljivali su da je pogledam i kada sam to konačno učinila, mnogo mi se dopala". Za mene je to neverovatno. Sve televizijske emisije imaju specifičnu publiku a mi smo u svoju, čini se, uvrstili sve odreda, što je neverovatno.

GRAD GLUMACA

⌧ KASTING

> – Ponekad je najbolja pomorandža najbolja pomoran-
> dža a najbolji Džon Vejn najbolji Džon Vejn.
>
> – EJMI LIPENS, KASTING DIREKTOR

Tri profesionalke koje rade kasting za *Hausa* – Ejmi Lipens, Stefani Lafin i Džanel Skuderi – zadužene su za pronalaženje svih glumaca osim statista. Njih tri rade na *Hausu* od nastanka serije i videle su na hiljade glumaca koji su konkurisali za nekoliko stotina uloga. Kasting tim poznaje nebrojeni broj glumaca. Oni gledaju skoro sve što se prikazuje na televiziji, zatim filmove, pozorišne komade i prisustvuju glumačkim radionicama. Često imaju u vidu konkretnog glumca, u nadi da će i za njega iskrsnuti odgovarajuća uloga. Ili se desi da se neko prijavi za određenu ulogu na audiciji a onda ga godinu dana kasnije pozovu za neku drugu. Džanel Skuderi je imala sliku Dejva Metjusa na zidu – njegovo ime se povremeno pominjalo a onda mu je konačno dodeljena uloga (u *Idiotu*). Stefani Lafin je uza se nosila izgužvanu i pocepanu fotografiju Željka Ivaneka dok mu konačno nije obezbedila ulogu očajnog otmičara u *Poslednjem pribežištu*.

Kasting tim dopire daleko. Imaju ljude u Njujorku koji mogu da obezbede snimak glumca; znaju ko je zvezda u pozorištu

Vest end u Londonu. Za određenu ulogu imaju u vidu na stotine mogućih glumaca. – To je sve što radimo – kaže Ejmi Lipens. – Mislimo na izvrsne glumce i gde bismo mogli da ih angažujemo. – Svake nedelje u scenariju su ponuđene brojne mogućnosti i vrlo često neko poznato lice savršeno pristaje. Ima klinaca koje je Ejmi Lipens angažovala u filmovima kada su imali dvanaest godina a sada dobijaju uloge u *Hausu*. – Radimo s nekim ljudima mnogo puta tokom godina – kaže Ejmi. – A ima i onih s kojima smo već godinama pokušavali da radimo, te smo konačno uspeli... Ovo je za nas karijera a ne posao, i ona traje već dugi niz godina. Glumci su u kontaktu s nama tokom čitave svoje karijere, sve dok se ne penzionišu. Mudro donosimo odluke o kastingu prilikom svake sezone.

....

Kao i svi drugi, i kasting tim dobija scenario osam dana pre početka snimanja. (I zahvalni su na tome. Svima su dobro poznate serije u kojima scenariji kasne a kasting se obavlja uz tek nekoliko stranica scenarija ili bez njega.) Možda dobiju obaveštenje o nečem izuzetnom ali je sve podložno promenama dok ne stigne sâm scenario. Kada tim ima scenario, odlučuje o broju glumaca i gleda da usliši posebne zahteve. Treba li da traže decu? Moraju da pitaju glumce umeju li da pucaju iz pištolja, moraju naći nekog ko nije alergičan na lateks i može da nosi protetiku, nekog ko nije alergičan na mačke ili pse ili mu neće smetati da crvi gamižu po njemu.

U scenariju najčešće nije detaljno navedeno kako lik izgleda, samo je određena njegova starost. Neki muški likovi bivaju preobraćeni u ženske ili etnička pripadnost postane nevažna. Isto važi i za druge serije: lik doktora Bena Gideona u *Gideon's Crossing* Kejti Džejkobs, nastao je po liku Džeroma Grupmana i njega je igrao nesuđeni Hausov učenik, Andre Brauer. Uvek postoji mogućnost da se za napisanu ulogu pronađe neko izvrstan, pre nego da se mogućnost sužava kako bi se četvrtasti klin smestio u okruglu rupu.

– Radimo brzo i pokušavamo da uspostavimo određeno raspoloženje jer mnoga druga odeljenja zavise od toga šta smo odabrali i prema tome će obaviti svoj deo posla. Upravo urednici na kraju sve čine mogućim kako bi epizoda mogla da se emituje.

EJMI LIPINS

Kada se scenario raščlani, Kejti započinje razgovore sa scenaristom i režiserima. Promene utiču na rad kasting tima – lik možda postaje mlađi, ili postaje stariji. Kako zahtevi postaju konkretniji, tim pravi spisak mogućih glumaca. Za veće uloge se organizuje audicija s režiserom i producentima, i tada se poziva najviše osam glumaca na jednu sesiju. (Samo se glumci koji se redovno pojavljuju u seriji testiraju pred rukovodiocima studija i mreže.) Ako se na spisku pojavi od dvanaest do petnaest imena, to se i od sebe reguliše i svede na osam jer neki glumci nisu zauzeti. Poslednji put se koriguje spisak i audicije mogu da počnu.

Možda iznenađuje što se za manje uloge, na primer medicinske sestre s jednom jedinom replikom, testira veći broj glumaca, otprilike petnaest po ulozi. Glumci za ovakve uloge uglavnom imaju manje iskustva i treba ih više podučavati. U *Hausu* postoji standard i mora se održati. – Potrebni su nam ljudi koji su na nivou svih glumaca koji su prošli kroz seriju – kaže Ejmi Lipens. – Nivo glume je veoma visok. Čak i ako lik ima samo jednu repliku, morate biti stvarno dobri da biste dobili ulogu.

Glumaca je ogromno mnogo, od onih kojima je to druga karijera i koji su kasno počeli da se bave glumom preko iskusnih pozorišnih glumaca sve do glumaca koji su već imali svoje serije i glavne uloge u filmovima. – Na raspolaganju nam je čitav raspon – kaže Ejmi. U Los Anđelesu ima toliko nadarenih glumaca zato što se tu obavlja veći deo televizijskog posla. Tek nekoliko serija se snima na Istočnoj obali i u *Hausu* su angažovani i ljudi iz Njujorka, na primer Sintija Nikson je igrala u *Obmani*. – Ponekad nam nedostaje posebna draž glumaca sa Istočne obale i iz Čikaga. Onih ljudi koji imaju neverovatno karakterna lica – primećuje Ejmi Lipens.

Mali broj glumaca je *zapravo* iz Los Anđelesa. Sem stranaca, u *Hausu* igraju Dženifer Morison iz Čikaga, a i Piter Džejkobson je rođen u tom gradu. Džejkobson živi u Njujorku, gde je rođen Omar Eps, tamo živi i Robert Šon Lenard, koji je rođen u Nju Džerziju gde je pak odrasla Lisa Edelstajn, rođena u Bostonu. A Ejmi je iz Baltimora, Stefani iz Bostona, Džanel iz Konektikata.

Hju Lori svakako nije jedini britanski glumac koji radi u Holivudu. Lori je prokrčio sebi put u skorije vreme. *Skok u budućnost* je prepunio crvenu telefonsku govornicu Britancima, tu su Džozef Fajns, Sonja Valger, Džek Davenport i Dominik Monagan (koji takođe glumi u *Izgubljenima*). Tu je još i Tim Rot u *Laži me*. U novijim serijama gotovo je istovetan ako ne i veći broj Australijanaca: Ana Torv i Džon Nobl, dvoje od troje glavnih glumaca u seriji *Na ivici*, Sajmon Bejker (*Mentalista*); Džulijan Makman u *Reži me*; Entoni Lapalja i Popi Montgomeri su glumili u *Bez traga*, kao i Britanka Merijen Žan-Batist. I tako redom. Ne govore svi ovi glumci s američkim akcentom a nije ni moguće da svaki glumac iz Britanskog Komonvelta može podražavati taj izgovor. – Sasvim sigurno ne – kaže Džanel. – Treba da čujete one koji ne mogu.

Činjenica je da su televizija, filmovi i pozorište postali međunarodni biznis i mnogi američki glumci rade u Evropi. Kasting tim voli da izabere u skladu sa scenarijom: ako se traži Japanac onda se bira japanski glumac; za Britanca se bira britanski glumac. Stefani Lafin ima čitav spisak britanskih glumaca s kojima bi volela da radi, među kojima pominje Đinu Maki i Henrija Kavila. Dobijanje radne dozvole za strane državljane je problematično i proces traje najmanje šest nedelja, i to je bilo moguće izvesti za Franku Potente, koja je za ulogu u epizodi *Slomljeno* odabrana tokom letnje pauze, ali nije moguće za nekoga koji radi u uobičajenom osmodnevnom ritmu. Stoga je glumci koji učestvuju u audiciji za neku ulogu treba da imaju zelenu kartu ili da su državljani SAD.

Kasting tim složno hvali akcenat Hjua Lorija. Po Stefani Lafin, s njim mogu da se takmiče jedino Mark Rajlans (*Boeing-Boeing* na Brodveju) i Dejmijan Luis (*Put osvete*). – Kada mi neko navede da izvesni glumac ima zaista dobar američki akcent, ja obično uzvratim sa: „Da raščistimo nešto. Da li je dobar kao Hjuijev?” Obično usledi bremenita tišina i odgovor: „Pa, ne baš.”

Ejmi Lipens smatra da je to još samo razlog više za divljenje Loriju. – Imali smo mnogo, mnogo britanskih glumaca na audiciji koji nisu bili ni blizu… njegov je američki akcenat besprekoran. Pored svega mora da glumi veoma složen lik koji pride hoda sa štapom. A tek rečnik! To je zaista zahtevna uloga. A to što je Britanac samo je otežalo situaciju. I pored svega toga, on je savršen!

Kad traži glumce tim se vodi snimcima s prethodnih audicija i beleškama zapisivanim tokom sata i sata gledanja televizijskog programa i filmova. Oni neprestano proveravaju da li su glumci slobodni. Televizija je nekada radila kao škola, od septembra do proleća, ali sada radi non-stop i glumci mogu da se angažuju bilo kada. Agenti neprestano nude glumce svojim klijentima: pismima, razglednicama, mejlovima, telefonom, čak i kada sretnu nekog iz serije u prodavnici jogurta. – Volim kad agenti nude svoje glumce – kaže Stefani. – „Igrao je sveštenika u drugoj seriji". To me izluđuje. Pojma nisam imala da može igrati samo sveštenika. – Evo šta Ejmi Lipens misli o oslanjanju na agente: – Da li bi nam posao bio lakši? Bio bi. Da li bismo mislili da radimo najbolje što možemo? Ne.

Kejti Džejkobs je u mnogo prilika davala odlične ideje kasting timu. – Kejti nikada ne zaboravlja glumca – kaže Džanel Skuderi. Negde pohrani lice i odredi gde bi ono najbolje moglo da se uklopi. Kada su imali kasting za epizodu *Tri priče* iz prve sezone, Džejkobsova je pitala koji se ono glumac javio za ulogu Čejsa, jer je smatrala kako on treba da se pojavi na audiciji. Tako je Endrju Kigan postao student medicine koji odvraća Hausu u sceni u amfiteatru.

– **Za epizodu s Mozom Defom** napravili smo spisak ljudi. Ras i Dži [Rasel Frend i Garet Lerner] hteli su nekoga koga bi bilo bolje slušati kako govori nego gledati kako govori, pa je to morao biti neko sa osobenim glasom. Na kraju smo našli nekog ko savršeno odgovara, ko živi život čitajući priče kroz muziku i ko je postao filmska zvezda.

STEFANI LAFIN

Kancelarije u kojima se održava audicija jesu među najstarijim i najmanjim u studiju, tako da se one odvijaju u veoma tesnom prostoru. Situacija se možda zamišlja kao napeta i takmičarska ali je daleko od toga. Nedavno su glumci koji su u hodniku čekali na audiciju za starije muškarce postali toliko bučni da smo ih morali utišati. Trideset godina idu zajedno na audicije i kada se vide, to je kao godišnjica mature. – Svi su glumci različiti – kaže Ejmi. – Neki vole da pričaju, drugi izlaze napolje kako bi bili sami i ćutali.

Kada usledi poziv, glumci se okupe i uđu u sobu za audiciju gde se čitaju uloge. Tim pregleda filmove sa snimanja jer kamera može da uhvati finese koje golom oku promaknu. Ponekad se odluka donese na licu mesta ili nakon dan-dva. Vreme je suštinski važno. Ako producenti ili tim smatraju kako nemaju odgovarajuće glumce, iznova će započeti proces i nastaviće do poslednjeg časa. Mogu iznova da se vraćaju ogromnom spisku glumaca jer, kako kaže Stefani Lafin, L. A. je grad glumaca.

....

Kasting direktori razvijaju sposobnost da procene određenog glumca. Traže pomoć kolega iz drugih serija samo ako im treba veoma specifična osoba, glumac koji govori mandarinski ili gluvonemi tinejdžer. Važno je oformiti istovetni obrazac serije i potruditi se da ona ne liči ni na šta drugo na televiziji. – Veoma naporno radimo da ovu seriju učinimo drugačijom – kaže Stefani Lafin. Važno je da gledaoci ne naleću na istog glumca iz serije za serijom. – Ejmi Lipens dodaje: – Trudimo se da budemo novi, jedinstveni te da za seriju odaberemo glumce sa sopstvenim stilom.

Šta to onda traže u glumcu? Mora biti uverljiv, bilo da igra doktora, pacijenta ili vojnog pilota. Možda je potrebno da umeju izgovoriti alveolarni rabdomiosarkom. Moraju ispoljiti uverljivost još dok čitaju svoju ulogu i moraju biti u stanju da rade s glumačkom ekipom. Toliko za početak. Takođe moraju da igraju nekoga ko živi u Nju Džerziju, gde se u decembru ređe sreću prirodno preplanuli ljudi nego u Los Anđelesu. Ono što se traži je neopipljivo, i zato je bitna veština kasting tima. – Tražimo osobu koja odgovara ovom poslu – objašnjava Džanel. – Može

biti sasvim nepoznata a može biti i Džejms Erl Džouns. – Naj-
važnije je ne biti očigledan. Ako glumac uvek igra bogataša,
šljakera ili žrtvu zločina onda verovatno neće biti odabran za
takvu ulogu u *Hausu*. Mada, primećuje Ejmi, ponekad se i to
dogodi jer je najbolja pomorandža ipak najbolja pomorandža.

Samo zato što je neki glumac popularan, ne znači da će do-
biti ulogu. Scenaristi nekih serija rutinski pišu uloge sa sasvim
određenim glumcima u glavi ali to ne važi za *Hausa*. Naravno,
ako je glumac slavan, ne znači da neće dobiti ulogu. Džejms Erl
Džouns je bio angažovan za rolu diktatora Dibale pod uobi-
čajenim osmodnevnim radnim ograničenjem. Džouns je bio u
Njujorku kad su se drugi glumci okupili na audiciji u Senčeri
sitiju. Neki glumci imaju takav status da ne moraju učestvo-
vati u audiciji ali se audicija ipak organizuje.

Izraz kasting s poznatim glumcima odnosi se na situaciju
kada se čuvenom glumcu dodeli uloga u seriji samo zato što je
čuven. Kada serija počinje da se emituje iz mreže obično tra-
že od producenata da angažuju velika imena kako bi privukli
pasivno radoznale gledaoce. – U prvoj sezoni nalože: „Morate
da uradite kasting s poznatim glumcima" – kaže Kejti Džej-
kobs. – Začkoljica je u tome što je teško uraditi takav kasting
kada niko nije čuo za vas. Sada, kada nam to nije potrebno,
ništa lakše!

Priča o tome kako je Piter Džejkobson postao doktor
Taub, a umalo da to ne bude, veoma je poučna. Pre nego što je Taub
postao lik u seriji, Džejkobsonu je ponuđena uloga gostujuće zvezde
u *Hausu*, igrao bi Voglerovog advokata u sceni s Hausom na sudu, u
prvoj sezoni. Džejkobson nije morao da prolazi kroz audiciju; uloga
je bila njegova i njegov agent je rekao da će je odigrati. Ali deset da-
na nakon tog snimanja trebalo je da leti za Australiju na tromesečno
snimanje serije *Zbogom, bivši*. U poslednjem trenu mu se učinilo da
je previše toliko putovati i zato je preko svog agenta odbio tu ulogu.
Da je prihvatio prvu ulogu (dve scene), Džejkobson nikada ne bi bio
uzet u obzir za ulogu Tauba. („Ej, zar onaj plastični hirurg nije pre tri
godine glumio advokata?")

Kejti Džejkobs je radila s Piterom Džejkobsonom u jednoj epizo-
di njene serije *Gideon's Crossing* iz 2001, a Džejkobson je prvi pao na

pamet Džejkobsovoj kad je razmatrala ko će igrati Tauba. Kasting timu je rečeno da je Džejkobson u Njujorku. Taman su rešili da tamo snime njegovu audiciju kad ga je Stefani Lafin ugledala kako ruča u jednom restoranu u Venisu. – Šta će on ovde? – pomislila je ona. – Definitivno je bilo predodređeno. – (Džejkobson i njegova žena su tek onako svratili u Los Anđeles.) Džejkobson je otkrio da je uloga dugoročnija, što ju je učinilo privlačnijom. Njegova žena je videla tekst audicije i smesta je, gotovo fizički, reagovala na njega. – Ovo si sušti ti. – Kada je Džejkobson po drugi put oklevao u vezi s *Hausom*, žena mu je rekla: – Jesi li poludeo? – I Taub je pronađen.

Nezgodne prilike se drugačije ispoljavaju u svakom odeljenju. Kasting timu može se dogoditi da traže glumca za lik koji nije sasvim oformljen. Kejti Džejkobs je odabrala mnogo glumaca za dvosatnu epizodu *Slomljeno*, koju je takođe i režirala, pre nego što je scenario i bio napisan. Odabrala je Andrea Brauera, kojeg je znala iz *Gideon's Crossing* i Lin-Manuela Mirandu, kojeg je gledala na Brodveju u mjuziklu *In the Heights*. Franka Potente (*Trči, Lolo, trči* i serijal filmova *Born*) zanimala se za seriju, srela se s Kejti pri kraju pete sezone i ubrzo bila izabrana za epizodu *Slomljeno*.

Ovim i ostalim glumcima, Kejti je rekla sledeće: – Radimo nešto drugačije. Mislim da ćeš biti izvrstan kao Hausov cimer [na primer], želiš li to da igraš? – Džejkobsova kaže: – Svi su prihvatili a da nisu ni videli scenario. Scenaristi su radili imajući njih u vidu. – Da je Džejkobsova čekala da scenario bude gotov kako bi obavila kasting, nikada ne bi stigli da snime epizodu na vreme.

Isto tako se može dogoditi da se ogromna količina posla sruči iznebuha. – Rastajali smo se na kraju treće sezone i sećam se da je Kejti u prolazu dobacila: „Sledeće sezone dovodimo novu krv" – priča Stefani Lafin. – A ja sam bila kao „Okej, vidimo se, lepo se provedi na odmoru. – A onda je Ejmi dobila poziv: – Ubacićemo nove ljude… – Četrdeset ljudi. – Ali nisu odredili period u kome ćemo se samo time baviti – kaže Ejmi. Hausova namera da zameni članove svog prvog dijagnostičkog tima odvijala se tokom dve epizode. Bilo je četrdeset prijavljenih no nisu svi imali repliku: Haus je otpustio čitav red onih koji nisu ni stigli ni da progovore. Pa ipak, ostalo je preko dvadeset likova koji imaju tekst, uključujući i tri uloge koje će postati redovne. Stoga je petoro glumaca trebalo prođe kroz testove u studiju i u mreži – za uloge Tauba, Katnera, Trinaest, Velike ljubavi i Amber.

– Prosto smo uleteli u sve to – kaže Ejmi Lipins. – U kastingu za televiziju postoji početak, sredina i kraj, ali je vremena vrlo malo, što je loše. Trudimo se da posao obavimo najbolje što možemo; to moramo da postignemo za osam dana premda bi nam taman bila dva meseca.

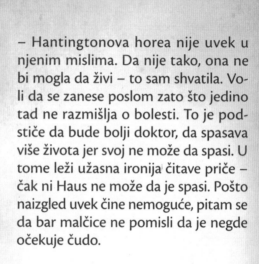

– Hantingtonova horea nije uvek u njenim mislima. Da nije tako, ona ne bi mogla da živi – to sam shvatila. Voli da se zanese poslom zato što jedino tad ne razmišlja o bolesti. To je podstiče da bude bolji doktor, da spasava više života jer svoj ne može da spasi. U tome leži užasna ironija čitave priče – čak ni Haus ne može da je spasi. Pošto naizgled uvek čine nemoguće, pitam se da bar malčice ne pomisli da je negde očekuje čudo.

Olivija Vajld

TRINAEST

Olivija Vajld

N iko u PPTH nije previše zainteresovan za lična imena – čak i Čejs svoju ženu zove Kameronova. Kada se četrdeset kandidata pojavi u epizodi *Prava stvar* da zamene Erika, Alison i Roberta, Haus koristi svoje neobične izraze od milošte. Kandidatkinju broj trinaest zove Kiti Karlajl, po čuvenoj brodvejskoj glumici iz doba pre sedamdeset godina. Trinaest pogađa da je pacijentkinja pilot, ali kako mu se nije predstavila, on je zove Trinaest. To što je zove po broju, Trinaest se više dopada nego da je zove Krvožedna kučka (Amber, koja je mogla da postane Dvadeset četiri) ili Preterano ushićeno dete iz doma (Katner, koji je prijavljen pod brojem Šest), a svakako je bolje nego nadimci koji je Haus smislio za Kola: Mračni religiozni ludak ili Velika ljubav.

Uprkos tome što je samo broj, Trinaest privlači Hausovu pažnju, kao Kameronova ranije. U *97 sekundi* Trinaest bude nemarna, ne proveri da li je pacijent uzeo prepisane tablete koje treba da unište parazita *Strongyloides* i ovaj umre. To je dovoljno dobar razlog da neko dobije otkaz (Haus otpušta kandidate koji brkaju Badija Ebsena i Nevila Čejmberlena) ali Trinaest ostaje.

– Bila sam toliko počastvovana što su mi od samog početka poverili ovaj lik sa snažnom narativnom niti da sam pomislila: „Oho, stvarno će me pustiti da se zabavim". Ako na samom početku nekog da ubijem, mora da im se sviđam. Samo da vaš lik ne ubije psa, jer će vas zbog toga svi mrzeti.

OLIVIJA VAJLD

Zahvaljujući svom šestom čulu, Haus zna da se nešto dešava s Trinaest. Vilson proziva Hausa zbog njegovog odnosa prema ženama kao što su Trinaest, Kameronova i Amber. – Zapošljavaš prelepe devojke, činiš od njih svoje robinje, prisiljavaš ih da budu u tvom društvu zato što ne umeš da ostvariš normalan odnos. Ako su kvalifikovane, zadrži ih. Ako nisu, otpusti ih i pozovi svaku na sastanak – ali Haus ovaj savet uvaži samo u odnosu s doktorkom Terzi iz CIA. Inače ne posluša Vilsona nego poturi Trinaest kafu s kofeinom i njoj počnu da se tresu ruke (*Ne želiš da znaš*). Haus zna da postoji nešto u prošlosti Trinaest jer pronalazi umrlicu njene majke u kojoj piše da je preminula nakon duge bolesti. Parkinson? Ne, Hantington. Čak i Haus prevaljuje izvinjenje preko usta.

> – To je dobro zarad zapleta jer za tu užasnu bolest u ovom času nema odgovarajuće terapije, kao i zarad lika: zna da ta bolest donosi užasnu budućnost a ne zna da li je obolela. Zanimljiva dilema.
>
> DEJVID FOSTER

Hantingtonova horea je nemilosrdno oboljenje koje pogađa kako um tako i telo. Bolesnik postepeno gubi kontrolu nad svojim pokretima i na kraju više ne može ni da govori ni da jede; može ostati svestan ili postaje depresivan i suicidan. Šansa da dete obolelog nasledi bolest iznosi pedeset procenata, a inkubacija traje od deset do dvadeset godina. Hantingtonova bolest se nekada zvala Ples svetog Vita – smatralo se da su oboleli opsednuti – a godinama se zvala i Hantingtonova horea, što se odnosilo na bolesnikove nekontrolisane pokrete (reč horea na grčkom znači ples). U početku Trinaest se nije podvrgla testu: ne zna da li će se bolest razviti ili neće.

> **TRINAEST:** To što ne znam nagoni me da radim stvari za koje mislim da ih se plašim. Idem na časove letenja, penjem se na Kilimandžaro, radim za tebe.
>
> **HAUS:** Aha, zato što ništa od svega toga ne bi mogla da radiš – kad bi znala.

Haus očigledno ne može da gurne u stranu ovo saznanje. Izvodi Trinaest na čistac i jasno joj kazuje kako želi da zna. Kada je Amber povređena u sudaru autobusa, Trinaest ne može da je zameni. Iako joj se Amber ne dopada, sama pomisao na mladu ženu koja prerano umire za Trinaest je nepodnošljiva. – Suoči se s tim: vrati se unutra ili pokupi svoje stvari

– kaže joj Haus. Trinaest se suočava tako što nakon Amberine smrti radi test na Hantingtonovu bolest. Test je pozitivan. U *Smrt sve menja* Trinaest poverava pacijentu da joj je preostalo najviše dvanaest godina. – Ne želim samo da zatežem šrafove i sledim uputstva. Želim da učinim nešto bitno u životu. – Haus je, očekivano, obeshrabruje. – To što ćeš možda umreti ništa ne menja – kaže on Trinaest. – Smrt sve menja.

> **DEJVID ŠOR:** Dopala mi se ideja da nad njenom glavom stoji ogroman znak pitanja, ideja da je nekome život najverovatnije skraćen ali ta osoba to ne želi da zna.
>
> **PITANJE:** Što je nešto od čega se Haus neće tako lako odvojiti.
>
> **ŠOR:** Upravo tako. Da je u samom početku znala na čemu je, to bi verovatno pokvarilo priču.

U epizodi *Srećna Trinaest* Trinaest veruje da njena bolest brzo napreduje i stoga živi u skladu s očekivanjem, neveselo. Kada žena koju pokupi u baru dobije napad Trinaest je dovodi u PPTH i priznaje da ne zna ni kako se zove. – Isprazan seks u prolazu – kaže Haus. – Očekivao sam da izgubiš kontrolu još od trenutka kada si dobila potvrdnu dijagnozu na Hantingtonovu bolest. Ovo je ipak više nego što sam se nadao. – Kada Trinaest propusti dijagnostički sastanak kako bi primila infuziju zbog mamurluka, Haus je otpušta. Ali Trinaest ipak ostaje, pokušavajući da otkrije šta je sa Spenser, ženom iz bara, iako se ova upoznala s Trinaest samo kako bi je Haus primio na lečenje. Trinaest može da saoseća sa Spenser kada se čini da i ona pati od neizlečive bolesti. Hausu sine ideja kada ugleda Trinaestine ispucale usne, i prepozna da Spenser boluje od Šjogrenovog sindroma. – Još jedan život koji je spasila lezbijska veza – zaključuje Haus.

Trinaest se sve riskantnije ponaša. Haus je ponovo zapošljava, s obrazloženjem da ona zbilja srlja u propast ali da je, dok se to ne dogodi, korisna. Na kraju epizode *Srećna Trinaest* Trinaest ponovo kupi neku devojku. Zatim u epizodi *Poslednje pribežište* pristaje da isproba lek koji je Haus prepisao otmičaru Džejsonu (Željko Ivanek). – Ovaj rizik uveliko prevazilazi lezbijsku vezu – komentariše Haus. Haus objašnjava Trinaest da ona želi da umre ali nema petlju da sama nešto preduzme. Ona mu odgovara: – Ne želim da umrem. – Trinaest se prijavljuje za testiranje probnog leka koje Forman deli pacijentima s Hantingtonovom bolešću. Ova zamisao od samog početka donosi mnoge moralne i lične opasnosti. Trinaest je neprijatno zbog toga što ju je Forman ubacio u program testiranja. Zatim je susret s pacijentkinjom Dženis podseća na majčin odlazak u bolnicu kada je Trinaest bila samo dete koje se zove Remi. Ona poverava Formanu da je majka vikala na nju. – Želela sam da umre – kaže ona, rekavši da se nije oprostila od majke.

Trinaest su izmešana osećanja zbog toga što je na probnom leku i čini joj se da Forman nešto petlja s lekom pa tako i s njom. Kada joj Forman počne davati pravi lek, kao da ima nade za Trinaest. Ona čak pominje da će roditi jednog dana (*Velika beba*). Ali kako je Forman prekoračio svoja ovlašćenja, Trinaest se razboli od pravog leka; dobija tumor na mozgu i osleplju. Forman se silno trudi da spase Trinaest, svoju karijeru i posao u PPTH.

> – Otišla je u drugu krajnost od želje da umre koju je pokazala u epizodi s taocima, kada je pokušala da se baci pred cev. Upravo ju je Forman ohrabrio da izabere život, i pokuša da bude zdrava, ali krivicu koju oseća tokom ispitivanja probnog leka pogoršava činjenica da ju je povukao na tu drugu stranu... Probni lek se pokazuje neuspešnim stoga nema ni srećnog završetka.
>
> OLIVIJA VAJLD

Probni lek ne pomaže Trinaest ali je zaustavio njeno sunovraćivanje. Zadovoljna je što je član tima u PPTH i što je s Formanom. Priznaje da joj nedostaju druge žene, i drugi muškarci.

TRINAEST: Monogamija je kao kada kažeš da nikada nećeš probati nijedan drugi ukus sladoleda osim *roki rouda*.

FORMAN: Šta to hoćeš da kažeš? Ukoliko neko vreme ostaneš uskraćena za ukus ružičaste žvake, jednog dana ćeš pojuriti za kamionom sa sladoledom?

TRINAEST: Ne. *Roki roud* je odličan. Veoma slastan i složenog ukusa... (*Prijatnija strana*)

PITANJE: Šta mislite o njenoj opaski da je „monogamija poput ukusa *roki roud* sladoleda"?

OLIVIJA VAJLD: Ona je realna. Zna da Forman ima tradicionalniji stav o vezama, pa ga tera da prihvati stvarnost. Dopada mi se kada navodi citat iz Trifoovog filma *Žil i Džim* „Monogamija ne uspeva ali je sve drugo gore". I zaista se Trinaest nalazi u tom položaju – nije realan ali je prijateljstvo dragoceno. Mislim da će pronaći način da ostane zdrava ali da može i da istražuje.

Forman zaključuje kako ne može biti šef, ne može biti u timu s Trinaest a da istovremeno bude u vezi s njom, i zato odlučuje da je otpusti, pa tako i raskine vezu. Forman ne želi da prizna kako je pogrešno postupio, čak i pošto kasnije velikodušno popusti rekavši da može da radi s Trinaest u timu. Trinaest je gotova da pređe na drugi posao sve dok se Haus ne vrati i ubedi nju i Tauba da se ostanu. Kada Haus zavodi Trinaest, upada u njenu teretanu i zatiče je kako radi trbušnjake. – Jačaš telo da dočekaš nalet bolesti – objašnjava Haus. Spremna je da bude s Hausom dok ta tempirana bomba u njenom telu otkucava.

KAKO TRINAEST IZGLEDA

– Ona je super privlačna. Voli da se oblači pomalo androgino jer je biseksualka. Pa ipak je superseksi, super ženstvena i muževna, istovremeno, ako je to moguće.

KETI KRENDAL

PITANJE: Da li ima omiljene boje?

KETI KRENDAL: Da. Često nosi sivu, crnu, mornarskoplavu i modroljubičastu te nekakvu zagasitoplavu i ugasitu plavozelenu. Boje su veoma zatamnjene. Sve se dobro slažu s njenim tenom i očima.

Olivija Vajld o... Trinaest i Formanu

PITANJE: Ko zna da li bi Forman odbacio čitavu svoju karijeru zarad prilike da uz Trinaest provede još nekoliko godina?

– U tom času se poznaju veoma površno... On voli to da radi, da odlaže neizbežno. Ne postoji ništa više što bismo učinili za ljude koje volimo nego upravo to.

PITANJE: Da li Trinaest i Forman imaju budućnost?

– Trinaest će se potruditi da veza s Formanom uspe. Ako to nije moguće, onda će pokušati da sačuva fizičko zdravlje ali da ipak uživa u romantičnom životu a možda će zasnivati veze s drugim ljudima.

PITANJE: Morala bi da se viđa s nekim ko nije s njenog posla...

– I ja tako mislim, ali oni provode mnogo vremena na poslu. Brine me to što je u vezi sa ženama samo kad je neraspoložena i to se nekako podrazumeva kad je depresivna ili gubi kontrolu. Sasvim sam sigurna da to nije tako, a mislim da ni scenaristima to nije bila namera, ali tako ispada. Mislim da je ovo važno: kad se nađe u vezi s muškarcem i kada je zdrava, neka tada istraži svoju biseksualnost i možda ponovo zasnuje normalnu vezu sa ženom kako bi bilo jasno da to ne radi samo kada je depresivna i bolesna.

Olivija Vajld o... Hantingtonovoj bolesti

– Verovatno je to veoma zanimljiva bolest za naše scenariste jer je vrlo tajanstvena... Pronađen je način da se izvrši blagovremeno testiranje na tu bolest, i to su obavili Trinaest i mnogi drugi, mada brojni odbijaju da to učine a ja sam zadivljena različitim kvalitetom života te dve grupe ljudi.

PITANJE: Šta bi ti uradila?

– Želela bih da znam. Vekovima egzistencijalisti govore da čovek živi drugačije, mnogo punije, kada se suoči sa smrću i nauči da je prihvati.

PITANJE: Tvom liku je to pošlo za rukom.

– Mislim da je to neizbežno. Verovatno bih i ja tako. Samo ljubav može to da spreči.

PITANJE: Ali neizbežno se ne može izbeći. Ti si kao tempirana bomba.

– Ne samo što sam gledala svoju majku kako umire od Hantingtonove bolesti, pa tačno znam šta me čeka, nego sam odlučila da studiram kako telo funkcioniše i kako se kvari tako da nije ostala nikakva tajna.

PITANJE: Da li ona oseća neke simptome?

– Ima izvesna oštećenja nerava ali će proći godine pre nego što počne da oseća ključne simptome. Lik koji boluje od Hantingtonove bolesti u poznoj fazi i ilustruje šta čeka Trinaest, važan je zbog toga što većina ljudi ne zna ništa o toj bolesti. Ako se ozbiljno priča o njoj i simptomima koji će se pojaviti kod nje, a ne znate koliko je to sve užasno, to teško da gledaocima može pomoć da počnu da saosećaju sa njom. Ali kada smo upoznali Dženis, postalo je: „O, ne, ovo ne sme da se dogodi Trinaest!". Nadamo se da će ostati zdrava. Mislim da će pronaći zdrav način da se zabavi.

OLIVIJA VAJLD O... TRINAEST

– *Haus* je verovatno najnapornija serija koja postoji i toga sam bila svesna kada sam dolazila. Bilo je zanimljivo doći u seriju nakon nekoliko sezona jer se u spoljnom svetu pročulo o tome kako je na setu.

PITANJE: Da li si gledala *Hausa* pre nego što si počela da glumiš u seriji?

– Nikada nisam mnogo gledala televiziju, ali sam čula za seriju i znala da postoje odlični ženski likovi. Glumila sam u jednoj predstavi u Njujorku i moj agent mi je pomenuo kako će možda uvesti još jednu doktorku u *Hausa* pa bilo bi ludo da odbijem ako budem te sreće da dobijem ulogu, a ja sam odgovorila: „Neću ponovo da glumim na televiziji". On je odvratio: „Ne, ovo je drugačije. Gde ćeš drugde naći dosledno izvrsne scenarije kao što su ovi?" I bio je u pravu. Bio je to dobar savet.

PITANJE: Kakva je bila selekcija u četvrtoj sezoni?

– Iz nedelje u nedelju nismo znali šta nas očekuje. Manja grupa nas je znala da ćemo biti tu za tek nekoliko epizoda. Nismo znali šta će se dogoditi. Ja svakako nisam očekivala toliki angažman, toliko posla od samog početka.

PITANJE: Prvobitno si bila na audiciji za ulogu Amber.

– Prvobitno sam se prijavila za ulogu Amber a Eni Dudek za ulogu Trinaest. Zaista sam želela da igram Amber. Činila mi se veoma zabavnom i smatrala sam da će biti zanimljivo glumiti spletkašicu... [kada] su mi rekli da sam Trinaest, odgovorila sam: „Ne znam, ona je misteriozna." Objasnili su mi „Ona krije neke zanimljive stvari", a ja sam rekla „Ali Amber." Eni je to isto govorila za Trinaest. I te kako su bili u pravu, jer moja interpretacija Amber ne bi bila tako sjajna kao Enina. Veoma se radujem što je sve ispalo ovako kako je ispalo.

PITANJE: Kako ti je išlo učenje medicinskih izraza?

– Mislim da je učenje medicinskih termina isto kao učenje Šekspira jer se ne možeš poslužiti parafrazama već moraš da ih znaš. Moraš u njima da pronađeš lepotu a i da ih razumeš. Sećam se da sam dobila stranice scenarija za audiciju i tada su mi se stručni izrazi činili veoma komplikovani a najkomplikovanija od svih bila je reč creva*, ali sam pomislila: „O, Bože, kako ću da upamtim tanka creva? Debela creva?" i usred audicije sam se pogubila i viknula: „Sranje!". Sećam se da sam bila užasnuta a Kejti Džejkobs me je pogledala i rekla: „Sad si i zvanično poput glumaca u našoj seriji. Ne brini, tako je svakog dana."

PITANJE: Uspeli ste da nas uverite u to da ste doktori.

– Najuobičajenije pitanje je: „Kako upamtite sve ono?" Drugo najuobičajenije pitanje glasi: „Da li je podjednako zabavno snimati seriju kao što je gledati je?" Često me u njujorškoj podzemnoj železnici pitaju o medicini, da li znam nešto o nečemu. Nehotice sam se i ja tako

Olivija Vajld se sprema za krupni kadar.

ponela u prvoj epizodi koju sam snimila. Pričala sam o nekom medicinskom stanju o kojem sam čula i pitala sam Hjua, kao što bi čovek pitao doktora, da li je neka osoba izlečena tim lekom, a on me je dugo posmatrao i konačno progovorio: „Znaš, ja u zbilji nisam doktor." „O, Bože, stvarno se izvinjavam. Da, znam."

PITANJE: Da li se tvoj lični odnos s doktorima promenio?

– Otkad sam u seriji mnogo ih više poštujem. Kazujem im mnogo podrobnije podatke jer mislim da tu grešimo u komunikaciji s dok-

---

* Na engleskom intestine. (Prim. prev.)

torima. Očekujemo od njih da čine čuda a ne kažemo sve informacije koje su im potrebne.

Ali koji drugi tim doktora ulaže toliko vremena i energije u razmišljanje o dobrobiti samo jednog pacijenta? Veoma bih volela da imam svoje lekare kao što smo mi – petoro doktora koji se dan i noć ubijaju da pronađu lek i to još za džabe. Mislim da se nikada ne zapitamo zašto seriju pravi kanadska firma. Dejvidu Šoru ne pada na pamet koliki je dug svakog našeg pacijenta kada napusti bolnicu.

PITANJE: Tvoja sudbina je zapečaćena. Da li je iko sposoban za promenu?

– Mislim da je Trinaest lik koji se najviše promenio. Od osobe koja je izuzetno introvertna i veoma uzdržana, vrlo tvrdoglava i tajanstvena, postaje spremna da ostvari zdravu vezu i da se stara o sebi. Drastično se promenila. Ona je dokaz da se ljudi mogu promeniti. Haus može da se promeni. Njegov pokušaj da se skine s lekova je promena. On želi da se promeni i to je već svojevrsna promena.

Olivija Vajld o… Oliviji Vajld

PITANJE: Ti si od Kobernovih [roditelji Lezli i Endru Kobern su novinari] tako da si odrasla u kući koju su punile uzavrele diskusije i pisaće mašine…

– Drugačiji svet nisam poznavala. Bilo je uzbudljivo. Uvek sam mislila da su u toku s dešavanjima u svetu, i mogla sam ih pitati bilo šta o svetu, politici, o bilo kom istorijskom razdoblju, i bila sam uverena da znaju baš sve. Oduvek sam želela da glumim… i glumi sam prišla kao žurnalistici – istraživala sam lik kao što se istražuje novinarska tema.

PITANJE: Da li ste za stolom razgovarali o politici?

– Bilo je veoma zdravo odrastati sa saznanjem da je argumentacija uvek deo neke diskusije. Levičari se uvek takmiče u tome ko je veći levičar. Uvek su tu bili razni ljudi. Neki članovi moje porodice su veoma konzervativni. Od malih nogu sam naučila da se za raspravu sa republikancem mora naučiti njihov jezik, što znači... novac. Ako možete ubediti republikanca kako moraju zapošljavati bolje nastavnike i plaćati ih više zato što će na kraju bolji nacionalni prosek povećati BND. Ako možete da im objasnite kako će na kraju plaćati manje poreze...

PITANJE: A Kal Pen je odavde otišao u Belu kuću...

– Pitala sam Kala koliko je drugačiji njegov posao u državnoj administraciji i on mi je odgovorio da se razlikuje od glume. Na primer, kada je hladno, niko ti ne donosi topao kaput da se ogrneš. Toliko smo svi u ovom poslu infantilni. „Ledeno je. Što li mi to niko ne donosi džemper?" Tako je kul što je iz ovog sveta ušao u svet javne službe.

PITANJE: Čvrsto si vezana za Irsku.

– Moj tata je Irac, pa smo stalno išli u njegovu otadžbinu.

PITANJE: Otuda i ono Vajld?

– Delimično. U mojoj porodici postoji tradicija da se uzimaju pseudonimi. Moj stric [Aleksandar] napisao je *Porazi đavola* [rubrika u časopisu *The Nation*] pod pseudonimom i uvek sam to smatrala romantičnim. S pet ili šest godina priželjivala sam da budem pisac horora. Moja strina je Sara Kodvel, poznata spisateljica detektivskih romana; sećam se da sam je pitala koji pseudonim da odaberem. To me je uvek oduševljavalo.

Kada sam postala svesna činjenice da se u ovom poslu ne može očuvati privatnost privukla me je ideja da razdvojim posao i porodicu pa tako zaštitim i sebe i njih, a uz to pokušam da sama prokrčim svoj put. Odrasla sam u Vašingtonu, i roditelji su mi poznati novinari, pa mi se čini da me stalno smatraju njihovim mladunčetom, što jeste bila čast, ali ja sam željna da krenem svojim putem... Pomislite na Sigorni Viver, koja je svoj pseudonim uzela iz Ficdžeraldovog romana, i otkrila da joj je to veoma pomoglo kao umetnici.

U to sam vreme glumila Gvendolin u fantastičnoj predstavi *Važno je zvati se Ernest*. Silno me je inspirisao Oskar Vajld i duboko sam se unosila u njegova dela, s velikim poštovanjem prema tome kako je branio svoje pravo na individualnost i svoje principe. Zadržao je smisao za humor i pored svih poniženja, što mislim da je neophodno da bi se preživelo u ovom svetu.

Drugi razlog je što je to jedno dobro anglo-irsko prezime.

PITANJE: Pohađala si školu u Irskoj?

– Imala sam osamnaest godina. Išla sam u školu glume Gejeti u Dablinu. Volim Dablin. Keltski tigar ga je učinio centrom umetnosti. Gde god da ste pogledali, videli biste rupu u zidu u kojoj neko izvodi Beketove drame. Postojalo je to divno, uzbudljivo okruženje. Bio je to odličan trenutak za život u Dablinu, i taj je život uveliko uticao na moj pristup ovom poslu. Gledale su se predstave, posle se odlazilo na pivo s Kolmom Minijem, koji je glumio u predstavi, i nije bilo nikakvog foliranja. Odatle sam htela da pođem pravo u Njujork na studije glume a moj profesor mi je rekao da ostanem u Dablinu godinu dana i vidim da li zaista želim da budem u tom poslu.

PITANJE: Da li bi bilo idealno ako bi mogla da budeš glumica i istovremeno ostaneš nepoznata?

– Naravno. Onda bih mogla da se usredsredim na posao i nikada se ne bih predavala svojim strahovima i nesigurnostima. Najbolji glumci su neustrašivi a teško je biti neustrašiv kada znaš da će te neko odmah kritikovati, ali to se mora prevazići.

PITANJE: Čitao sam o tebi i Džuli Kristi...

– Ona je divna mentorka i izvrsna vodilja zato što se veoma realno odnosi prema ovom poslu. Veoma je ponizna, isuviše. Rekla bi: „Kao mlada nisam bila tako dobra"... Ona ima izvrstan način da se drži po strani.

PITANJE: Ugledaš se na Hjua Lorija?

– Sve vreme od Hjua tražim savete. On je odlično vrelo mudrosti. Vrlo je samokritičan. Veoma je predusretljiv i voljan da odgovori na moja pitanja a njegovi saveti su uvek na mestu. Slava mu nikako ne prija ali mislim da je to savršeno savladao i uspeo da se preobrazi u čuvenog dramskog glumca. Glumci su skloni tome da se drže jednog žanra.

PITANJE: Pričaj mi o filmu *Tron: Nasleđe*.

– To je nešto sasvim drugačije. Bilo mi je važno da radim nešto čega se stvarno plašim, a to je da glumim u naučnofantastičnom filmu. Silno mi se dopalo i bilo mi je veoma uzbudljivo ali sam tako naučila da još više cenim *Hausa*. Imamo neverovatne scenariste, pa smo skloni da uzimamo zdravo za gotovo činjenicu da je sve logično, dobro promišljeno i da priča može slediti nešto što se dogodilo pre mnogo godina. Scenaristi zaista kontrolišu stvari na televiziji, to je njihov medij, čini mi se, kao što je film medij režisera. Navikla sam da stalno razgovaram sa scenaristima i tražim savet od njih, raspravljam o likovima s njima. Isto to činim i prilikom snimanja filma, pa su scenaristi prilično iznenađeni, otprilike: „Glumci obično ne razgovaraju s nama.”

PITANJE: Kako si uspela da uklopiš snimanje filma?

– Film se snimao tokom pauze, od seta do seta. Završili smo *Tron* u pola sedam u ponedeljak ujutru u Vankuveru i istog dana sam bila u L. A. na *Hausovom* setu.

PITANJE: Rad na nečem drugačijem osvežava?

– Mislim da je važno pronaći ravnotežu. Sada želim da radim nešto sasvim drugačije. Moj muž [Tao Ruspoli] i ja smo snimili film [*Fix*] kada sam se prvi put pridružila ekipi *Hausa*. To se može samo ako se venčaš s režiserom – nijedan drugi režiser ne bi mogao da se izbori s takvim radnim rasporedom.

PITANJE: Želiš li da snimaš još filmova?

– Kada te ljudi vide u belom mantilu, mogu da te zamisle na bilo kom važnom mestu. Ako si igrao doktora, možeš da igraš i pandura, političara, vatrogasca. Svakog ko nosi zvaničnu značku. Ljudi me uzimaju za ozbiljno, što je odlično. Moj cilj je da budem sposobna da isprobam sve filmske žanrove, da s lakoćom prelazim iz komedije u dramu – kao Kejt Blanšet ili Meril Strip. Odličnih uloga je malo i veoma su retke, ali ih ima.

Uspela sam da uglavim snimanje filma Pola Hagisa s Raselom Krouom u dve nedelje. Zahvalna sam producentima koji nas obaveštavaju na vreme… Serija je uvek na prvom mestu, tako da se sve drugo mora desiti u međuvremenu. Ako nađete nekog ko hoće da radi kada se serija ne snima, i ako ste spremni da nikad ne spavate i da neprestano putujete… Čeka me nekoliko poslova kada se završi sezona *Hausa*.

PITANJE: Ideš li kadgod na odmor?

– Kada mi svi budu govorili da sam previše stara, onda ću poći na odmor. Veoma mi je važno da tu i tamo uzmem slobodne dane, kako bih obnovila energiju i pronašla inspiraciju. Tada imam priliku da čitam, pogledam neku predstavu i podsetim se zašto radim sve ovo…

Veoma sam nervozna ako ujutru ne pročitam novine.

PITANJE: Ovde je sve u rečima…

– Zaista se istražuje jezik. Neki ljudi su u stanju da kažu: „Pa, scenario i nije nešto ali je režiser neverovatan." Ako scenario nije nešto… Ne mogu sebi dozvoliti da pređem preko lošeg scenarija ali me zato scenaristi više cene.

PITANJE: Da li i sama nešto pišeš?

– Pišem i pokušavam da to radim češće. Mislim da ću ove godine konačno moći da se pozabavim i pisanjem.

PITANJE: Pa, šta to pišeš?

– Volim da pišem dokumentarnu prozu, sopstvena razmišljanja o različitom temama. Kratke priče takođe. Moram stići do faze kad to mogu pokazati javnosti. Pravim veb sajt koji je zabavan. Mrzim internet i izaziva mi nelagodu ali je jedini način da kažeš šta misliš tako što ćeš napraviti mesto za sebe i savladati druge na njihovom terenu.

Cenim to što su blogovi mnogo uticali na demokratizaciju novinarstva ali mislim da je frustrirajuće što ne postoji neko telo koje bi proveravalo činjenice tako da je koncept istine sada postao prilično relativan zbog interneta ... Tako razmišljam umesto da prosto mrzim činjenicu što moram imati svoje mesto gde ću reći ono što hoću. Dopada mi se to što mogu najaviti da ću intervjuisati Džuli Kristi o... monogamiji. Neće to biti tekst „o meni i jednom mom danu" i o makrobiotičkom restoranu u kojem smo bile.

PITANJE: Baci se na taj posao jer izgleda da ga nemaš dovoljno.

– U pravu si. Stvarno bih mogla prestati da budem tako lenja.

AKO SE DOGODILO JEDNOM

☒ NEOBIČNA *HAUSOVA* MEDICINA

> – Ukoliko se dogodilo jednom, možemo to da upotre-
> bimo. Odlična osobina doktora jeste ta da sve zapisuju,
> tako da postoje izveštaji o apsolutno svim slučajevima,
> na internetu ili u časopisima. U slučaju da ne nađete
> nijedan primer nečeg što se dogodilo u proteklih pe-
> deset godina, onda verovatno nije u redu. Ako se dogo-
> dilo makar jednom onda ste ušli u carstvo slučajnosti.
>
> DEJVID FOSTER, doktor medicine

**Svake nedelje *Haus* hrabro stupa u medicinsko carstvo
neobičnih bolesti. Odeljenje** dijagnostičke medicine dokto-
ra Hausa isključivo prihvata slučajeve koji zbunjuju sve ostale.
Mark, muž Hausove bivše žene Stejsi, na primer, išao je kod pe-
toro lekara pre nego što ga je Stejsi dovela kod Hausa; Džejson,
koji s uperenim pištoljem primorava Hausa da mu odredi di-
jagnozu u *Poslednjem utočištu*, u tri godine je bio kod šesnaest
lekara; Džek, sin finansijera Roja Randala (*Instant karma*), bio
je kod sedamnaest doktora. U pilot-epizodi Forman ponavlja
dobro poznatu izreku sa studija medicine „Ako čuješ topot ko-
pita, misliš na konje a ne na zebre". Tih sedamnaest doktora
su odbacili sve konje – Haus dobija samo zebre.

6

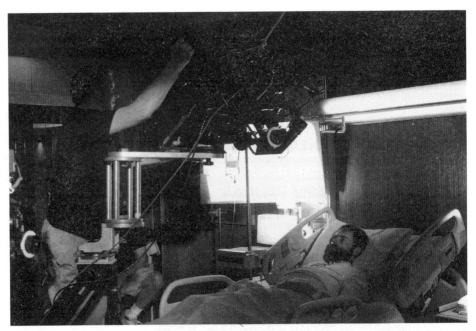

„Haus je hrabro stupio u medicinsko carstvo neobičnih bolesti."

Medicinski slučajevi su nedeljne zavrzlame, zagonetke koje su Hausu potrebne da mu drže pažnju a zbog njih on uspostavlja kontakt sa svetom, koliko je za to kadar, nešto oko čega mu doktor Nolan (Andre Brauer) pomaže da razume u šestoj sezoni. Uobičajeno je da slučaj nedelje odražava događaje u životima glavnih likova. Slučaj tako ima dvostruku ulogu: kao nedeljna misterija nalik na policijski žanr i kao zaplet koji prati glavnu narativnu nit. Zbog toga bolest mora biti izuzetna.

Otkrivanje identiteta zlikovca nedelje nije najvažnije. Ljudi ne gledaju seriju kako bi mogli kazati: – *Znao* sam da je reč o subakutnom sklerotičnom panencefalitisu – (*Očinstvo*). Gledaju zato što proces dijagnosticiranja mnogo govori o doktorima i njihovim pacijentima, i navodi ih na određene postupke i reakcije. Dejvid Foster je stariji medicinski konsultant u *Hausu*, i producent supervizor. Doktor Foster objašnjava zašto želi da iskoristi bolest koja navodi ljude da lažu, na primer. – Medicinska priča koja se razvija mora biti medicinska priča koju samo mi možemo da ispričamo. Mora se omogućiti Hausu da komentariše karakter pacijenta koji se suočava s medicinskom dilemom a mi ćemo je razrešiti na Hausov način.

Neke bolesti su đavolski nalik na Hausa zbog načina na koji se ispoljavaju. Ili izgledaju kao nešto drugo ili simptomi koje pacijent pokazuje podražavaju određene filozofska i etička minska polja i zamke za tenkove s kojima se susrećemo u svakodnevnom životu. A da ne govorimo o podacima koje pacijenti svesno prećutkuju.

- Stejsin muž Mark kaže Hausu da je Stejsi poveo u Pariz na medeni mesec. PET sken pokazuje da on misli kako govori istinu kada zapravo laže, što znači da mu se priviđa, a to može biti simptom akutne isprekidane porfirije. (*Medeni mesec*)

- Žena koja se kune da nije vodila ljubav otkad se razvela od svog muža, mesečari i vodi ljubav sa svojim bivšim – to stanje se zove seksomnija. (*Uzor*)

- Pisac pati od afazije (gubitak moći govora) i agrafije (gubitak sposobnosti pisanja), jer je krišom od žene pokušao da se izleči od manično-depresivne psihoze. (*Nemogućnost komunikacije*)

- Fizički savršena manekenka-tinejdžerka je zapravo hermafrodit. – Najlepša žena je u stvari muškarac – kaže Haus. (*Površno*)

- Policajac umire od bakterijske infekcije. Zarazio se od golubjeg izmeta kojim je đubrio svoj nasad marihuane. (*Euforija, prvi deo*)

- Ubitačne nastupe besa osuđenika na smrt (kojeg glumi LL Kul Džej) izaziva feohromocitom, tumor nastao od teških metala iz njegovih zatvorskih tetovaža. (*Prihvatanje*)

- Lejton Mester, maloletna zavodnica Ali (*Pristanak*), ne nabacuje se Hausu zbog njegove (neosporne) privlačnosti nego zbog toga što u mozgu ima *Coccidioides immitis*.

- Devojka nije patuljak jer je to nasledila od majke nego pati od Langerhansove ćelijske histiocitoze. (*Srećan mali Božić*)

- Dejv Metjuz igra pijanistu virtuoza s ozbiljnim neurološkim nedostacima, koji može preživeti ako mu mozak preseku na dva dela, ali će pritom izgubiti svoj talenat. (*Idiot*)

- Žena pati od abulije, nesposobnosti donošenja odluke, koja se ispoljava kada ne može da se odluči u uličnoj igri *pronađi damu*. (*Hausov trening*)

- Osmogodišnji sin brižnog oca uhvati Kameronovu za stražnjicu i ugrize Čejsa a njegova šestogodišnja sestra uđe u pubertet i doživi srčani udar. Kako ih ih otac često drži za ruke, a koristi kremu za uvećanje polnog orġana, njihovi organizmi kroz kožu bivaju preplavljeni polnim hormonima. A tatina nova, mlada devojka je nastavnica njegove ćerke! (*U skladu s godinama*)

- Oštećenje mozga prouzrokuje trostruku edemu, kada pacijent gubi svako osećanje sopstva i podražava svakog za koga pomisli da je dominantan u nekoj situaciji. (*Ogledalce, ogledalce*)

- Anhedonija, nesposobnost da se oseti zadovoljstvo, jedan je od simptoma porodične mediteranske groznice. (*Radost*)

- Nastavnica u školi za decu sa specijalnim potrebama ima otvoreni arterijski duktus na srcu, a to ublažava stres koji oseća jer pati od visokog krvnog pritiska. (*Velika beba*)

- Sindrom tuđe ruke. Ruka pacijenta ima sopstveni um: povređujem te ali ne mogu da prekinem. (*Obe strane*)

- Mlada devojka koja jeste ili nije bila napastvovana doživljava izliv krvi u mozak, što je tera da laže. Savršeno. Svi lažu, šta ona tu može. (*Poznate nepoznanice*)

- Porno-zvezda živi kao čistunac, što izaziva pobunu njegovog imunološkog sistema. (*Timski rad*)

- Ted se onesvešćuje pred oltarom dok se venčava s Nikol. On pati od Arnold–Kjarijeve malformacije na mozgu; bolest mu se pogoršala zbog elektrokonvulzivne terapije kojoj je podvrgnut prilikom reparativne terapije – uzaludnog pokušaja da postane strejt. Jedna od posledica: Ted počinje da luči mleko. (*Izbor*)

Neobična i nejasna bolest o kojoj je reč može ali i ne mora biti uzrok stanja pacijenta ili njegovih mana. Mladi Džasper, čiji je otac zaljubljive prirode, ima izgovor za svoju agresivnost ali dečak iz *Skota* je prosto samo to – skot.

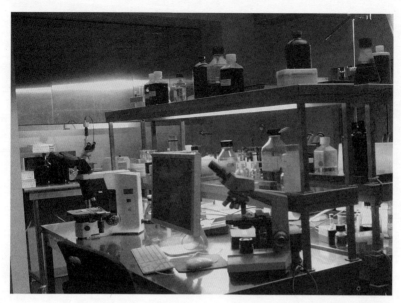

Patološka laboratorija na PPTH.

Jedan po svemu pravi hausovski slučaj je predstavljen u *Društvenom ugovoru*. Redaktoru Niku Grinvaldu je otkočen čeoni režanj pa kad vodi emisiju na radiju može da kaže upravo ono što mu padne na pamet. On komentariše Taubov nos, i kaže kako bi sredio Trinaest i Kadi. Drugim rečima, on je kao Haus, koji u istoj toj epizodi Tauba naziva Sirano de Berkovic i koleginicama upućuje svoje uobičajene neprikladne opaske. Haus nema nikakav klinički izgovor – on je prosto budalast – ali kada Nikova podbadanja sve više pogađaju u metu, kaže da zna kako se tip oseća.

Nik izjavi da je njegova ćerka ometena u razvoju prosto potprosečna i da ponekad žali što je u braku sa svojom ženom (koja takođe nije previše bistra), i stoga tera svoju porodicu od sebe. To je tipično hausovska situacija – ako se takve stvari dešavaju kada kažemo ono što mislimo, nikakvo čudo što mnogo lažemo. Taman kada se čini da su Nikovo stanje i njegova otuđenost od porodice postali trajni, Haus otkriva da Nik pati od neobično retkog Dege–Poterovog sindroma. Nikovo telo burno reaguje na jednu malu fibromu. – Uklonite mu fibromu – kaže

Haus – i ponovo će postati srećni licemer. – Drugim rečima, postaće kao i mi, ostali.

Biva da se pitamo je li lečenje ponekad gore od same bolesti.

Uzmite na primer osamdesetdvogodišnju staricu koja dolazi u kliniku u epizodi *Otrov*. Njen karakter se promenio: ona uživa u životu, očijuka s muškarcima, sanjari o Eštonu Kučeru. Štaviše, Haus je podseća na Kučera: – Iste zavodljive oči – kaže ona. Kada Haus dijagnosticira sifilis, to je uopšte ne iznenađuje; zaradila ga je na maturskoj večeri 1939. godine. Sifilis je izlečiv ali ona ne želi da se podvrgne tretmanu. Ona želi da se oseća seksi i da flertuje s mladim lekarima. – Zaista ne želim da igram kanastu do kraja života – kaže ona. Čini se da se Hausu dopada, da uvažava kompromis koji ona pravi. Čak i pošto je sifilis konačno ubija, ona se oseća dobro u tom procesu jer je upravo to jedan simptom.

– Moj tast je doktor; serija mu se dopada ... Jedino varamo kad pomalo pravimo kaleidoskop od vremena. Medicinski testovi stižu narednog dana. Ljudima se stanje poboljšava nešto brže. Ili se pogoršava. Tast uvek krene s: „Roberte, ta bolest nikad ne bi...” „Znam, znam.” To mi se često dešava. Zapravo je impresioniran serijom. Mnogo smo dobri, i veoma temeljiti. U seriji ne postoji ništa što ne bi moglo da se dogodi s medicinske tačke gledišta. Verujem da je sve u ovoj seriji medicinski moguće. Možda neverovatno ali svakako moguće.

ROBERT ŠON LENARD

U epizodi *Breme* žena zanosnih oblina kojoj je dijagnosticiran tumor težak trinaest kilograma, kaže da joj se dopadaju obline koje su posledica tumora i ne želi da promeni svoj izgled jer se i njenom mužu dopada njeno telo. Ali Haus zaključuje da ona ne želi da zadovolji svog muža već drugog muškarca s kojim spava. Haus uspeva da ubedi ženu da se podvrgne operaciji, objašnjavajući joj da ne treba toliko da se brine zbog svog izgleda. – Muškarci su svinje... Spremni su na seks gotovo s bilo kim. – Džef, fini lik iz *Nema više gospodina Dobrice*, gubi i više od svog finog ponašanja. – Mislim da mi se više ne sviđa kečap – kaže on na kraju. A nesrećni genije Džejms

Sidas pravi naizgled nerazuman zaokret u svom ponašanju u *Neznanje je blaženstvo*.

Najfascinantniji slučaj koji najviše priliči Hausu jeste, naravno, sâm Haus. U epizodi *Tri priče*, nagrađenoj Emijem, otkrivamo šta se dogodilo s Hausovom nogom, i doznajemo da je upravo on sebi postavio dijagnozu. Lečenje koje je Stejsi odabrala za svog partnera u komi ostavlja Hausa navučenog na tablete protiv bolova, od kojih se odvikava pa zatim prekida odvikavanje da bi opet rešio da se odvikne i tako tokom čitave serije. Haus podjednako pribegava krajnostima kako bi održao svoju zavisnost kao i da bi je se rešio. To je pitanje koje iskrsava u medicini i koje u seriji dobija tipično hausovski obrt: – Dakle, pacijentu Iks, da li zaista želite da ozdravite?

Jedno od ovih stanja je lažno, i njega je izmislio Haus kako bi umirio pacijenta ubeđenog da će se razboleti, jer smatra da je pacijent to sve umislio [Haus greši]. Ostala stanja su stvarna [odgovor je dole].*

alveolarni rabdomiosarkom	**limfangioleimiomatoza**
Antonov sindrom	**muški pseudohermafroditizam**
Erdhajm–Česterova bolest	**neurocisticerkoza**
eritropoetska protoporfirija	**Ortolijev sindrom**
Fic–Hju–Kertisov sindrom	**paraneoplastični sindrom**
hemoragijska teleangiektazija	**feohromocitom**
naslednа koproporfirija	**primarni antifosfolipidni sindrom**
sindrom imune rekonstitucije	**Šjogrenov sindrom**
Keli–Segmilerov sindrom	**subakutni sklerotični panencefalitis**
Korsakovljev sindrom	**Fon Hipel–Lindauov sindrom**
Lambert–Itonov sindrom	**Vernikova encefalopatija**
Langerhansova ćelijska histiocitoza	**Vilsonova bolest**

Bilo da se radi o zavodljivosti, sreći, pristojnom držanju, iskrenosti, životu ili smrti, Hausovi pacijenti imaju neku važnu odliku koja je ozbiljno ugrožena. U kredu Dejvida Fostera stoji

* ODGOVOR: Haus je u *Hrabrom srcu* izmislio Ortolijev sindrom.

i to da serija mora počivati na stvarnosti iako gledaoci znaju da je reč o izmišljenim događajima. U uloge i rizike kojima se Haus izlaže možemo poverovati samo ako i za njih važe pravila iz stvarnog sveta. To znači da povremeno neko mora i umreti. To znači da bolest ne može biti potpuno izmišljena. Foster objašnjava: – Ako zanemarite ta pravila, onda ste izgubili ulog i rizikujete da publika zaključi kako ćete ionako sve izmisliti.

Dejvid Foster se odlučio za lekarsku profesiju zato što je oduvek voleo da sluša pripovesti. Foster je stažirao u bolnici Bet Izrael u Bostonu i nekoliko godina radio u tom gradu. Preko Nila Bera, prijatelja koji je bio producent u seriji *ER*, polako je zakoračio u svet pisanja televizijskih scenarija. Doktor Foster je postepeno preokrenuo svoj život za sto osamdeset stepeni, s lekarskog posla i sporadičnog pisanja scenarija na pisanje scenarija i sporadične lekarske dužnosti. Sarađivao je na filmovima *Hallmark Hall of Fame*, radio pilot-epizode koje nikada nisu snimljene i učestvovao u snimanju serije *Gideon's Crossing*. Zatim je Ber angažovao Fostera na seriji *Zakon i red: Odeljenje za žrtve*. Sa ubacivanja medicinskih izraza u scene polako je stigao do pisanja čitavih scenarija. Kada je stigao u *Haus* u prvoj sezoni, bio je konsultant koji može da radi kao frilens scenarista. Tokom druge godine angažovan je kao supervizor produkcije, odakle je posle napredovao.

– Volim ljude koji drugačije vide svet i volim da posmatram iz njihovog ugla – kaže Foster. – Radio sam na klinici u centru grada i vodio centar za odvikavanje za prostitutke i dilere droge. Volim kada ljudi pričaju o svojim životima koji su toliko različiti od mog... Jedan pacijent mi se požalio da mu je prostitutka ukrala protezu kraj kreveta. Ko bi to uradio? Ko bi ukrao protezu pokraj kreveta?

Dešavalo se da nešto što scenarista predloži prevazilazi okvire stvarnosti, te je Dejvid Foster odbio i Dejvida Šora. – Retko kad sam rekao da je ono što piše apsolutno nemoguće. Izgovorio sam i to, ali u izuzetno retkim prilikama. – Šta je sa šesnaest dopunskih slezina (ideja konsultanta Džona Sotosa koja je iskorišćena u *Neznanje je blaženstvo*)? – Veoma neobično – potvrđuje Foster. – Ali se dogodilo. – Isto važi i za Megi, pacijentkinju u *Predivnoj laži* koja dobije rak dojke u ćelijama u pregibu kolena. – Naša serija se razlikuje od drugih medicinskih serija – kaže doktor Foster. – Većina se bavi uobičajenim dešavanjima a mi težimo da se pozabavimo onim što je moguće ali se ne dešava često. Kao scenaristi i lekaru, meni je to neverovatno zabavno, kreativno i najviše uzbudljivo. Kako nešto iskoristiti i učiniti ga da ne bude kompromisno.

Bobin Bergstrom je kvalifikovana medicinska sestra, ona je u seriji medicinska savetnica na setu. Zadužena je da se postara za dočaravanje realnosti, dakle, stara se da medicinske procedure izgledaju uverljivo i objašnjava pacijentima koliko će njihova najnovija komplikacija ili veoma invazivni test boleti. Povremeno je pomalo skeptična prema zamisli scenarista i njen posao je da se umeša i vrati sve u normalu. –Obično kažem: „Molim vas, pokažite mi to istraživanje kako bih imala šta da kažem Hjuu." Oni su veoma inteligentni glumci. Hju je jako pametan i neće prihvatiti svakojake besmislice. Omar uvek postavlja pitanje onim svojim čuvenim pogledom kojim kao da kaže: „Stvarno?" Bolje je da znaju kako se u nešto nisam lično uverila ali mogu potvrditi da postoji milioniti deo mogućnosti da se to desi. Ne odobravam sve vreme. Naši scenaristi su nadareni i svim snagama se trude da sve bude verodostojno.

Kako se priče temelje na stvarnim događajima, tako i umetnost, nažalost, može da nađe paralele u stvarnom životu. Kada je Bobin Bergstrom opazila da se u scenariju za finale pete sezone pominje sindrom tuđe ruke, bila je, po sopstvenim rečima „van sebe". Nikada to nije videla a nije mogla ni da sazna bogzna šta o tome. Ipak, epizoda je bila „veličanstvena". Nekoliko meseci kasnije doznala je da je žena njenog poznanika nažalost obolela upravo od tog sindroma. – Svi naši scenaristi su veoma obrazovani; što formalno, što neformalno.

Serija nas i začikava. U epizodi *Radost svetu* gledaoci se skoro do samog kraja drže u uverenju da je Haus svedok dosad neviđenog naučno potvrđenog bezgrešnog začeća. Zapravo, Haus to izmišlja kako bi spasao predstojeće venčanje jedne žene. Bezgrešno začeće bi bilo isuviše neobično. – Ljudi su se naljutili ili prenerazili i pre kraja epizode – kaže Dejvid Foster. – Prosto neverovatno!

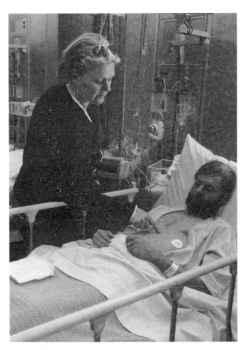
Bobin Bergstrom priprema još jednog pacijenta.

Scenaristi, štaviše, odustaju od nekih priča zato što smatraju da gledaoci neće poverovati u njih. U *Obmani* Haus upečatljivo leči pacijentkinju jer se inficirala zato što je koristila žele od jagode kao kontraceptivno sredstvo. (Kada ga žena pita koliko dugo da se uzdržava od seksa nakon lečenja, Haus odgovara: – S evolucione tačke gledišta, preporučio bih zauvek.) Iz čije je grozničave mašte ovo poteklo? Ni iz čije; ovu istinitu priču je preneo Harli Lajker, jedan od medicinskih tehničkih savetnika u seriji.

DEJVID FOSTER: Znao je istu takvu priču, samo sa žabama.

PITANJE: Šta su radili sa žabama?

FOSTER: Isto što i sa želeom.

PITANJE: Žaba je bila živa ili mrtva?

FOSTER: Mrtva, koliko mi se čini, ali nisam sasvim siguran.

– Isuviše je neverovatno za televiziju – kaže Foster. – Morate da potisnete svoju nevericu i poverujete da se nešto zaista dogodilo. U stvarnom životu tako nešto nije potrebno jer se stvar zaista dogodila i nikog nije briga.

A tu su i stvari koje su zaista odvratne. U *Istoriji bolesti* Haus isprobava bajatu bljuvotinu kako bi ustanovio hemijski disbalans na osnovu toga da li je slana.

Obrnuta peristaltika mlade žrtve uragana Katrina (*Ko je tatica?*), pri kojoj devojčin probavni sistem šalje otpad nagore i napolje umesto nadole i napolje, visoko se kotira na listi gadosti. Pitajte Bobin Bergstrom. – Creva koja su eksplodirala po Omaru [u *Nije rak*]. To je bilo prilično odvratno. [Ali] devojčica žrtva Katrine? Teško je prevazići izbacivanje fekalija na usta. – A pacijent koji se obrezao sekačem za kutije? (*Autopsija*) Ili čovek koji je grickalicom za nokte sekao dlake iz nosa i zaradio atletsko stopalo? (*Jedan dan, jedna soba*)

> **– Probanje bljuvotine… to sam precrtao. To mi nije zanimljivo. Toga se zgražavam.**
>
> **ROBERT ŠON LENARD**

MEDICINSKE PRIČE BOBIN BERGSTROM

– Grickalica za nokte: želite li sličnu priču? Dolazi dragi starac od svojih sedamdesetak godina, s lepljivom, sluzavom infekcijom oba oka. Nosio je prilično neobičnu traku oko glave. Ljudi su mi veoma zanimljivi, stoga sednem da porazgovaram s njim. „Gospodine, šta vam je to na glavi?" „Pa", kaže mi on, „ žena mi je bila mnogo mlađa i napustila me je. Ovo je traka s njenih gaćica i tako je se setim." Dobro. Ponovo o očima. Doktor uđe da mu pregleda oči ali ne zna šta je. Kada je starac po treći put došao, ja spazim nešto. „Doktore, mislim da znam šta nije u redu." Pacijentu su pantalone oko gležnjeva a on se češe po stražnjici i istom tom rukom trlja oči. Oči su mu bile inficirane bakterijom E. coli. Ljudi čine naopake stvari… Većina onoga što gledate u *ER* tiče se seksualnih igara.

Odakle onda scenaristima sve te ideje? Osim doktora Fostera, scenaristi nisu proveli godine po bolnicama, izloženi bolestima i propadanju. Na internetu se mogu naći svakakve opskurne priče. Štos je u tome da se medicinska stanja i njihovo objašnjenje povežu u osnovni narativni tok. Uzmite na primer lečenje pantljičare u *Timskom radu*. Dejvid Foster kaže kako je scenarista Eli Ati bila opčinjena idejom da je sve više slučajeva autoimunih oboljenja i alergija zato što smo preterano dezinfikovali svoje okruženje. Više ne živimo na farmama

- Postoje izvesni trenuci kada morate da se stresete. Kao kad nečiji testisi eksplodiraju. A ja ih čak i nemam.

LISA EDELSTAJN

gde je normalno uprljati se; zbili smo se u gradove, i čistimo ruke s gotovo moralnom revnošću. Evo šta je zamisao: dajmo telu nešto prepoznatljivo protiv čega će se boriti (nekakvog parazita, u ovom slučaju pantljičaru) i onda će ono prestati da napada uljeze kojih nema.

Prilikom postavljanja diferencijalne dijagnoze (ili DDx) doktori razmatraju moguće uzroke nekih simptoma koje pacijent ispoljava a onda ih odbacuju sve dok ne ostane jedna dijagnoza, ona koja najbolje odgovara simptomima. DDx, koja se često odvija u sali za sastanke, svima je poznata u gotovo svakoj epizodi. Kada se dijagnoza nazre, Haus će mnogo češće krenuti s terapijom nego što će je testirati. U televizijskih četrdeset četiri minuta, nema vremena da se uključi i laboratorija. – Imamo izvestan broj dramskih sredstava pomoću kojih organizujemo tok radnje – kaže Dejvid Foster. Terapija brzo sledi teoriju. – Ili im bude bolje ili se time prouzrokuje drugo dešavanje.

To se iskustvo ne razlikuje mnogo od onoga što doživljavamo sa svojim doktorom, samo što je ulog veći. – Ispitivanje je deo, i to samo mali deo, dijagnostičke medicine. [Sadrži] mnogo više rizika. Često to pokrivamo tako što Haus kaže da je terapija brža. „Mogu da obavim tri testa koja će potvrditi moju dijagnozu ili prosto mogu da krenem s lečenjem." Pomalo je to brzopleto i labavo. Često grešimo ali ne toliko da neko bude oštećen zbog naše greške.

Proces je ključan. – Jedino ne možemo očekivati da Haus volšebno iznađe odgovor. Haus mora sastavi slagalicu deo po deo. – Kada bi Haus proricao šta ne valja u nekom složenom slučaju a da prethodno ne odbaci druge mogućnosti tokom diferencijalne dijagnoze, onda bi se serija pretvorila u *Dodir anđela*.

Scenarista ovde otkopava kakvo stanje i gradi priču oko njega. U drugim slučajevima scenaristi zamisle neku osobinu određenog lika koju bi voleli da iskoriste, i onda smišljaju okolnosti u kojima bi to izneli na videlo. Rasel Frend i Garet Lerner, izvršni producenti i scenaristi partneri, radili su una-traške, na osnovu čuvene fotografije fetusa koji grabi prst hi-rurga, kako bi stvorili priču za epizodu *Položaj fetusa*. Doktor kojeg su imali na umu je, naravno, Haus. Izgledalo je da se Haus raznežio prilikom tog dodira ali je, prirodno, poništio to sveopšte osećanje svojom opaskom. – Izvini – kaže on. – Prisetih se da nisam isprogramirao snimanje *Osmog putnika*.

Pišući *Neznanje je blaženstvo* Dejvid Hoselton je tražio ne-što što bi, po njegovim rečima, „efikasno smanjilo angažovanje mozga". Mogao je da iskoristi alkohol ali je to isuviše dosadno za *Hausa*. – Sirup za kašalj se pokazao kao odlično rešenje. To je običan artikal u domaćinstvu koji svi drže na polici s leko-vima ali je istovremeno najzloupotrebljavaniji lek, što je ma-nje poznato. Pretnja koju predstavljaju svakodnevni predmeti može da učini priču upozoravajućom.

Dejvid Foster je u *Nju Ingland Džurnal ov Medisin* pročitao kakvi sve problemi mogu da nastanu kada se proguta čačka-lica (*Igla u plastu sena*). Sve se savršeno uklopilo. – Pročitao sam jedno istraživanje u kom se navodi da se to dešava prilič-no često. Neobično je ali istinito. Smatrao sam to dobrom ide-jom za seriju i odgovarajućom bolesti za našu verziju Romea i Julije, gde je jedna čačkalica središte priče. – Foster je napi-sao kako je Haus dijagnosticirao dijabetes kod jednog čoveka na osnovu njegovih ćosavih ruku, isuviše čvrsto zapertlanih cipela i mrvica od krofne na košulji (*Testament za života*). Po prvoj skici te scene, Haus je nešto konvencionalnije odredio od čega čovek boluje, a ne samo na osnovu posmatranja. Dej-vid Foster kaže kako ga je Dejvid Šor izazvao da Haus to učini na dramatičniji način. Foster je otišao, razmišljajući kako je to nemoguće, ali je ipak osmislio ove tragove na osnovu kojih će Haus postaviti dijagnozu.

Scenaristi znaju da ljudi zaista imaju razne boljke koje su u *Hausu* puka fikcija. Ljudi će možda biti srećni što se njihove bolesti pominju, pogotovo ako su neobično retke, jer će tako postati uočljivije u široj javnosti i građanstvo će se savesnije odnositi prema obolelima. Ako je neka bolest poznatija, onda je dobro da se izađe u svet i govori o tome kako je pobediti.

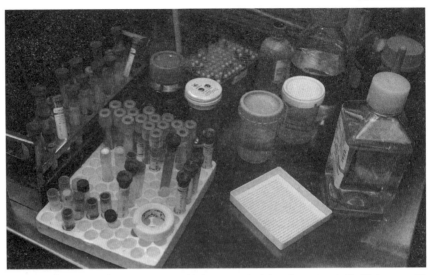

Pažnja posvećena detaljima, 1: oprema za ispitivanje u patološkoj laboratoriji.

Ukoliko je Haus zainteresovan za nešto a mi zainteresovani za Hausa, onda postoji i izvesna razmena.

Iako scenaristi s neophodnom slobodom određuju koliko će potrajati neka bolest ili terapija i koliko se brzo vraćaju rezultati ispitivanja, teže da sve bude istinito kada se prikazuju stanja svake bolesti. Nakon što je pročitao u novinama priču o autističnom dečaku koji je imao poteškoće kad je došao u bolnicu, Dejvid Hoselton je odlučio da pred Hausa iznese slične probleme u komunikaciji (*Crte u pesku*). – Pomno sam istražio tu temu, a zatim smo angažovali čoveka koji radi s autističnom decom i otišli u školu za takvu decu – kaže Hoselton. – Nismo želeli da pređemo površno tu temu, a želeli smo i da je precizno prikažemo. Da smo uprskali stvar, roditelji bi bili veoma uznemireni.

U *Epskoj propasti* konačno postave dijagnozu da pacijent ima Fabrijevu bolest, nasleđeno stanje u kojem se masne supstance s vremenom talože u ćelijama. Veoma je retka; od nje oboli jedna od sto sedamnaest hiljada osoba. Toliko je retka da se dešava sledeće: ako se, kako obično biva, kod obolelog ispolje simptomi u desetoj godini, bolest neće biti dijagnosticirana do njegove dvadeset osme godine. Nakon što je epizoda emitovana, Dejvida Šora je pozvao oboleli Kanađanin i rekao kako će pominjanje ove bolesti pomoći u borbi da je država severno od granice prizna i stvori fond iz koga će se plaćati lečenje.

Haus ima poseban odnos s Nacionalnim savezom za mentalne bolesti (NAMI), koji ceni zalaganje serije da se pomogne u skidanju stigme koja prati mentalne bolesti. NAMI i *Haus* rade u skladu sa središnjom Hausovom idejom da svi lažu – opšta je predrasuda da su ljudi koji pate od neke mentalne bolesti nužno skloni neistini. I mada (gotovo) nikad nije reč o lupusu, oni koji brane obolele od te bolesti pohvalili su seriju zbog toga što je obavestila ljude o njoj.

Pošto smo sve to izneli, moramo reći da serija nema ulogu servisa javnih usluga. Ako tokom praćenja koje zanimljive priče neko nauči da bolje pazi na sebe ili svoju porodicu – recimo, vakciniše dete (u *Očinstvu* Haus obaveštava roditelje da dečjih mrtvačkih sanduka ima u svim bojama) ili zapamti da se bebama ne daje sirova hrana („Kamo sreće da su njeni preci savladali tajnu vatre", kaže Haus roditeljima u *Bebama i kupanju*) ili shvati da samoobrezivanje nije pametno, onda je to kao šlag na torti.

Oni koji imaju iskustva sa izvesnim bolestima često ovako reaguju na priču: – Pa, moje iskustvo nije takvo. Meni se nije dogodilo ono što je prikazano. – Dejvid Foster na to odgovara: – Tako je. Mi se u seriji bavimo milionitim slučajem, onim bizarnim, odlikama koje bi drugi ljudi, da se bolest uobičajeno razvija, prepoznali mnogo pre nego što bi pacijent i stigao do Hausa. I običnu bolest ćemo predstaviti na veoma neobičan način. Bavićemo se i retkim i uobičajenim bolestima o kojima pomislite da bi se i vama mogle desiti.

Da li su medicinski konsultanti i scenaristi zabrinuti da će im ponestati medicinskih stanja oko kojih bi ispredali priču? Ukratko, nisu. Kako mi, kao osećajni ljudi, imamo beskrajne mogućnosti da lažemo i uprskamo stvari, isto je i s našim telima. *Haus* traga za neobičnim, ali nas one poznatije bolesti koje nam dolaze u prerušenom obliku mnogo više uznemiravaju („Nisam znao da bol u uhu može označavati infarkt") a toliko ih je mnogo. – Ono što je loše za čovečanstvo, za nas je odlično – razmeće se doktor Foster. – U dalekoj budućnosti bićemo u stanju da otkrijemo medicinske tajne a Haus je prosto fascinantan lik.

Dejvid Foster nije uvek bio tako samouveren. – Druga epizoda koju smo snimali nakon pilota bila je *Okamova oštrica* – objašnjava on. – Kada smo je završili rekao sam: „Ispričao sam sve priče koje znam. Iskoristio sam svaku informaciju koju sam imao. Ništa mi nije ostalo. Presušio sam. Gotov sam.” – Šest sezona kasnije, jasno je da nije bio u pravu. Pa ipak, u ono vreme – Bio sam uznemiren. Iskreno sam se tako osećao. Nekako smo uspeli da proguramo.

U GLAVI DEJVA METJUZA

☒ Kako lažirati lekarsku proceduru

> – Imamo glavu Dejva Metjuza negde na kocu, iz epizode u kojoj smo mu operisali mozak. Napravili su kalup od njegovog lica; ispao je prilično tačno. Imali smo tri glave; on je dobio jednu. Postoji fotografija na kojoj se slikao s glavom, i ona je prilično jeziva.
>
> MAJK KEJSI

Pored toga što su rekviziteri, Tajler Paton i Majk Kejsi opremaju mnogobrojne medicinske sale koje publika ima prilike da gleda skoro svake nedelje u *Hausu*. Ono što se pojavi na ekranu, često je kombinacija Tajlerovog i Majkovog delanja i vizuelnih i specijalnih efekata. Na primer, više nego jednom je bilo razloga da se pacijentu buši lobanja. Sama bušilica izgleda kao obični kućni model ali se ona ovde ne koristi za postavljanje polica. Scenaristi i režiser kažu Tajleru i Majku kakav efekat žele da postignu. Majk priča: – Ako žele da buše lobanju a onda i da krv šiklja na sve strane, što nam je jedan od najomiljenijih efekata, možemo to da postignemo.

Na sastanku rekviziterâ tim će porazgovarati o tome kako da postignu zadati efekat. Možda je lakše da Elan Soltes, supervizor specijalnih efekata, i njegovo odeljenje (VFX) dodaju bušilicu u postprodukciji. VFX često dobija zadatak da kreira mešavinu kosti, krvi i mozga koji će pokuljati kada bušilica probije lobanju. Tajler i Majk imaju gumenu bušilicu koja se koristi kad valja izbliza snimati glumčevu glavu. Za rezove se mogu upotrebiti lobanu ispunjenu masom i prekrivenu lažnom kožom, načinjenu u specijalizovanoj radionici. Lažno tkivo mozga se može probušiti kada se uzima uzorak za biopsiju.

PITANJE: Da li imate lažne mozgove na lageru?

TAJLER PATON: Imamo svoje ljude koje pozovemo i oni nam naprave mozgove. Imamo dosta toga. Ako nam kažu: „Treba nam jedan sada", Majk će otići u prodavnicu i kupiti lazanje, a ja ću poći pravo u operacionu salu i namestiću draperiju. Možemo to da izvedemo.

U prošlosti su Elan Soltes i odeljenje za vizuelne efekte (VFX) radili mnogo više snimaka putovanja kroz telo – koje on zove Snimci iz čarobnog školskog autobusa – nego što to čine u skorije vreme. Iako je mnogo toga što Elan i njegov tim rade kompjuterski generisano, takođe se radi i s modelima. Njegovo prvo putovanje kroz telo u šestoj sezoni odvijalo se u *Hrabrom srcu*, gde je junak bio nemarni pandur, ubeđen da će ga srce izdati kao sve muškarce iz njegove porodice pre njega. Elanov posao je bio da na modelu objasni kako aneurizma u čovekovom mozgu može da naraste i blokira nerv koji šalje signale srcu. Snimak putuje kroz nerv u grudni koš, u kom srce kuca sporije i sporije a zatim staje.

Elan Soltes objašnjava kako je snimak načinjen:

– *Tražio sam da mi naprave model dela moždanog stabla gde se vidi nastajanje aneurizme. To je zapravo bio kondom obojen u crveno koji smo mogli da naduvamo i gledamo kako pritiska nerv, to jest parče lateksa. Sve se može s malo čarobnog lateksa.*

Model moždanog stabla je veličine oko dva kvadratna metra pa unutra staje kamera kojom se snima.

Uz taj, postoji model lobanje sa slojem kože i krvnih sudova kroz koje se kamera probija i model mozga. Elan takođe koristi model grudnog koša koji je veći od pravog, sa srcem koje pokreće pumpa i plućima koja se podižu i spuštaju. Zgušnjivač hrane *metacil* daje karakteristični sjaj unutrašnjih organa, kako bi se obezbedila verodostojnost. Elan se služi literaturom, recimo knjigom *Arhitektura ljudskog tela*, ali tu i tamo daje sebi dramsku slobodu. – Aneurizma tog tipa nastaje mesecima ili godinama – kaže on.

Pri izradi ovih modela važno je da se prokljuvi kako podesiti da se vidi ono što se događa – ljudsko telo je iznutra mračno. Elan se seća kako je kao klinac baterijskom lampom osvetljavao svoj dlan i gledao koliko svetlosti koža propušta. On osvetljava svoje modele kroz slojeve lateksa i direktno, kako bi postigao isti takav izgled. Elan je svestan da je posmatraču teško da se orijentiše kad uđe u telo; čim se započne s davanjem injekcije, recimo, on odmah prebacuje kadar na spoljašnji deo tela kako bi nam pokazao gde smo. Modeli koje Elan pravi prilično su verodostojni. Preterano verodostojni. – Jednom su nas posetili kritičari, pa su me zamolili za demonstraciju – kaže Elan. – Izneo sam nekoliko modela a jedna žena je uporno ponavljala da krademo leševe. Rekao sam da to nije tačno...

....

Sala za operacije Prinston-Plejnsboroa, onako kako je konstruisana u Foksovom studiju, neprijatno je realistična. Koordinator art odeljenja sarađuje s velikim proizvođačima kako bi nabavio krupne delove opreme, poput mašina za magnetnu rezonancu. Glavna dekoraterka Natali Poup pribavlja manje mašine, recimo gama kameru, vrstu nuklearnog skenera. Korišćena je na običnom bolničkom krevetu, što nije bilo ispravno, pa je Natali zvala kompaniju koja pravi autentični krevet na kojem pacijent leži. – Uzela sam polovni krevet, ali je to odgovarajuća oprema – priča Natali. – U scenariju se pojavi neka nova medicinska sprava, pa se pitaš koji li je sad to vrag? – kaže Majk Kejsi. On može da nabavi takvu spravu od proizvođača ili je sam konstruiše. Kompanije koje obezbeđuju opremu žele da se ona ispravno koristi, pa se povremeno, isto kao što se hrana vadi iz originalnih tegli i prepakuje, i mašina promeni kako ne bi bila prepoznata.

PITANJE: Koji rekvizit je bilo najteže pronaći?

MAJK KEJSI: Ploču za ugriz pri tretmanu elektrošokovima. Sami smo napravili neke ali je guma od koje su bile užasnog ukusa. One prave su još ogavnijeg ukusa.

Pored velikih mašina još je impozantnija rekviziterska kolekcija endoskopa. Kao prvo, imaju pravi endoskop s kamerom na vrhu koji se ubacuje u usta pravog pacijenta. Tehničar daljinski upravlja kamerom. Endoskop ima središnji kanal kroz koji se uzima uzorak za biopsiju ili se ubaci voda ili vazduh. To je skup komad opreme, a na setu ga je prikazao demonstrator kojeg je poslao proizvođač. Tajler je sastavio jedan endoskop od delova koje je našao na ibeju. Ispostavilo se da automehaničari vole da koriste endoskope kako bi dijagnosticirali probleme s mašinom. Tajler i Majk neće isprobavati pravi endoskop na nekome; koristiće lažnjak.

Dok pacijent leži na operacionom stolu, jedna strana lažnog endoskopa je postavljena u njegova usta. Doktor drži cev na mestu, ispod stola i van pogleda, a Majk pomera spoljni omotač lažnog endoskopa nagore ili nadole. Pravi endoskop se čitav spušta niz pacijentovo grlo dok se ovde kraj cevi ne pomera ali se pomera spoljni omotač kako bi izgledalo da ulazi u telo ili izlazi iz njega. Ako je u sceni potrebno da neko žurno izvuče endoskop iz usta pacijenta, Tajler i Majk iskoriste skraćeni gumeni endoskop koji se brzo izvlači iz usta. Kasnije, Elan Soltes može da napravi kao da je cev povučena nagore i izvučena iz stomaka pacijenta.

– **Skalpeli: neki su bezopasni;** neki su superbezopasni jer su gumeni. Imamo i prave, zato što povremeno moramo da sečemo nešto. Kada biste ih pogledali, ne biste znali da nisu pravi. Svaki put kada neko nekome pruži bilo kakav skalpel, čak i samo kako bi ga odložio, čak i ako na njemu piše superbezbedno, obavezno se prvo proveri o kakvom je skalpelu reč. Bolje da posečete ruku nego da nekog iskasapite.

TAJLER PATON

Tajler i Majk mogu da izvedu i veoma uverljivu biopsiju. U sceni koja se sprema za seriju, dva doktora, na primer, izvode tu proceduru. Jedan će gledati u monitor da vidi gde će drugi doktor ubaciti onaj glavni deo opreme. Video plejbek tehničari će dodati odgovarajuću sliku na monitor u postprodukciji. Drugi doktor uzima instrument za biopsiju i njime pritiska kožu; igla se povlači u instrument, što izgleda kao da probija kožu. Instrument za biopsiju je sprava za mučenje od nerđajućeg čelika. – Novi režiser je hteo da upotrebi jedan koji stvarno izgleda zastrašujuće – kaže Tejlor, držeći sjajnu napravu u srednjovekovnom stilu. Osoba koja igra pacijenta sasvim sigurno se uplaši kad joj lažna igla pritisne kožu.

Po istom principu funkcionišu različiti špricevi s mehanizmom za uvlačenje igle. Neki su nameštени tako da tečnost ispunjava špric kada se klip povlači nagore. – Špricevi s iglom na uvlačenje koštaju oko osam stotina dolara jer su tako mali i precizni – kaže Tajler. – Imamo one od 20 ml, 10 ml, 5 ml, 3 ml, po četiri od svake vrste... U prvoj sezoni smo imali samo jedan špric s iglom na uvlačenje od 5 ml. Naše zalihe samo rastu.

U većini scena koje se odvijaju u operacionoj sali ima krvi. Šminkerka za specijalne efekte Dalija Dokter koristi razne vrste krvi. Dalija se raspita kod medicinskih konsultanata, Bobin Bergstrom i doktora Dejvida Fostera, kakva vrsta krvi je potrebna, tamnija ili svetlija, u zavisnosti od situacije. Jedna vrsta koju Dalija često koristi zove se *moja krv*; dopada joj se zato što ne ostavlja fleke. Ako je potrebno neku scenu snimiti tri ili četiri puta, može da upotrebi ovaj proizvod, da ga počisti i ponovo upotrebi. Druga vrsta je *krv iz usta*, koju je bezopasno staviti u usta. – Mogla bih da je upotrebim za posekotine ali je ona napravljena baš za usta – kaže Dalija. – Ništa vam neće biti ako je slučajno progutate ali nemojte njome prelivati pomfrit.

Usred svojih kolekcija kesa za intravenoznu infuziju i katetera za urin, Tajler i Majk drže sopstvenu zalihu krvi. Kao Dalija, i oni imaju različite vrste krvi, koje se razlikuju po boji i gustini koja se traži te mestu na kom pacijent krvari. Imaju tamnu krv koja kola, tamnu krv za usta, razređenu krv koja brzo kola. Imaju i krv koja se suši i običnu, rekviziтersku krv, na kojoj piše „Nije opasno progutati". – Vlažne

maramice za bebe su neophodne – kaže Majk. – **Njima se najbolje briše lažna krv.**

Uza sve ostalo, Bobin Bergstrom savetuje glumce kako da odigraju neku medicinsku scenu. Ključno je da medicinska situacija izgleda realistično kako bi glumci na pravi način reagovali. U bilo kojoj sceni u operacionoj sali ili kraj pacijentove postelje, pa čak i u Hausovoj kancelariji ako on odluči da sebi ubrizga nešto, Bobin će se naći pri ruci da uputi koga treba i da odgovori na moguća pitanja. Možda nešto napomene glumcu ili sugeriše režiseru. Njena uloga je mnogo bitnija nego što je puko obaveštavanje glumca koliko će nešto boleti. Koliko energije neko ima nakon dijalize? Ako neko ima napad ili bol u grudima, kako će se ti simptomi manifestovati fizički? – Ne hvataju se uvek ljudi za grudi ako ih tu boli – kaže Bobin. – Osobe koje dožive srčani udar reaguju na mnogo načina.

– **Trebalo bi da pitam** svog knjigovođu da li mogu da mi se otpišu medicinski troškovi jer se bavim svojim poslom i kada odem kod doktora. Dok mi mere pritisak ili vade krv, pažljivo zagledam. Ne želim da me iznova uče kako se nešto radi. Izvođenje procedure je najteže odglumiti zato što se morate koncentrisati na to da je dobro obavite i da je potpuno isto ponovite. Doktor ne mora da razmišlja o vađenju krvi, pa tako ni ja ne želim da razmišljam o tome. Samo želim da odigram tu scenu. Mada, svi to rade drugačije, a ja to radim onako kako me je Bobin naučila.

PITER DŽEJKOBSON

Svako ko se nagledao medicinskih drama, video je na stotine pacijenata kako umiru. – Kada gledaoci opaze ravnu crtu na EKG aparatu automatski pomisle kako slede papučice defibrilatora – kaže Bobin. Zapravo, ako pogledate najnovija medicinska razmatranja, protokol predviđa davanje leka i kompresiju grudi. Kako bi se zadržala medicinska uverljivost, važno je prilagoditi se izmenjenim okolnostima kad god se time postiže dramatičnost. Bobin takođe objašnjava i kakva je reakcija na bol. Određeni test za koji gledaoci veruju da je neobično bolan, kao što je biopsija koštane srži, često se u bolnici izvodi uz mnogo lekova. Lumbalna punkcija, uobičajena procedura u *Hausu*, zaista boli, što potvrđuju oni koji su se tome podvrgli. – Reći ću pacijentu kako ja mislim da to treba da izgleda a režiser će zatražiti: „Daj mi više" ili „Ublaži to" – kaže Bobin. – Mnogo puta traže više jer žele da izgleda upečatljivije.

Gledaoci će verovatno reagovati kada čuju dugački monotoni zvuk s monitora. „Biiiiiiiiiiip". Danas se takvi efekti i snimci monitora dodaju u postprodukciji. Bobin je i sama učestvovala u snimanju tih efekata, noseći merač pritiska koji je bio prikopčan za monitor kako bi prikazivao otkucaje srca. Tehničar na snimanju će ipak podražavati zvuk ravne crte na monitoru zbog glumaca, kako bi mogli da reaguju u pravom trenutku.

Bobin kaže da je teško realistično odglumiti čin umiranja. Lako je uočiti lošu scenu umiranja u filmu, kada se neko teatralno baci na krevet. Kako bi se izbegle scene umiranja, lik možda iskrvari na smrt u operacionoj sali a u sledećem kadru vidimo kako ga odvoze u mrtvačnicu ili na autopsiju. Sâm trenutak smrti je izostavljen.

Diktator Dibala preminuo je u veoma dramatičnoj sceni umiranja. Doživeo je udar pa su pokušali da ga povrate pomoću defibrilatora, a u režiserovoj verziji ta scena je propraćena muzikom koja je pojačala utisak. – Iskrvario je i prestao da se pokreće nakon defibrilacije pa je jasno da je preminuo – kaže Bobin. – Ali umesto onog „kašljuc, kašljuc, umro sam", bila je to predivna, tužna, realistična, dugačka scena umiranja za koju ljudi obično izgube interesovanje posle svega nekoliko sekundi.

PITANJE: Da li ti ljudi dođu u kancelariju, zatvore vrata za sobom i kažu: „Pogledaj ovo"?

BOBIN BERGSTROM: Da. Vrlo često čujem za ono što ne želim da znam o ljudima s kojima radim. Ali mi ne smeta, jer uglavnom traže koju razuveravajuću reč.

Bobin je nekoliko puta bila prisutna kada se na sceni odvijala ozbiljna medicinska situacija. Neki tip je pao s modne pi-

Pažnja posvećena detaljima, 2: medicinski frižider patološke laboratorije.

ste u drugoj seriji u kojoj je Bobin bila angažovana, i ona ga je stabilizovala dok nije stigla Hitna pomoć. Jedan glumac je imao manji srčani udar na snimanju *Hausa*, i Bobin ga je pazila dok ga nisu odveli u bolnicu. Vratio se na posao sledećeg dana. Bobin je sređivala jednog glumca na mestu na kom je bila posuta lažna krv, a sestra ga upitala da li je udario glavom. – Nekoliko ljudi je samo zurilo u čoveka koji je imao napad – kaže Bobin. – Gledali su u scenario, čak sam i ja to učinila na trenutak.

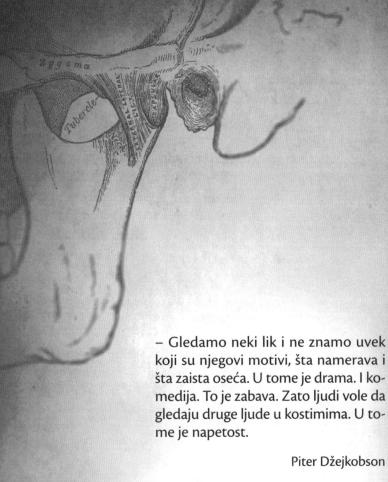

– Gledamo neki lik i ne znamo uvek
koji su njegovi motivi, šta namerava i
šta zaista oseća. U tome je drama. I ko-
medija. To je zabava. Zato ljudi vole da
gledaju druge ljude u kostimima. U to-
me je napetost.

Piter Džejkobson

TAUB

Piter Džejkobson

Malo je falilo da Kris Taub ne uđe u Hausov tim odabranih doktora u prvih pet minuta četvrte sezone: nalazi se u četvrtoj postavci, među onima koje je Haus nasumice otpustio kada mu je Kadi rekla da ima previše kandidata, a zatim je brzo vraćen na posao pošto Haus shvati da je otpustio privlačnu ženu. Taub smesta predlaže Hausu da izvede neobavezno uvećanje grudi pacijentkinji, astronautkinji iz Nase, kako bi time prikrili operaciju pluća. Taub joj kaže da ljudi koji imaju snove ne obraćaju pažnju na podsmehe koje izazivaju (*Prava stvar*). Taub treba da ima takav debeli obraz i pokazuje ga u epizodi *Ružan*, u odnosu s dečakom koji ima ogromnu izraslinu na glavi. Dečakovo lečenje se snima za dokumentarac i mada se veći deo tima krevelji pred kamerom, Taub nastoji da privuče pažnju dovodeći u pitanje Hausovu dijagnozu. Haus ga otpušta; Kadi ga vraća na posao i Taub izbija na čelo odabranih saradnika.

– Prva epizoda koja se temeljnije bavi Taubom je *Ružan*, u kojoj lik na glavi ima nešto nalik na brokule. Znamo da sam ja plastični hirurg te ovde dublje zalazimo u čitavu tu stvar. Malo pre nego što su je snimili, pozvali su istaknutog plastičnog hirurga iz L. A. da porazgovara sa scenaristima, pa sam se i ja pridružio tom sastanku. Bilo je zaista zabavno: taj veliki, uspešni plastični hirurg i scenaristi koji ga obasipaju pitanjima u vezi s njihovim istraživanjem.

PITER DŽEJKOBSON

Ovo je Taub: drzak, pomalo podao, željan da postane deo tima.

– Zanimljivo je da se Taub ubijao od posla kao uspešni plastični hirurg u Njujorku gde je uglavnom popravljao grudi, rezao i zatezao kožu, ispunjavao prohteve bogataša, a ipak je izuzetan doktor. Dopada mi se da ga smatram nekim ko nije uvek bio plastični hirurg već je radio i drugačije poslove, i zaista veoma, veoma pametnim doktorom.

PITER DŽEJKOBSON

Zainteresovan, Haus proverava šta se zbilo Taubu na prethodnom poslu. Taub je oženjen ali je otkriveno da je imao aferu (s ćerkom svog partnera), stoga je morao da ode. – Neki ljudi gutaju tablete protiv bolova – kaže Taub. – Ja varam. Svi imamo svoje poroke. – Taubu sada pripada sumnjiva čast da ga Haus smatra zanimljivim. Haus može da ga muči jer zna loše podatke o njemu. On ne želi da se bavi nekim dosadnjakovićem. Stoga Haus naziva Tauba mini-pastuvom i tvrdi da nije pravi doktor. Mnogo kasnije (u *Stanju uzbune*), kada Forman pročita Taubov dosije, otkrivamo da je Taub veoma rano dosegao vrhunac svoje karijere – njegov članak je objavljen u *New England Journal of Medicine* kada mu je bilo dvadeset šest godina. Sada možda pokušava da ispolji taj izvanredan potencijal.

PITANJE: Haus je nepopustljiv prema Taubu. Njegove slabosti su ljudske slabosti...

DEJVID ŠOR: On je ženskaroš.

PITANJE: Jednom ili više puta?

ŠOR: Ja mislim mnogo, mnogo puta. Upravo mi je zanimljivo to što smatram da on iskreno voli svoju ženu i zaista ne želi da radi takve stvari, ali nekako biva uvučen u to, pogrešno bira a onda se kaje zbog toga.

Taub je nešto stariji od ostalih iz tima i Kadi shvata da će se on usprotiviti Hausu ali joj Haus objašnjava da je Tauba angažovao upravo zbog toga (*Igre*). Taub je u timu i srećan je zbog toga ali je odnos s njegovom ženom Rejčel (Dženifer Kristal) očigledno napet. Ni ona njemu ne govori sve: u *Nepovoljnim događajima* Lukas otkriva da ona ima osamdeset tri hiljade dolara na tajnom računu. Rejčel mu kupuje porše, koji je on oduvek želeo. Kada mu ga predaje, on kaže: – Moramo da porazgovaramo.

Taub očigledno zarađuje mnogo manje u PPTH nego što je zarađivao u privatnoj praksi, što stvara dodatne napetosti kod kuće. U *Neka se snalaze kako znaju* Taub se privaljuje Katneru, koji drži kliniku za davanje drugog mišljenja na internetu, za trideset procenata zarade, ali ga Haus otkriva. A u *Dođi, maco* Tauba umalo nije prevario uglađeni profesionalni prevarant. Taub je tip koji traži svoju veliku priliku. Sudeći po njegovoj ljutitoj reakciji, očigledno ga je veoma potresla Katnerova smrt. U *Bezbolno* Taub i Katner razgovaraju o samoubistvu. Taub mu ispriča za kolegu koji je hteo da se ubije i kako se morao bolje potruditi da ga spreči. Katner pretpostavlja da je ta osoba sâm Taub, ali Taub to negira.

U *Na tajnom zadatku* Taub se pridružuje Trinaest i Čejsu u loše zamišljenoj šali na račun Formana; spočetka Forman smatra da zarađuje manje od svojih kolega, a na kraju sve troje pristaju na umanjenje plate kako bi se Formanu obezbedila povišica. – Pada mi na pamet izraz „ko je tata-mata" – kaže Forman. Tauba čeka još jedan neprijatan razgovor sa ženom.

U ciklusu otpuštanja i zapošljavanja Taub je sklon da misli, isto kao Trinaest, kako želi da radi za Hausa, za razliku od Čejsa i Formana, koji to shvataju kao moranje. Kada Forman zamenjuje Hausa na njegovom položaju Taub daje otkaz kako bi se vratio plastičnoj hirurgiji. – Došao sam da radim s Hausom – kaže on (*Epska propast*).

> – Kada sam saznao da dajem otkaz, upitao sam: „O čemu se tu radi?". Znao sam da to neće biti zauvek. Nikada mi to nije predstavljeno drugačije osim kao „da malo razdrmamo stvari" što je izvrsno dramsko sredstvo. Time se produbljuje sukob koji postoji u mom životu. Dam otkaz, vratim se, pa se onda opet vratim – to otežava život mojoj ženi i meni, i diže uloge u svemu.

PITER DŽEJKOBSON

Kada Haus odluči da ponovo okupi svoj tim, Taub kao i Trinaest, predstavlja lak plen (*Timski rad*). Naizgled nezainteresovanom Taubu i Trinaest, Haus daje pojedinosti o porno-glumcu i oni uspostavljaju dijagnozu. Korekcije nosa i ispravljanje bora su dosadni; ovde je prava akcija i Taub želi da se vrati. A šta s njegovom ženom? – Preuredio sam svoj život kako bih više vremena provodio s njom, ali je izgleda ne volim koliko sam mislio. – Povratak u PPTH neslavno prolazi kod kuće. Taub provodi Dan zahvalnosti na poslu. – Život je isuviše kratak da bih se brinuo zbog novca – kaže Taub. – Ona će se rado odreći nekih stvari. Seksa, na primer – (*Neznanje je blaženstvo*). Taub se ponovo vraća skrivanju. U *Pseudokomi* Taub preuzima pohvalu za Katnerovu dijagnostičku ideju i zbog tog poteza doživi Hausovo odobravanje.

Taub često mora da se miri sa ženom. U *Većem dobru* Taub kaže Rejčel kako želi da ima decu; ranije nije ali sada hoće. Ali ona ne želi – možda je dovoljno puta pravila kompromis a Taub nije. Kada Čejs udari Hausa, Taub napravi fotografiju i pokaže svojoj ženi, slagavši joj da je on to uradio, na šta ona strasno reaguje. Taub joj se hvali da je pokazao Hausu osnovna pravila. E, da je tako. To je još jedna laž koju bi Haus umeo da ceni.

> – On je pomalo nepriličan, moralno i lično, ali je dobar i posvećen tome da bude dobar doktor i dobar prema svojoj ženi... On je ženskaroš koji ostaje sa svojom ženom, porodični čovek koji ima i tu mračnu stranu. Zanimljiva je ta dinamika. Takav je priličan broj javnih ličnosti.
>
> DEJVID FOSTER

Taub i Rejčel dostižu kritičnu tačku u *Crnoj rupi*. – Kris, volim te ali ti se kunem: ako ponovo počneš da pričaš kao da sam na klupi za svedoke, slomiću ti vrat – kaže ona. Dok se Rejčel žali kako ništa ne rade zajedno, Taubove kolege se slažu da ona misli kako je Taub ponovo vara. On se kune da nije tako ali može li ovaj ženskaroš promeniti svoju ćud? I kako to da dokaže? Taub pokušava: poziva Rejčel na posao kako bi se mazili na parkingu (*coitus interruptus*, zahvaljujući Hausu) a zatim je pita hoće li da se ponovo venčaju, što je potez koji Haus odobrava. – Svaka čast – kaže on. Malo nakon toga Haus gleda kako Taub razgovara s bolničarkom Majom koju očigledno poznaje. Taub joj dodiruje ruku. Hausova izreka da je promena nemoguća još jednom se potvrđuje.

Kada Taub otkriva da njihova pacijentkinja Džulija živi u otvorenom braku (*Otvoreno*), njegovo zanimanje je podstaknuto. Džulijina opravdanja za takvu vezu Taubu zvuče poput opravdanja da se prepusti svojoj ženskaroškoj prirodi. – Zaključili smo da je bolje kada jedno drugom govorimo istinu – kaže Džulija, koja očigledno ne gleda *Hausa*. Haus se postara da Taub provede noć u bolnici, radeći analize Džulijinih rezultata. Ona kaže kako ne želi da se skrasi; potrebno joj je da dobije negde drugde onih deset posto koje ne dobija od svog voljenog muža Toma. Đavo na Taubovom ramenu prilježno beleži sve izrečeno. I ponovo vidimo Tauba kako flertuje s Majom ali on tvrdi da se ništa ne dešava.

Taub odlučuje da predoči Rejčel Džulijin i Tomov životni stil, što se, očekivano, pretvara u katastrofu. Ona smesta sumnja da je muž ponovo vara. Ali kasnije, rekavši kako ne može podneti laganje, ona mu nudi istovetni dogovor (koji Haus zove zlatna karta) uz određene uslove. – Želiš više od mene – kaže ona. – Želiš takvu vrstu uzbuđenja. – Ali pre nego što Taub stigne da uradi najgore što može, Rejčel ga zaustavlja jer ne može da poštuje njihov dogovor. Taub popušta. – Bio sam idiot – kaže Taub. – Ne treba mi ništa više, trebaš mi samo ti. – Taub je zaista rastrzan. Kada kaže nešto ovako Rejčel, stvarno veruje u to. Ali kada kasnije ugleda Maju na parkingu, neumitno je da će se njih dvoje poljubiti i odvesti nekuda zajedno.

U *Izboru* Haus sabotira Taubove pokušaje da se krišom viđa s Majom iako je navodno dobio zlatnu kartu. Taub prekida svoju javnu preljubu i zahvaljuje Hausu što mu je spasao brak, ali ovaj nije to nameravao. Međutim, Taub neće biti u stanju da se otarasi svoje sklonosti i po svemu sudeći, ostaće nejasno da li uopšte to i želi.

PITER DŽEJKOBSON O... TAUBU

PITANJE: Da li je u Hausovom svemiru Taubova slabost zaista tako velika?

– Ne verujem. To je uobičajena i sasvim jasna slabost. Ne poznajem toliko ljudi koji su takvi ali gde god da pogledate, postoje nagoveštaji i pokazatelji da se upravo tako nešto dešava. Prijatno mi je da glumim nekog ko je običan na takav način... Zanimljivo mi je kada likove uopšte, a posebno moj lik, uhvate u varanju. Tu leži sva dramatičnost.

PITANJE: Tvoj brak se prikazuje gotovo isključivo u napetim trenucima.

– Kad god se vraćam u stan, ženi, uvek sam pomalo napet. Serija se okreće oko Hausa i nas, i ne verujem da bi *Haus* preživeo bez zanimljivih preobražaja naših likova, ali smatram da je mudro što se sve prikazuje s merom. Ako se izađe iz bolnice i duboko unese u te sporedne priče, onda to mora da ima veze s Hausom; u suprotnom, pitao bih se kakva je svrha? Na venčanju Čejsa i Kameronove prikazano je i nekoliko kadrova u kojima žena i ja sedimo i uživamo u venčanju. To su jedine scene u kojima ništa ne govorimo. Toliko je dovoljno da bi se pokazalo bračno blaženstvo.

PITANJE: Vidimo da ne može da se drži dalje od zagonetki?

– Bez obzira na sve. On je zaista radoznao i pametan doktor. Ma koliko ga vređali, Taub želi da otkrije šta se krije iza neke bolesti i želi da pobedi. Nije nužno da bude kao Haus, ali želi da bude neko ko rešava zagonetke.

PITANJE: Da li je on društvena osoba?

– Ne shvatate puni smisao doktorskog odnosa prema pacijentu. U epizodi *Ružan* bilo je nekoliko trenutaka koji su pokazali da on nije previše srdačan ali će se odnositi srdačno, osećajno i prisno prema klincu jer je sredovečni muškarac koji je dosta toga prošao u svojoj profesiji i dobar je u svom poslu. A njegovoj uspešnosti doprinosi i to kakav odnos uspostavlja. Pa i ako sam rastrzan zbog životnih pitanja o vernosti i ubistvu, ipak sam samo čovek koji živi u ovom svetu i koji mora da se izbori sa svojim osećanjima. Mislim da niko ne može da bude robot.

PITANJE: Da li će Taub eksplodirati?

– Ne znam, ali sam srećan što se takvo pitanje uopšte postavlja.

PITANJE: Taub se hvali da je on udario Hausa... (*Neznanje je blaženstvo*)

– Ima tu izvesne neiskrenosti. Pametan je, i dokle god postoji način da se postigne punovažan cilj, učiniće šta treba.

Kada sam prvi put pročitao to u scenariju, pomislio sam: „Ma daj!" Tek kada smo iščitavali scenario i kada je u tu scenu udahnut život a glumci se potpuno uneli, shvatio sam da je to pun pogodak!

PITANJE: Neko je rekao da je Taub pomalo mračan.

DEJVID ŠOR: Katnerova smrt je možda uticala na njegovo ponašanje a možda s vremenom postane malo vedriji.

PITANJE: Njegov drugar je otišao.

ŠOR: I na tako dramatičan način, što će naterati Tauba da svaki dan života smatra dragocenim ili da, kao Kameronova, smatra svaki ljudski život vrednim.

PITANJE: Katner i Taub su imali zanimljiv odnos. Prevara preko interneta...

– To mi se dopalo. Pogotovo kada nas je na kraju Haus uhvatio s pravim lešom. Malo je naporno četiri-pet puta ponavljati istovetni šok i užasnutost, ali je bilo zabavno.

PITANJE: Koliko je to zabavno glumcu?

– Ja to volim. Što je luđe, uvrnutije, to je bolje. Bilo je nekoliko takvih momenata – kada me je Haus naterao da dođem u mrtvačnicu i dokažem mu da umem da igram raketbol* (*Društveni ugovor*). Uvek je dobro za glumca da istupi iz onoga što se obično radi u serijama.

PITANJE: Taubova odeća...

– Tako je uzbudljiva. Danas je smeđa. Uvek su tu kaputi, košulje i kravate.

---

* Racquetball (*engl.*) verzija je skvoša. (Prim. prev.)

PITANJE: Šta inače nosi kod kuće?

– Iste stvari. On spava u košulji i kravati, samo podvrne rukave pre nego što legne. On je uspešan tip, pomalo konzervativan. Važno mu je da pokaže da zarađuje velike pare čak i kad nije tako. On i Forman vode mali krojački rat. On se mnogo bolje nosi od mene. Sva odeća mu je fina, ali je za nijansu ozbiljnija.

PITER DŽEJKOBSON O... PITERU DŽEJKOBSONU

PITANJE: Ima li lekara u tvojoj porodici?

– Nijednog. Otac Lise Edelstajn je sedamdesetih bio pedijatar Kala Pena... Lisa i ja smo radili skupa pre petnaest godina. Bili smo u jednoj sceni filma *Dobro da bolje ne može biti*. Mi smo dvoje Jevreja za stolom koji Džek Nikolson zlostavlja u restoranu. Bila je to scena za pamćenje. Ali, u mojoj porodici nema niti jednog doktora.

PITANJE: Sada postoji.

– Povremeno se pojavi neka krajnje ćaknuta osoba koja pita: „Možete li mi pomoći?"

PITANJE: To je zbog belog mantila.

– Silno se čuvam da ne izađem sa snimanja u belom mantilu.

PITANJE: Kako se snalaziš s medicinskim temama?

– Istražujem koliko god postižem kako bih stekao nekakvu predstavu. Praćenje medicinskog časopisa je najteži deo jer snimamo bez reda. Ako ste zaista pravi glumac, uvek bi trebalo da znate šta je bilo pre, a za ovu seriju to važi više nego za bilo koju drugu; kada pričate o nekom leku, morate znati doslovce sve što se dešavalo ranije.

PITANJE: Možeš li da uživaš u *Hausu* kao običan gledalac televizijske serije koliko i s profesionalne strane?

– Ne baš. Znam da je serija dobra. Tek posle trećeg gledanja mogu da se odmaknem i odložim svoj glumački ego. Prvo gledanje je uvek: „Oh, ovo je bez veze." „Oh, kosa mi opada." „Oh, kakav nos." Kada prođem kroza sva ta sujetna sranja, onda se usredsredim na dešavanja u scenama, i tek iz trećeg puta mogu da gledam. Neki glumci uopšte ne gledaju seriju. Ja smatram da je to korisno.

PITANJE: Raspored je naporan?

– Nekako nam uspeva. Asistenti režisera znaju da je moja porodica u Njujorku i zato veoma velikodušno pokušavaju da mi omoguće produženi vikend dokle god to ne utiče na rad mašinerije. Vrlo često to ne pali, i svaki put kada odem na snimanje znam da ne postoji ništa što bi moglo da promeni stvari.

PITANJE: Postoji određeni ritam u seriji...

– U prošloj sezoni sam dva dana radio tri epizode jer je ostalo nekoliko dana za doterivanje. U jednom danu su mi se preklopile epizoda koju smo dovršavali, epizoda koju smo počeli da snimamo i još jedna scena koju sam nadoknađivao za treću epizodu.

PITANJE: Dakle, nosio si tri različita odela...

– A morao sam da pamtim i tri različite bolesti. Na kraju, ovo je bajan i nimalo težak posao. Tako nešto ne bih rekao da sam Hju. On je na sasvim drugačijem nivou. On nosi ovu seriju i mora da se pojavi na setu svakog dana. Mislim da je moj posao prilično lagodan. Raspadam se od posla mnogo puta ali, posmatrajući u globalu, ovo je divan način da se provede dan.

PITER DŽEJKOBSON O... PROCESU ODABIRANJA

PITANJE: Nisi znao ko će biti odabran?

– Dobio sam ulogu a onda sam čuo da će se pojaviti još trideset novih glumaca koji se bore za isti posao, pa sam pomislio kako je to besmisleno. Zatim sam čuo da će nas petoro biti odabrano u regularnu postavu – Olivija, Kal, Edi (Gategi, alijas Velika ljubav), Eni (Dudek) i ja. Tada mogu da rade šta hoće. Nekoliko glumaca je ostalo do kraja, i upravo su njih mogli da odaberu a ne nekog od nas. Kada se pričalo o petoro finalista, mi smo stalno spekulisali ko bi to mogao biti.

PITANJE: Nisi izveo nijedan trik u Taubovom maniru sa ostalim glumcima?

– Možda bi upalilo, ali stvarno smo se dobro slagali, što je čudno. Bilo nam je zabavno. Kada si u situaciji koja po pravilu kida živce a tu je još i pet neurotičnih glumaca, nastupa opuštanje i otvorenost. „Ti ćeš dobiti ulogu, treba im crnac", „Ne treba im crnac, već Jevrejin", „Treba im Indijac", „Ti si pravo luče". Iskrena žvaka. Sve je bilo mnogo lakše zato što smo se glupirali.

PITANJE: Glumci su osećali istu vrstu pritiska kao njihovi likovi.

– To je bilo najčudnije. Žena mi je u početku govorila da sam to ja. Kada je čula šta se podrazumeva da bi se dobila ova uloga rekla je: „Ne treba ti taj posao. Da se svakog bogovetnog dana brineš da ćeš dobiti otkaz? Zašto bi pristao na četiri meseca briga o tome da li ćeš dobiti otkaz?" Ali, sve je bilo toliko otvoreno, i očigledno sumanuto da je zapravo postalo veoma zabavno.

PITANJE: Koliko je bilo fantastično kada si saznao konačnu odluku?

– Fantastično. Zaista divno. Zeznuto je to što živim u Njujorku. Žena i sin su mi u Njujorku, pa stalno idem tamo-amo. Mnogo putujem. Već sam bio odsutan tri meseca a sin je imao tek pet godina – za dete u tom uzrastu nije zgodno kad oca nema. Deo mene je znao da će doći trenutak olakšanja kada budemo skupa. Ali na to odlaze tek dva procenta; onih devedeset osam se odnosi na to da želim ovaj posao, da mi je potreban i da sam presrećan što sam ga dobio.

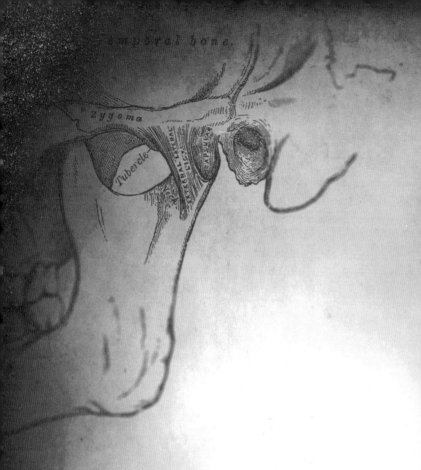

KATNER

PITANJE: Mora da si znao da Kal Pen odlazi ali nisi znao da će ga ustreliti u glavu?

OMAR EPS: Mislim da ni on nije znao! Svi smo pretpostavljali da će ga pronaći s tabletama ili čime već. Ali ovo liči na Dejvida Šora. Suština odlaska uz prasak.

U *Jednostavnom objašnjenju* Katner je nestao. Taub kaže da mu je pas bolestan. Ili da je verovatno otišao na festival stripova. Tek što je Taub preuzeo pohvale za Katnerovu ideju. Forman i Trinaest odlaze u Katnerov stan i pronalaze njegovo telo, s ranom od metka na glavi, i pištolj kraj tela. Trinaest i Forman pregledaju telo ali bez ikakvog uspeha. Telo se ohladilo. Katner je mrtav.

– Katnerovo telo je bilo tu ali njega nije bilo u epizodi. Mnogo nas je smatralo da treba da se pojavi. U prvom delu epizode svi su se pitali gde je Katner, pa smo mislili da je to već dovoljan nagoveštaj i da neće biti šokantno ali je bilo. Bilo bi previše da je bilo šokantnije.

PITER DŽEJKOBSON

Greg Jaitanes je režirao ovu scenu. Scenarista Lenard Dik je napisao da se telo ne prikazuje, ali je Kal Pen ipak ležao. – Kal je bio tamo, što je glumu činilo još ubedljivijom, ležao je u lokvi krvi – kaže Jaitanes. – Svi glumci su umrljani krvlju. – Čitava epizoda je tmurna, mračna i uznemirujuća, što odražava raspoloženje Katnerovih užasnutih kolega. Penove kolege glumci su takođe bili iznenađeni. – Činilo mi se malo preteranim – kaže Piter Džejkobson. – Smatrao sam to neobičnim rešenjem – primećuje Robert Šon Lenard, ali su preterivanje i neobičnost gurnuli Hausa u nervni slom. – Naposletku je sve imalo smisla – izjavljuje Piter Džejkobson.

PITANJE: Da li te je šokirao Katnerov čin?

GREG JAITANES: Pa, zvao sam da preuzmem scenario i čim nisu hteli da mi ga daju, znao sam da se nešto dešava.

Haus bi, bez sumnje, prihvatio Katnerov postupak da je za njega bilo razloga. Haus strogo prekoreva svoj tim zbog toga što nisu videli šta se sprema ali niko ništa nije primetio. Kadi je angažovala savetnika za tugu iako zna da mu se niko neće obratiti i nudi slobodne dane koje niko neće da prihvati.

KADI: Žao mi je zbog tvog gubitka.

HAUS: Nije to moj gubitak.

KADI: Onda mi žao što tako misliš.

Trinaest i Forman kreću u posetu Katnerovim roditeljima koji su ga usvojili, a Haus im se pridružuje. Katnerovo pravo ime je Čoduri i Haus kori ožalošćene roditelje što su mu promenili identitet, učinili da pati zbog toga ko je, što su ga naveli na samoubistvo. Haus se toliko neprilično ponaša da ga Forman prekida. – Odlična je scena kada ga Forman podseća – kaže Dejvid Šor – ali vidite taj izraz na njegovom licu. Haus se povlači. Nisam siguran da smo to ikada ranije videli. Povukao se. – Greg Jaitanes se priseća reakcije Meri Džo Dešanel, glumice koja igra Katnerovu mamu, na Hausa: – Gađenje, odvratnost, postiđenost i poniženost... sećam se da me je dirnula njena gluma.

Taub je ljut na svog prijatelja Katnera. Kaže da je Katner idiot, ali ne oseća krivicu već žalost zbog toga što nije primetio šta se sprema. – To je prirodna reakcija. Dopada mi se kako su napisali tu epizodu – kaže Piter Džejkobson, uživajući u tome kako se odnos Tauba i Katnera razvio tako da je doveo do Katnerove smrti.

– Taub je podigao zid, ogradivši se od samoubistva, a onda je otišao na posao i poklekao; taj raspon emocija za mene je značio igrati najbolju, najupečatljiviju epizodu. Ne postoji ništa dragocenije za glumca nego glumiti osobu koja se bori da ostane čitava. Svakodnevno svi samo pokušavamo da proguramo dan, navučemo pantalone i budemo normalna osoba i onda kada se ne osećamo tako. Igrati tako nešto istinska je radost.

PITER DŽEJKOBSON

Haus očajnički traga za odgovorima. Zove Katnerove prijatelje, proče-šljava njegovu prošlost (izleteo je na teren go, na fudbalskoj utakmici iz-među koledžâ Pen i Dartmut). Haus odlazi u Katnerov stan i potom postaje ubeđen da je Katner ubijen. Uskoro počinje da pati od nesanice i tada kreću njegove halucinacije i poniranje do bolnice Mejsfild. Kadi kaže Hausu da je u redu što je uznemiren jer je Katner razmišljao kao on i pomerao granice kao on. Haus to ne prihvata: – Da je razmišljao kao ja, znao bi da je život u nesreći mnogo manje truo od nesrećnog skončavanja.

Haus je suočen s neobjašnjivim, i to ga pogađa u osetljivo mesto. – Ose-ćao sam da je to neverovatno iskreno – kaže Greg Jaitanes. – Kao kada se dogodi nešto sasvim neočekivano a vi to niste predosetili. Sve je izgledalo veoma realistično zato što niko nije imao odgovor. – Piter Džejkobson kaže: – Zbivanja zaista mogu biti tako šokantna. Čovek može da krije ogromnu patnju i ako bi se iko, bilo gde na svetu, makar zapitao ili pomislio na ne-koga kome treba pomoć; ako time na bilo koji način činimo ljude svesni-jima, onda je to odlično.

PITANJE: Ovo se dešava: ljudi oduzimaju sebi život a da niko tako nešto ne predvidi i da svima to bude krajnje tajanstveno. A Haus ne može da reši tu zagonetku.

DEJVID ŠOR: Tako nešto smo i nameravali s tim. Zato nismo imali flešbekove na nešto što se dogodilo Katneru, ili na njega pri samom činu. Planirano je da u poslednjem svom kadru bude prikazan kako se dvoumi, a da ga mi pogledamo i kažemo: „Ne poznajem ovog čoveka". Čovek, doktor Haus, koji može da ušeta u prostoriju i po-sedi s nekim osam sekundi, a zatim da kaže šta je ovaj doručkovao pre tri dana, radio je s Katnerom dve godine a da ga u suštini nije poznavao. Haus mora da se izbori s tim.

SETOVI I BINE

8

☒ Dizajniranje i podizanje bina za *Hausa*

> – Većina odluka se donosi na osnovu vremena ili novca.
> Kao što mi je rekao jedan producent, ovo je šou-biznis
> a ne šou-prijateljstvo: sve se tiče novca. Na svu sreću,
> *Haus* je veoma uspešna serija, pa mi je dozvoljeno da
> se opustim možda više nego u drugim serijama.
>
> DŽEREMI KASELS, SCENOGRAF

– Ne verujem da bi Vilson živeo u kakvom modernom prostoru
sa izloženim gredama – kaže Kejti Džejkobs. Kejti i scenograf
Džeremi Kasels se nalaze na dnu hodnika s kancelarijama pro-
dukcije *Hausa* i gledaju predloge za stan koji će Vilson kupiti
kako bi ga delio s Hausom u šestoj sezoni. Zidovi hodnika su
prekriveni fotografijama stanova i zgrada sa stanovima, fo-
tokopijama i stranicama iscepanim iz časopisa. U središtu se
nalazi skica tlocrta Vilsonovog životnog prostora. Prva ideja,
koju su natuknuli scenaristi, bila je da se osmisli potkrovlje s
visokim plafonima nalik na stan Trinaest. Kejti je želela nešto
muževnije. – Pomislila sam kako treba da odaberemo stariju
zgradu, uklonimo nekoliko zidova i učinimo je modernijom. –
Između prvog sastanak od pre nekoliko dana i ovog, Dže-
remi je pripremio drugu skicu. Nakon što je ideja da se Haus
i Vilson presele u Njujork odbačena, Džeremi je poradio na

stanu u njujorškom stilu u Prinstonu. Na jednoj od slika na zidu prikazana je zgrada s početka prošlog veka iz njujorškog Saton plejsa. U zgradi starijoj od ove veliki stan bi imao prostrano predvorje, trpezariju, radnu sobu, možda i biblioteku, te dečju sobu koja bi pripala Hausu. Džeremi je takođe razgovarao i s direktorom fotografije Gejlom Tatersolom o tome da li dodati balkon, što bi prostoru dalo veću dubinu.

Planovi i predlozi tlocrta za Vilsonov i Hausov stan na zidu kancelarije *Hausove* produkcije.

Pitanje je bilo kako će se Haus i Vilson kretati kroz ove sobe? – Dopadaju mi se sve sobe, ali mislim da su isuviše odvojene – kaže Kejti. Popunjavanje stana nameštajem može da sačeka. Ni Haus ni Vilson nemaju mnogo nameštaja, ako se ne računa Hausov klavir. Muškarci mogu da daju svoj pečat stanu mada bi bili srećni samo s ogromnim TV-om i kaučem. (U *Crnoj rupi* Vilson pokazuje istovetnu manjkavost karaktera kao i kada je s Amber kupovao krevet. On prosto ne može da odabere nameštaj.) Kejti i Džeremi razgovaraju o pozadinama, pogledu s prozorâ i o tome treba li da naruče još koji. Ali glavna tačka sastanka je unutrašnja dekoracija stana. Hausova i Vilsonova spavaća soba moraju da budu jedna do druge. – Odlično je – kaže Kejti. – Želim da budu u različitim hodnicima. – Džeremi obećava da će joj doneti novi tlocrt sutradan.

– Neki ljudi iz moje struke su mi rekli: „Neverovatno da si išao u Nju Džerzi da snimiš sve to". Ja sam odgovorio: „Ne, sve je to sagrađeno na saundstejdžu."

DŽEREMI KASELS

Džeremi Kasels se bavi vizuelnom opsenom. Džeremi radi ne žaleći novca, ili barem takav utisak ostavlja na gledaoce. Kada je Haus proveo nedelje u psihijatrijskoj bolnici u Nju Džerziju, kako je viđeno u epizodi *Slomljeno*, izgledalo je kao da je sve snimano na lokaciji, a nije. Džeremijev posao scenografa obuhvata mnogo toga, i odvija se u hodu. – Brojni dobri ljudi stoje na čelu svojih odeljenja, rade svoj posao i još su u neprestanoj komunikaciji s Kejti. – Scenografi, dizajneri, konstruktori, dekorateri, glumci i ostali članovi ekipe – svi zajedno mogu da dočaraju nešto kao što je zgrada bolnice u Nju Džerziju na placu studija u Senčeri sitiju.

– Za kraj sezone sam imao tu vizuelnu ideju da Haus nestane iza dva reda vrata na mestu koje liči na Oz. Ako ste zamislili da se Haus prijavljuje na tako neko mesto, morate to i vizuelno da predstavite.

KEJTI DŽEJKOBS

Tim je za izgradnju bolnice Mejfild znao mnogo pre nego što je uobičajeno za obične epizode. Džeremi je morao da osmisli izgled čitave institucije. – Bilo je teško dizajnirati bolnicu jer svi odmah pomisle na *Let iznad kukavičjeg gnezda* – podseća Džeremi na filmski klasik iz 1975. godine – ali bolnice više ne izgledaju tako. – Pa ipak, Kejti je htela da sačuva ideju o tome da Haus tokom detoksikacije boravi na surovom mestu, gde nema kompromisa.

Isprva se mislilo na Prinston, a zatim je Džeremi na netu potražio odgovarajuću građevinu. Prve zgrade su izgledale kao vlastelinske kuće; a zatim je otkrio psihijatrijsku bolnicu Grejstoun Park u Parsipaniju, u Nju Džerziju. Pokazao je Kejti ulaz koji je po njemu ostavljao snažan utisak. – Rekla je: „Sviđa mi se ovo mesto" – kaže Džeremi. – Postojao je problem, zgrada se nalazila u Nju Džerziju. – Bila je pusta i zapuštena, tako da nisu mogli da snimaju scene u enterijeru, čak ni ako bi se to isplatilo.

Odeljenje scenografije je tražilo odgovarajuću zgradu u Los Anđelesu, ali je nisu pronašli. Pronašli su, međutim, zgradu u Ohaju koja je bila u boljem stanju ali tamo nisu mogli da snimaju jer ne postoji lokalna ekipa koju bi mogli da angažuju. Ispostavilo se da je jeftinije otići u Nju Džerzi i angažovati njujoršku ekipu za snimanje scena u eksterijeru. Scena u kojoj Haus ulazi u bolnicu snimala se jedan dan, s njujorškom ekipom i nekim ključnim ljudima iz L. A. Džeremi je četiri puta odlazio u Nju Džerzi, fotografisao i pravio tlocrte koje će upotrebiti pri konstruisanju svoje scenografije. Kejti, Džejkobs i scenaristi su raspravljali o tome gde će se odvijati radnja unutar bolnice iako je set bio izgrađen pre nego što je scenario i napisan. Tako postoje bankomat, apoteka, bolničke i terapijske sobe. Džeremi i njegova ekipa koja je izgradila scenografiju obratili su posebnu pažnju na detalje. Načinili su noževe kojima se oblikuju profili dovrataka, lajsni i panela; ugradili su neravno staklo kako bi pri kretanju kamere izgledalo staro.

....

Koordinator konstrukcije Stiv Hauard bio je zadužen za izgradnju bolnice Mejsfild, kao što je zadužen i za sve druge scenografije u *Hausu*. Stiv nadgleda izgradnju na četiri stejdža u okviru Foksovog studija i na devet hiljada kvadratnih metara van studija. (Nijedna druga serija nema više od dva stejdža.) Stiv angažuje od trideset pet do šezdeset radnika i oni nameštaju od deset do dvanaest promenljivih setova koji traju do osam dana, koliko se snima jedna epizoda (promenljivi set je onaj koji se koristi u sasvim određenoj epizodi.) Razvučena na dva stejdža, bolnicu i stalne setove, plus promenljive setove – scenografija se prostire na pedeset hiljada kvadratnih metara.

– **U pauzi između sezona** uzeo sam dva dana odmora. Mejfild smo gradili dva meseca. Situaciju je otežavalo to što nismo imali gotov scenario, pa Džeremi nije znao kakve sobe treba da postavi usred bolnice. Znali smo da će postojati značajne sobe ali smo morali da ih izostavimo. Preostale su nam dve nedelje i bilo je: „Idemo".

STIV HAUARD

Iznenada je ova uigrana i zahuktala mašinerija morala da se izmesti jer su scenaristi odlučili da vrate Hausa u PPTH ranije od planiranog roka. U početku je Džeremi trebalo da izgradi na stejdžu kancelariju za doktora Nolana, Hausovog psihijatra, ali kako se Haus kraće zadržao, desna strana dnevnog boravka je pretvorena u Nolanovu kancelariju. Pošto su setovi promenjeni, prvo su se snimale sve scene u dnevnom boravku. – Gerit i Marsi su me pitali mogu li ikako da iskoristim postojeću pozadinu i prostor, pa sam ga promenio tako što sam ga prefarbao u drugu boju i pokušao da postignem drugačiji izgled. – Tako brzo izvedena izmena, po rečima Kejti Džejkobs „služi na čast ekipi za konstrukciju scenografije i Džeremiju".

– Otišli su na dva dana da snimaju u dvorištu za vežbanje a mi smo u ta dva dana promenili set. Pozadina je ostala ista. Ako pažljivo pogledate, videćete da je isti pogled s Nolanovog prozora i iz dnevnog boravka. Pozadinu smo neznatno pomerili da izgleda makar malo drugačije. Moja ideja je bila da se nalazi na nekom drugom spratu.

DŽEREMI KASELS

Kejti Džejkobs je režirala dvosatnu epizodu *Slomljeno*. Setovi su dizajnirani a glumci odabrani i pre nego što je scenario bio dovršen, što je značilo da je ova dvodelna epizoda imala drugačiji kreativni ugao u odnosu na obične epizode.

– Kejti je odlično obavila taj posao. Ona je velikim delom zaslužna za kraj te epizode. Odlično je izgledao. Mnogi ljudi su mi rekli isto, pa nisam siguran da li je reč o snishodljivosti spram televizije ili nečem drugom, ali mnogi su izjavili da je mogao ispasti odličan film.

DEJVID ŠOR

Epizoda *Slomljeno* prikazana je kao film, u bioskopu, glumačkoj i snimateljskoj ekipi; njihova reakcija je bila veoma slična Šorovoj. Džeremi Kasels je, međutim, znao za istovetnu pozadinu i zapazio je nekoliko poteza četkicom koji se ne vide na TV ali su uočljivi na velikom ekranu. – Moja žena reče: „O čemu govoriš? Nisam primetila nikakvu pozadinu." Svi su izjavili da je ispalo odlično, pa sam to možda samo ja strog prema sebi. – Džeremi kaže da zna sve stolare koji su naporno radili na izgradnji bolnice. Pomalo se rastužio što je morao da je rastavi. Sve zbog priče koja se pripoveda, bolnica je podignuta a zatim rano rastavljena. – Mislio sam da su scenaristi došli na odličnu ideju na kraju – napominje Džeremi. – Haus slobodno izlazi iz bolnice ali njegova lekarska dozvola ostaje unutra.

PITANJE: Gde su Hausova soba u bolnici, dnevni boravak, apoteka?

STIV HAUARD: Sve je otišlo.

PITANJE: Možemo li zaključiti da se Haus tamo neće vraćati?

HAUARD: Pa, neće biti jeftino ako se bude vraćao.

PITANJE: Ako se u ovoj sezoni ipak bude vratio tamo, bićeš zaista ljut.

HAUARD: Neki ljudi će biti jako ljuti.

....

PITANJE: Praviš stejdž za njih?

KEJTI DŽEJKOBS: Oni su fenomenalni likovi. Okupljamo ih. Stvaramo prilike za njih.

Dizajn Vilsonovog i Hausovog stana je brzo osmišljen. Džeremi je doneo preuređene crteže na osnovu kojih su set dizajneri za jedan dan sačinili minijaturni 3D model stana. Tako je Kejti Džejkobs kroz malu napravu nalik na periskop proveravala kako će koji kadar izgledati iz određenog ugla u stanu. Kejti voli dubinu u kadru, što za Džeremija predstavlja izazov. Ni u Mejfildu ni u stanu na prozorima nema draperija, što znači da pozadina mora izgledati veoma uverljivo.

Stvarno ali to nije: pročelje patološke laboratorije.

Kejti je razmišljala o Hausovoj sobi. – Ne može da ima običan krevet. Možda bračni krevet u dečjoj sobi tako da mu je tesno. – Pregledala je kade. Koliko bi kada koštala? Da li je jeftinije kupiti je ili je sazidati? Da li će je napuniti (onda su potrebni specijalni efekti)? (Kada koja je odabrana, koju Haus koristi bez Vilsonove dozvole, zove se *pikaso*.) Svaka odluka u fazi dizajniranja ima ovakve posledice. – Ovo sve utiče na tehničare, električare i njihov budžet. Gerit i Marsi mogu da troše zadati budžet ali mi moramo da se prilagođavamo.

– Od Džeremija dobijam informacije o izgradnji seta. On odštampa sve crteže iz art odeljenja. Ja ih preuzimam kako bih dobio grubu predstavu o tome koliki je budžet potreban. Producenti izračunaju koliko će to koštati i zaključuju šta možemo da uradimo jer ponekad ne možemo uraditi sve. Nekad bi se moralo utrošiti mnogo vremena, što može značiti da nešto nećemo stići da uradimo.

STIV HAUARD

Priča mora da teče određenim ritmom. Prozori se izrađuju sa točkićima kako bi mogli da se sklone kada na njihovo mesto treba postaviti kameru. Sobe su takođe nešto veće nego u stvarnom svetu da bi se komotno pristupalo kamerom. Spavaća soba mora biti dovoljno velika da bi kamera imala dobar ugao. – Morate da olakšate posao snimateljima, inače radi testera – kaže Džeremi. – Šon Velan, ključni čovek rasvete, voli da postavlja grip prozor, kako ga on zove, a zapravo je reč o rupi u zidu. – Mora biti mnogo vrata ali ne na sve strane, jer bi onda svaki zid zapravo predstavljao vrata. Pod pritiskom smo da dnevno snimimo šest stranica dijaloga – kaže Džeremi.

Džeremi Kasels je pohađao umetničku školu u Glazgovu, u rodnoj Škotskoj. Putovao je s namerom da nađe posao u filmskoj industriji, i baš kada se spremao za Australiju upoznao je nekoga ko je snimao niskobudžetni film. Džeremi mu je ponudio pomoć. Ubrzo se vozikao po zemlji s filmskim kulisama u zadnjem delu kombija dok se nije skrasio u Los Anđelesu, gde je s vremenom postao art direktor; tako je radio na filmovima, na primer na *Mortal kombatu* i na televizijskim serijama, da pomenemo *Profajler.*

– Uživao sam u tome što sve ne traje predugo i ništa ne mora da podleže arhitektonskim pravilima – kaže on. – Sve je promenljivo. Svakog dana dođem na posao i taman mislim da je sve pod kontrolom kada iznenada moram da sazidam sasvim novi stan za Hausa i Vilsona.

Na setu se odvija još obmana. U PPTH je sala za hitne slučajeve u podrumu, ali se na setu nalazi tik do Hausove kancelarije. Kada bi se kamera kretala iz Hausove kancelarije kroz hodnik, sala za hitne slučajeve bi se videla s leve strane. Dejvid Šor voli da izvodi glumce u hodnike kako bi koračali i pričali, tako da ekipa mora da se išeta iz Hausove kancelarije a da ne prođe pored sale za hitne slučajeve. Svaki put kada se to dešava, dižu se i farbaju paneli ispred sale za hitne slučajeve, pa se i to mora uzeti u obzir prilikom pravljenja rasporeda snimanja. Drugi deo seta, na drugom spratu, prepravlja se i farba kako bi se napravilo do sada neviđeno Vilsonovo odeljenje onkologije, koje bi trebalo da se nalazi na petom spratu. Uz liftove u predvorju postoje putokazi po kojima se vidi da zgrada ima samo četiri sprata. I to mora da se promeni.

DEJVID ŠOR: Svaki čas dodamo jedan sprat... što nije baš najlogičnije jer na četvrtom spratu postoji svetlarnik.

PITANJE: Oni kojima je bitna celovitost žaliće kako peti sprat nije postojao...

DEJVID ŠOR: To vam je kao dizajn svemirskog broda *Enterprajz*.

Izvesne oblasti bolnice, kao što su sala za hitne slučajeve i galerija iznad operacione sale, doimaju se male dok predvorje izgleda ogromno. – Sviđa mi se moj posao jer mogu da prevarim kameru – kaže Džeremi Kasels. – A uz odgovarajuće sočivo i gledaoce.

– Ovde sve obavljamo unatraške. Kada se radi na pilot-epizodi ili filmu, upućeni smo na scenario. Ovde nismo. Moramo da stvaramo i pružamo prilike koje se mogu uneti u scenario.

KEJTI DŽEJKOBS

Haus se s vremenom proširio na sadašnji prostor. Prvi setovi za *Hausa* su upotrebljeni za pilot-epizodu snimljenu u Vankuveru pa su preseljeni u Los Anđeles. Set je bio mali – ako je neka scena trebalo da se odvija u operacionoj sali, bolnička soba se preuređivala u te svrhe. – Zaista bi trebalo da izgradimo operacionu salu jer će se mnoge scene snimati u njoj – Gerit van der Mer objašnjava kako je tada razmišljao. – Takođe sam shvatio da nam predvorje nije dovoljno veliko. Imali smo brojne bolničke sobe i ordinacije ali ne i dovoljno prostora za stejdž. Odlučili smo da se proširimo. – Mnogo setova je prošireno ali je lobi na stejdžu 15 i dalje bio mali. Kako bismo rešili nedostatak prostora odlučili smo da izgradimo sprat na setu.

– Tadašnji scenograf Derek Hil osmislio je ulaz koji se i danas koristi i dodao mezanin.

– U pauzi između prve i druge sezone, kada sam počeo da radim, **praktično smo udvostručili** bolnicu. Posao je trajao sedam nedelja. Bilo je zastrašujuće, ali smo uspeli. Neke stvari nisu bile dovršene do početka snimanja ali smo već prve nedelje stigli da ih doradimo. Tada je uspostavljen ritam rada na seriji i nije se promenio.

STIV HAUARD

Predvorje PPTH, fotografisano s balkona na drugom spratu.

– Bio je to pravi inženjerski poduhvat – govori Gerit o izradi novog predvorja. Sprat je trebalo da izdrži težinu stotinak ljudi i tešku opremu poput makazastih dizalica kojima se postiže kretanje kamere, i zato su pozvani strukturni inženjeri kako bi pružili savete prilikom izgradnje. – To je trajalo jako dugo – nastavlja Gerit. Predvorje nije toliko scenograf-ska postavka koliko je prava građevina konstruisana unutar saundstejdža. – Moramo da napravimo solidnu konstrukciju jer može biti zemljotresa – kaže Stiv Hauard. Polovina zidova su prozračni zidovi, napravljeni da izdrže zemljotres kako bi podržali strukturne potporne grede.

Inženjeri su morali da kopaju ispod poda seta kako bi po-stavili više od četrdeset čeličnih podupirača i betonskih nosa-ča, i tu nas je sačekao neočekivani problem. Ispod poda stejdža 15 nalazili su se ostaci klizališta pune veličine koje je studio izgradio za filmove bivše klizačice i olimpijske pobednice So-nje Heni, jedne među najvećim filmskim zvezdama tridese-tih i četrdesetih godina prošlog veka. Stoga je ekipa morala da kopa kroz slojeve drveta i asfalta i kroz ogromnu mrežu metalnih cevi kroz koje se dostavljalo sredstvo za održava-nje leda. – Imali smo ekipe koje su poput rudara radile ispod stejdža, kopajući, sekući drvnu građu i postavljajući nosače – kaže Stiv Hauard.

– Nakon što je počela nova sezona scenaristi su počeli da pišu kao da drugi sprat postoji. Do tada je bilo: „Zašto Gerit želi drugi sprat?" Nakon nekoliko epi-zoda to više nije bio moj sprat, već naš.

GERIT VAN DER MER

Set se brzo gradi: Stiv Hauard je i izgradio Lukasov stan za pet dana. Sve na setu je lagano kako bi zidovi mogli da se premeštaju u skladu s potrebama snimatelja. Ako se u kuhinji nalazi sto, zid iza stola mora biti pomičan kako bi se smestila kamera. Vrata su iznutra šuplja. Zidovi su od špera debljine šest milimetara a okvir je dimenzija osamnaest milimetara puta šest centimetara. Ako set treba da se skloni, lako ga je složiti u omanje pakete i pohraniti u magacin za drugu prili-ku. Mnogo puta se set prilagođava i koristi za različite likove. Katnerov stan, na primer, odavno je nestao. Stiv Hauard ka-že: – Odobrenje za tako nešto tražimo od Kejti i Dejvida Šora. Ovaj smo hodnik koristili u drugom setu, dodali smo ga hod-niku u stanu Trinaest. Katnerov set je bio jedinstven, pa ga nikako nismo mogli sačuvati neizmenjen. Možemo upotrebiti pojedine zidove, prozore i vrata. Neke zidove smo iskoristili za dvadeset setova.

Stiv Hauard je počeo da pravi scenografiju kako bi stekao iskustvo u filmskoj industriji, i to na nagovor prijatelja koji je pomagao u izgradnji studija filmskog producenta Dina de Laurentisa u Vilmingtonu, u Severnoj Karolini. Stiv je rođen u Santa Moniki, u Kaliforniji. Njegov otac je glumio u reklamama i manjim filmovima. Živeo je u Moristaunu, u Nju Džerziju, blizu prave bolnice Mejfild, a njegova baka je u njoj volontirala.

Glavna radionica Stiva Hauarda u kojoj se prave scenografije, mora da se premešta od stejdža do stejdža. – Pravimo veliku buku, dižemo prašinu, sve se ubrlja – kaže Stiv Hauard. – Takve stvari ne mogu da se rade u društvu. Morate da cinculirate. Nezgodno je kada se zbog postojećeg rasporeda oko nas motaju asistenti režisera. – Stiv često sa stejdža 10 odlazi na stejdž 11, ponekad i na stejdževe 14 ili 15, a povremeno radi i na ulici. – Sve možemo da premestimo za sat vremena – objašnjava on. Druga radionica mu se nalazi u Foksovom studiju a jednu drži i van studija.

Stiv ima mašine za izradu modela, za obradu drveta i metala. Sve mašine su na točkovima i na svakoj je šablonom ispisano Stivovo ime. Stiv objašnjava da su koordinatori izrade scenografije poput njega, svi članovi „Lokal 44", Međunarodnog udruženja scenografa, i da svi imaju svoju opremu. Ljudi iz rasvete pomeraju zidove koji su već snimljeni; do tog časa, stolari i ostalo pomoćno osoblje koje pripada različitim sindikatima već su izgradili setove; rezultat ocenjuje Stiv.

U farbari kraj radionice dovršava se soba za sestre s odeljenja onkologije. Stiv je uzeo staru sobu za sestre s odeljenja intenzivne nege i proširio je. Rastaviće je na tri dela i odneti na set kako bi se moglo obaviti snimanje. Kada se završi, možda će neki delovi biti sačuvani; međutim, radni dani te sobe najverovatnije su odbrojani. Stiv nikada ne zna koji će delovi

Istorija snimanja na stejdžu 10 Foksovog studija,
podrobno izneta na ovoj ploči sa same građevine.

onoga što je izradio uopšte dospeti na ekran. – Izgradite čitav
set s kuhinjom, kupatilom i velikim hodnikom a onda pogle-
date epizodu u kojoj se vidi samo nečije lice i polica iza njega.

PITANJE: Da li se vezuješ za neki set?

STIV HAUARD: Nimalo. Radim ovaj posao već dvadeset godina. Izgradio sam
prvi brod *Crni biser* za *Pirate s Kariba* i drugi veliki plovni brod *HMS Viktori*, re-
pliku originala umanjenu za četvrtinu. Prema njima sam gajio određena osećanja.

PITANJE: Šta su uradili s njima?

HAUARD: Isekli su ih i bacili. Sve je ostalo zabeleženo na filmu i tako postalo
besmrtno.

– Pravimo setove pre nego što scenaristi napišu scenario. Veoma je drugačije,
prostor je nov, pa je potrebno obeležiti papirićima sve i pronaći sve potrebne
predmete.

KEJTI DŽEJKOBS

Prošle su dve nedelje od izgradnje Vilsonovog i Hausovog stana, kada je snimljena prva scena u kojoj Vilson i Haus dolaze da ga pogledaju a Vilson se odlučuje da ga kupi. Za to vreme je direktor fotografije Gejl Tatersol pogledao tlocrt i procenio gde će postaviti rasvetu a Stiv Hauard je počeo da zida Vilsonovu veliku i Hausovu malu sobu i ostatak stana. Stan je zauzimao površinu od oko sto kvadrata. Biblioteka je poslednja dovršena. U dnevnoj sobi je upotrebljena nova pozadina. Čitavih osamdeset posto zidova je pomično kako bi se lakše snimalo. Sledeće je trebalo osmisliti i izgraditi dva kupatila, hodnik i kupatilo u Kadinoj kući. Kako se Haus i Vilson smeste u stan koji su oteli Kadi ispred nosa, sukob je neizbežan. Uz ideje o Hausovoj i Vilsonovoj sobi, sukob je uzidan u sam stan.

9

ISTOČNA OBALA, LOS ANĐELES

☒ IzGLED *Hausa*

> – Sve je u nijansama i u tome kako će se šta uklopiti. Stalno me zovu kostimografi: „Koje boje su stolnjaci, koja je boja stolica, te boja čaršava?"

NATALI POUP

Hausove neopeglane košulje i sakoi; Formanova odela; dosledna paleta boja za Trinaest; bolnički nameštaj i Vilsonova posteljina – sve to čini ukupni izgled serije. Taj izgled održavaju kostimografi i dekorateri uz značajnu pomoć Kejti Džejkobs, koja učestvuje u određivanju opšte atmosfere i palete boja. Kostimografkinja Keti Krendal će predložiti Kejti Džejkobs boje za uniforme sestara na odeljenju onkologije, pa se obe odlučuju za one najdiskretnije: na tom odeljenju leže ozbiljni bolesnici i zato su sve boje mirnih tonova i suptilne.

Osmoro ljudi radi za Keti Krendal, svako ima poseban dar i ona to koristi. Ponekad ni tih osam ljudi nije dovoljno. Činjenica da neka scena čini tek osminu stranice scenarija, možda može da zavara. Nedelju dana pre početka snimanja epizode u kojoj Haus, Vilson i Kadi odlaze na medicinsku konferenciju (*Poznate nepoznanice*) Keti uočava da junaci idu i na kostimiranu zabavu na temu osamdesetih. Znači, moraće da obuče mnoštvo ljudi koji treba da izgledaju kao članovi benda Divo,

Odobreno: Kejti Džejkobs odobrava uzorke kostimografkinje Keti Krendal.

kao Boj Džordž i Madona u ranoj fazi. Kasnije će saznati koliki je tačan broj ljudi – stotina, plus Haus i Kadi. Naravno, Keti obavlja zadatak. – Ništa nije nemoguće – kaže ona. – Nikada ne kažemo: „Ne može".

Keti Krendal i Kejti Džejkobs su od samog početka zajedno birale odeću za likove, što je veoma važno za upečatljivost serije. – Dosta sarađujemo sa šminkerima i frizerima kad valja oblikovati izgled određenog junaka – kaže Keti. Po zidovima njene kancelarije su fotografije glumaca i fotografije koje služe kao inspiracija za garderobu svakog lika. Keti želi da svaki lik bude prepoznatljivog i ujednačenog izgleda. – Time može da se kaže nešto bez reči. Primetno je ali diskretno i zaokružuje utisak o svakom liku.

Keti dobavlja svaki odevni predmet u seriji, od Formanovih odela preko uniformi stjuardesa do medicinskih uniformi koje se nose u PPTH. Kada je trebalo dizajnirati kostime za žurku na temu osamdesetih, pored svojih uobičajenih izvora – interneta, knjige s uzorcima i radnji s kostimima u samom gradu – Keti je mogla da se pozove na još nešto. – Živeli

smo u osamdesetim – kaže ona. – Pogledala sam svoj srednjo-
školski godišnjak. – Keti je ušla u glave učesnika medicinske
konferencije gde se žurka održavala. Doktori bi najverovatnije
odabrali nekog slavnog: lik iz *Isterivača duhova* ili mister Tija.
– Štos je bio da se to uradi traljavo, kao što bi se sami doktori
prerušili – kaže Keti. – Da mi biramo kostime, bili bi savršeni.

Keti se bavila uređenjem enterijera kada joj je prijatelj pomogao da se
zaposli kao asistent kostimografa u jednom niskobudžetnom filmu. Glavni
kostimograf je uzeo Keti pod svoje okrilje i od tada ona radi neprestano.
Bila je asistent dizajnera u mnogim filmovima a nakon rada s Brajanom
Singerom u drugom filmu serijala o Iks ljudima, prešla je na seriju *Haus*.

PITANJE: Koja je karakteristika najvažnija za ovakav posao? Dobro oko?

KETI KENDRAL: Da, dobro oko i dobar ukus. Veština u ophođenju s ljudima. I
nasmešeno lice.

Ketina odeća je pohranjena u dve ogromne sobe koje se zo-
vu kavezi. Kada Keti dobije scenario epizode, odmah izračuna
koliko dana svaki lik učestvuje u snimanju. – Recimo da snima
pet dana i da mu treba različita odeća za svaki dan. Sednem
ovde i po čitav dan pravim odeću. – U prizemlju se nalazi ode-
ća glavnih protagonista, vratima je najbliža nedavno nošena.
Hausova odeća je okačena na prečku od devet metara; tu su
tesno zbijene košulje, majice i sakoi. Uvek postoje najmanje
dva primerka istog odevnog predmeta za slučaj da se jedan
ošteti. Tu su četiri Hausove privlačne košulje boje lavande;
dve su, po scenariju, morale biti uprljane. Keti ponovo koristi
odeću – kao i u životu, odeća se nosi više od jednom. Na sva-
kom komadu odeće je oznaka sa epizodom kako bi Keti znala
kada je šta poslednji put nošeno i kako bi mogla da proceni
kada ponovo da ga iskoristi.

KETI KRENDAL: Kada je Amber poginula, razdvojili smo njenu odeću i razdeli-li je statistima. Ko je znao da će se vratiti? Svi su panično pokušavali da povrate njenu odeću. „To je bilo Amberino, to je bilo Amberino..."

PITANJE: Da li si ih zamolila da ti to više ne rade?

KRENDAL: Ne, već sam rekla da ćemo sledeći put biti pametniji. Katnerovu ode-ću smo sačuvali. A i sva Amberina odeća je prikupljena.

Visoko, bliže plafonu, nalazi se Ketina osnovna zaliha. Kada se pojavi neki glumac gost, ona tu traži odeću. Ako nema ničeg, kupiće nešto novo i to odložiti nakon emitovanja epizode. U zasebnom delu je odeća iz najnovije epizode – ostaje tu dok se epizoda ne emituje.

– Kad sam jednom otišla kod ortopeda on me je zamolio: „Možete li da saznate gde su nabavili one mantile? Stvarno mi se dopadaju." Obećala sam mu da ću saznati odakle ih Keti nabavlja. Keti mi je rekla: „Znaš li koliko ljudi me je to pitalo?" Pa, svi su postavljeni svilom i šiveni po meri. Kad sam ponovo otišla kod lekara objasnila sam mu da su mantili glavnih glumaca šiveni po meri a ostali nabavljeni u „Medlajnu". „Da, tamo i mi nabavljamo svoje", odvratio je.

NATALI POUP, DEKORATERKA

– Ovo je Loukatvil* – kaže Keti, pokazujući prostor od dvanaest kvadrata s odećom koja pripada Kadi. Vilson ima otprilike tri kvadrata a Taub još manje. Torbe i cipele se drže u prikolici. Ovde se nalaze mantili glavnih glumaca krojeni po meri, koji nisu čisto beli već vuku na sivo, kako ne bi bleštali na ekranu. Na mantilu koji pripada Trinaest stoji bedž s natpisom doktor Trinaest, a ne doktor Hadli. Odeća koja se nosi u epizodi koja se trenutno snima stoji u prikolici, gde tri garderobera – dva za glavne i jedan za statiste – oblače glumce. Kada glumac završi posao za taj dan, njegova odeća se pokupi, preko noći odnese na hemijsko čišćenje i dostavi na set pre sledećeg zakazanog termina za snimanje. Svaki deo odeće koji

---

* Igra rečima – Lowcutville (*engl.*) znači „grad dubokih izreza". (Prim. ur.)

je pogodan, koji je snimljen, tako se čisti. Beleže se podrobni detalji o tome kako je odeća nošena da sva bude spremna za korišćenje ukoliko nešto treba ponovo da se snimi. O svemu se strogo vodi računa, i to silom prilika – da nije tako, Keti nikada ne bi mogla da nadoknadi propušteno.

....

– Evo kako ću najsažetije predstaviti svoj posao: ako se ušetate u novi stan u koji se selite a u njemu nema ničega a onda dođete šest meseci kasnije i sve se nalazi u njemu, to sam ja. Život. – Tako govori o svom poslu dekoraterka Natali Poup. Ona obezbeđuje sve na setu što nije rekvizit. Popunjavanje Vilsonovog i Hausovog stana je potrajalo. Natali i Kejti su prvo razmatrale detalje, razgovarale o tome da li da nabave kauč jednostavnih linija ili malo zaobljen. Haus je uneo prve predmete: televizor, kauč i plakat. Natali obično kreće od nule; povremeno iskrsne prilika da se postojeći prostor promeni. Tokom epizode *Poslednje pribežište* otmičar je pucao po Kadinoj kancelariji tako da je njeno sređivanje ušlo u sledeće epizode. To je značilo da njena kancelarija može da se promeni i učini manje mračnom.

Dekoraterka Natali Poup opremila je Nolanovu kancelariju u bolnici Mejfild kao profesionalni, bezlični prostor. – Haus to iznova primećuje – kaže ona. – Ovde nema ničeg ličnog. – Natali je stavila jedan umetnički predmet u Nolanovu kancelariju, smestivši ga iza doktorove glave, ali on nema svoju priču. Nameštaj izgleda kao stari prepravljen, i Natali ga opisuje kao moderni nameštaj iz pedesetih godina koji je presvučen da izgleda modernije. Iako je reč o psihijatrijskoj kancelariji, primećuje se tračak stila u vidu oblika stolice za pacijente. – Delovi su joj hromirani, a inače u prostoriji nema metalnih komada – objašnjava Natali. – To najviše volim da radim. Obožavam teksturu a stolice su upravo takve. Ona čini prostor toplijim, daje mu život, pogotovo u visokoj rezoluciji. Takve svetle teksture čine čuda.

Svuda po bolnici i u stanovima nalaze se vešte rukotvorine Natali i njenog odeljenja. Vilsonove knjige su prenete iz Amberinog stana (gde se na Vilsonovom noćnom stočiću nalazila knjiga čiji je autor Kormak Makarti). Ukoliko se na polici vide hrbati knjiga, Natali ne treba dozvola izdavača. Ako Haus skine knjigu Stivena Kinga s police i na njoj je omot, Natali će morati da popunjava tušta i tma dokumenata. Natali ima kutije odobrenih knjiga za stočić *HarperKolinsa,* zbog toga što je Foks novinska korporacija, a mnoge su u Kadinoj kancelariji. Brojne knjige u Hausovoj kancelariji lažne su; njih je sačinila kompanija „Faux Books" – oni iz pravih knjiga vade sve stranice, ostavljaju samo korice i tako se dobijaju lakši dvojnici.

– **Na sastanku** o konceptu [za *Timski rad*] režiser je izrazio želju da vidi kako se to radi i ja sam rekla: „Dobro, pozvaću svoju porno vezu." Zaista imam vezu. Postoji kompanija u dolini koja mi nabavlja odobrene kutije za DVD-ove i sve te stvari. Oni zaista snimaju porniće. Rekli su [režiseru] kakvu rasvetu koriste i koju opremu. Uradila sam nebrojeno mnogo striptiz klubova, policijskih stanica i bolnica, koje sve moraju da izgledaju drugačije. Ne kopiram samu sebe; osim ako neko ne posećuje isti striptiz klub. Neću menjati stolice jer ih neću ni pipnuti.

NATALI POUP

Na Hausovom stolu se nalazi svežanj lažnih pisama. Pismo na vrhu je adresirano na Hausa, ima povratnu adresu i pečat na marki. Tako je i sa sledećim pismom, i dalje redom, sve do dna svežnja. Telefoni, pisma i zvanični bolnički dokumenti imaju logotip PPTH. Medicinski karton pacijenta ima u uglu nalepnicu s imenom i datumom prijema pacijenta. Pravno odeljenje šalje Natali imena koja mogu da se koriste. Na ploči s imenima dobrotvora u predvorju ispisana su i imena ljudi iz produkcije i članova ekipe koja je radila pilot-epizodu. Natali detalje smatra važnim. „Dosta vremena trošim na sitnice koje možda nikad nećete videti." Plan je da se gledaoci nikada ne šokiraju. – Ne želiš da budeš upadljiv – kaže Natali. Mnogi ljudi kod kuće pišu podsetnike na samolepivim papirićima kako ne bi smetnuli s uma obaveze, primera radi zakazani termin kod zubara u devet. Natali zapisuje kratke poruke na samolepive

Tabla u PPTH s imenima dobrotvora
i *Hausova* dvorana slavnih iz pilot-epizode

papiriće i ostavlja ih po mestima gde bi ih lepilo i bolničko oso-
blje, a sve kako bi prostor izgledao što uverljivije.

Hausova poštanska adresa je:
Gregori Haus, M. D.
Bolnica Prinston-Plejnsboro, #4101
Vašington roud 978
Prinston, Nju Džerzi 08542

Jedan od kartona pacijenata:
Rogner, Brus I., pacijent, identifikacioni broj 85873, datum rođenja
10. septembar 1980.

**Telefonski imenik u apoteci počinje s doktorom Andersenom,
onkologija rendgen, 55467**

Kadin lokal je: 55788

Kada oprema set, Natali ne nameće svoj ukus. – Moram da razmislim kako bih opremila sobu devetogodišnjaka čiji je otac užasno bogat. To dete bi imalo sve – kaže i pritom misli na sina milijardera Roja Randala u *Instant karmi*. Scene tizera su snimljene u palati Grejstoun, na Beverli hilsu, koja je u vlasništvu grada (videla se i u filmovima, na primer u *Eraserhead* i *Iks ljudi*). Natali je unajmila ogroman trpezarijski sto iz izložbenog prostora u prizemlju; dečji krevet na rasklapanje je kupila u *Poteri barnu*. Kada je usnimljen, krevet je otpremljen u magacin, jedan od tri u sudiju u Kalver sitiju ili u onaj van studija.

Natali drži fotografije svojih radova na zidovima kancelarije. Učionica za decu posebnih potreba iz *Velike bebe*; Šerijev bar, gde se Haus sudbonosno opija u *Hausovoj glavi*; Nolanova kancelarija. Natali se rado priseća skulpture Bude koju je pronašla za epizodu *Mladeži* u Odeljenju vlasništva Juniverzala i stonog modela japanskog vrta koji je aranžirala za epizodu *Vilson*.

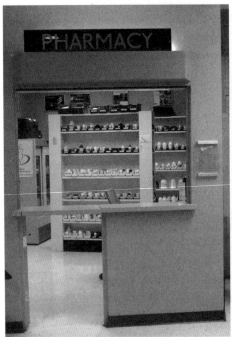

Dekoracije seta izdaleka i izbliza: apoteka i PPTH legitimacija doktora Čejsa s njegovog sivog mantila.

Za Čejsovo momačko veče (*Razdvojeni*), Natali kaže: – Odatle su isečene dobre stvari. – U Holivudu je pronašla pekaru gde prave torte za mlade i mladoženje. – Poručila sam tortu sa ženskim torzom u korsetu s crvenom čipkom. – Za epizodu *Mladeži* Natali je prikupila detalje za pogreb američkog mornaričkog pukovnika Džona Hausa, Hausovog tate, među njima autentične medalje i ćebe za sedlo.

Natali Poup je pohađala dokumentarnu školu na Kalifornijskom univerzitetu u Los Anđelesu, a radila je i u umetničkom odeljenju u jednoj kompaniji za izradu modela. Bila je dekorater u filmu *Fredijevi košmari*, za kojim su sledili brojni horori i drugi igrani filmovi. Natali ima i diplomu iz pozorišnog dizajna a radila je i u crnom pozorištu, u kojem se na setovima jedva i primenjuju dekoraterske intervencije. Jedna od serija na kojoj je Natali radila bila je *Medical Investigations* na mreži *NBC*, koja je počela da se emituje kad i *Haus*. – Gledala sam *Hausa* tada i pomislila: „Kakvog takmaca imamo!"

– Mislila sam da će mi prelazak na ovu seriju sve pokvariti – kaže Natali – ali kad sam pogledala premijeru [*Slomljeno*] u bioskopu, sa svima ostalima, plakala sam. Pustila sam suzu na scenu Andrea Brauera sa svojim tatom, i u bioskopu i kad je emitovana na televiziji. – Natali voli da gleda *Hausa* jer briše napolje, kako kaže, čim se glumci pojave na setu. Zanima je šta je iskorišćeno. – Kažem: „Volela bih da su snimili ono tamo jer sam postavila neke zanimljive stvari."

– Imam neverovatan tim koji svakodnevno uspeva da obavi posao – kaže Natali. Od svega što njen tim sastavi, neće sve biti iskorišćeno. Za scenu proslave Četvrtog jula ekipa je pravila šešire, papirne ukrase i prskalice; jedan član je čitav dan šio zastavu. – Kejti je zumirala tu zastavu i tim jednim elementom dočarala praznik – kaže Natali. – Sve je bilo fantastično montirano. – Natali je tog jutra već promenila dva seta. – Zatim sam morala da otrčim do tehničkog potrčka; pomislili biste kako će te lokacije uopšte da upale? Sve sam morala da opremim do petka.

Hju Lori čita scenario na setu.

GORE: Prvi red *(sleva)*: Direktor fotografije, režiser i supervizor scenarija rade ispred monitora u video-selu.

DOLE: Piter Džejkobson i direktor fotografije Gejl Tatersol.

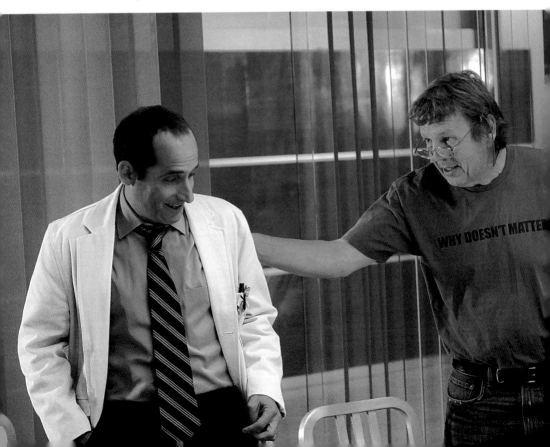

GORE: Dijagnostički tim iz šeste sezone *(sleva)*: Čejs (Džesi Spenser), Taub (Piter Džejkobson), Forman (Omar Eps) i Trinaest (Olivija Vajld).

DOLE: Omar Eps, režiser Greg Jaitanes i Olivija Vajld.

GORE: Hausov sto.

DOLE: Hausov sto izbliza: velika teniska lopta i Hausova pošta.

GORE: Gejl Tatersol – retka vrsta direktora fotografije.

DOLE: Nameštanje scene s Omarom Epsom.

Crveno svetlo znači da je ulaz zabranjen.

Mrtva priroda s Hausovom lopticom za kriket, bejzbol loptom i kuglom za boćanje.

Haus voli staru školu muzike: vinil i gramofon.

Spisak PPTH – obratite pažnju na to da se staro odeljenje za onkologiju nalazi na četvrtom spratu.

GORE: Hju Lori između Dejvida Šora, tvorca *Hausa (levo)*
i scenariste Dejvida Hoseltona *(desno)*.

DOLE: Kejti Džejkobs i Džeremi Kasels s tlocrtima za Vilsonov i Hausov stan.

Dženifer Morison (Alison Kameron).

Lisa Edelstajn (Lisa Kadi).

GORE: Trinaest sluša mudre reči.

DOLE: Medicinska savetnica Bobin Bergstrom pomaže Džesiju Spenseru da podesi medicinske pojedinosti.

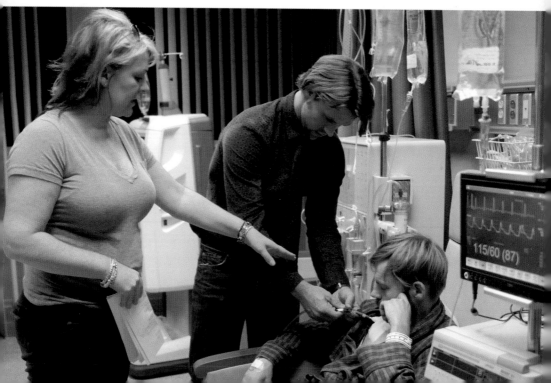

Čejs obara Hausa...

Džesi Spenser i kostimografkinja Keti Krendal.

Haus s Katnerom, nerešivom zagonetkom.

Vilson u svojoj kancelariji.

... koji se prizemljuje na mekom.

Dalija Dokter šminka Hausovo oko koje je Čejs povredio.

Greg Jaitanes razrađuje scenu s Hjuom
Lorijem i Robertom Šonom Lenardom.

GORE: Haus se opušta na plaži, iako samo u Lijevoj mašti dok je u pseudokomi.

DOLE: Haus i Kadi na žurci na temu osamdesetih – Kadi je Džejn Fonda a Haus je pogrešio vek.

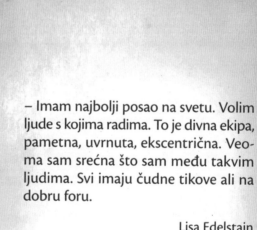

– Imam najbolji posao na svetu. Volim ljude s kojima radima. To je divna ekipa, pametna, uvrnuta, ekscentrična. Veoma sam srećna što sam među takvim ljudima. Svi imaju čudne tikove ali na dobru foru.

Lisa Edelstajn

KADI

Lisa Edelstajn

Prinston Plejsboro je bolnica Lise Kadi. Ona je jedna od tri direktorke velikih bolnica (*Pravila mafije*), štaviše prva je žena postavljena na to mesto i sa svoje trideset dve godine, druga po starosti (*Hampti-Dampti*). Takođe je ustanovljeno da je Kadi znala u šta se upušta s Hausom. – Kada sam te zaposlila, znala sam da si lud. (*Testament za života*). Oni imaju zajedničku prošlost. Još u prvoj sezoni, u epizodi *Kontrola*, predsednik bolničkog odbora i Hausov zakleti neprijatelj Vogler kaže kako zna da su Haus i Kadi spavali „nekada davno". Kada Haus njuška po Kadinoj spavaćoj sobi, naizgled u potrazi za tragovima koji bi ukazali na to zašto je majstor pao s Kadinog krova, vidimo da je Kadi studirala na univerzitetu u Mičigenu u isto vreme kad i Haus – koji je još tada bio legenda (*Hampti-Dampti*).

Tek godinama kasnije, dok Haus i Kadi plešu na žurci na temu osamdesetih na medicinskoj konferenciji u *Poznatim nepoznanicama*, saznajemo više pojedinosti. Dok Kadi, obučena kao Džejn Fonda, pleše s Hausom, odevenim kao Džon Adams (pogrešne osamdesete), prisećaju se svog prvog susreta, na igranci na medicinskom fakultetu. Našli su se a onda je jedna stvar sledila drugu, po Hausovim rečima. – A onda ništa – dovršava Kadi. Nakon što su spavali, Haus je više nikad nije zvao. Sada objašnjava Kadi kako jeste hteo da je pozove i da se vidi s njom ali ga je tog jutra dekan izbacio s fakulteta. Kadi je zbunjena i napušta žurku, uznemirena. Tajming je pogrešan kao i prvi put. Haus je trezan i napokon pokušava da se pomiri s Kadi, ali pritom ne zna je da je u njenoj hotelskoj sobi Lukas, koji čuva bebu.

– Sada znamo da su se upoznali na fakultetu, iako postoji razlika u godinama. On je bio diplomac a ja sam još studirala. Bio je legenda u kampusu, a ona je toga i te kako bila svesna i stoga se trudila da mu se približi jer joj se dopadao fizički i mentalno – dvostruki bonus. Proveli su jednu noć zajedno, a saznajemo da nije trebalo biti tako. Mislim da je Kadi prilično zaprepastilo saznanje da su njegove namere bile ozbiljnije i to je veoma uznemirava. Svaki put kada pokuša da krene dalje, nešto iskrsne...

LISA EDELSTAJN

Kako Kadi uspeva da istrpi Hausa sve ove godine? Čak i kada Haus ne podriva autoritet svoje šefice i ne izlaže je zakonskim neprijatnostima, niti zuri u njen dekolte, i dalje se ponaša kao pravi magarac. Haus i Kadi se vraćaju avionom iz Singapura (*U vazduhu*), u kojem je Haus održao trominutni govor i u hotelu napravio račun od nekoliko stotina dolara za pornografski kanal i usluge u sobi. U avionu Haus omalovažava mesta za koje je Kadi kupila karte a zatim menja mesto s njom kada čovek iz prve klase povrati.

Lepo.

Govori ovakve stvari (*Deca*):

HAUS: Obično se takve grudi ne viđaju kod dekana na medicinskom fakultetu.

KADI: O, žene ne mogu da budu na čelu bolnica? Ili mogu samo one ružne?

HAUS: Naravno, mogu da budu cice. Samo što obično ne možeš da im vidiš grudi.

Lepo.

Haus Kadine grudi naziva Peti i Selma, po sestrama Mardž Simpson koje su i strastveni pušači. Zašto? – Jer se puše (*Poznate nepoznanice*).

Lepo.

Kadi je i te kako sposobna da mu uzvrati. U pilot-epizodi, u prvoj sceni u kojoj se Kadi pojavljuje, ona zasipa Hausa pritužbama: ne ispostavlja račune, ne održava konsultacije, šest godina ne ispunjava obaveze prema bolničkoj ambulanti. Haus nije zainteresovan.

HAUS: Pet sati je. Idem kući.

KADI: [pauza] Kome?

HAUS: Lepo.

Razumemo zašto se spore: Kadi je Hausova šefica („Ja potpisujem tvoj platni nalog.") koja mora da ga obuzdava. Ali između njih su decenije nerazrešenih odnosa. Dok se Kadi i Haus raspravljaju ispred sobe za pregled, čuju se Hausove reči: – Vidim ti bradavice. – Jedan student medicine iz sobe za pregled kaže drugom: – Nikakvo čudo što ga mrzi. – Ali druga studentkinja ipak zna bolje. – Nije to mržnja – kaže ona – već predigra (*Hrabro srce*). Svakako jeste nešto. Ko zna, da Haus nije upskao, možda bi se vraćao kući, Kadijevoj. I, ko zna, možda se jednog dana to i dogodi.

....

Kada je Dejvid Šor birao glumce najveći mu je izazov bio da nađe verodostojnog šefa Hausu. – To je veoma teška uloga – kaže on.

> – *Obično možete da birate između dve vrste šefova. Jedan bi sprečavao Hausa u svemu, a takvog bi Haus stalno zaobilazio. Ako krenemo na tu stranu, šef postaje idiot… A vi postajete pukovnik Klink.* Iako su* Hoganovi heroji *veoma smešna televizijska serija, ipak nismo hteli da ova naša bude sitkom. Takođe nismo hteli da imamo šeficu koja će sve aminovati jer nam onda i ne treba. Ispostavilo se da hodamo po razapetom užetu, a Lisa tako dobro obavlja posao nekog ko zna da je Haus neukrotiv ali je takođe svesna njegove genijalnosti kao i toga da on može napraviti velike stvari ako uspe da ga obuzda na pravi način, ograniči ga, uklopi i uobliči, a pomalo i kontroliše.*

Kadi je zaposlila Hausa zbog njegove genijalnosti ali na početku serije sve se više ispoljavaju i njegove mane. Otkad je angažovan u bolnici, pije dvostruku dozu lekova. Kadi kaže Hausu da je postao zavisnik; on to poriče. – Nije reč samo o tvojoj nozi – kaže mu ona. – Želiš da se drogiraš. (*Detoksikacija*). Pa ipak, Kadi smatra da je Haus vredan svega toga, zapravo vredan više od sto miliona dolara, koliko bolnica gubi kada ona odluči da se prikloni Hausu a ne Vogleru, dobrotvoru čvrsto rešenom da otpusti doktora buntovnika.

U trećoj sezoni sve je teže podržati argument da je Haus delotvoran narkoman, pogotovo kad smo suočeni s Hausovim najodlučnijim protivnikom,

---

* Junak televizijske serije *Hogan's Heroes* (*engl.*), oficir nesposobnjaković visokog čina. (Prim. prev.)

detektivom Triterom. Kadi uporno nagovara Hausa da izađe iz rupe u koju se ukopao ali kada on u tome ne uspe i to u potpunosti, ona mora da ga spasava tako što će u njegovo ime svedočiti na sudu (*Reči i dela*).

– To je bila jedna od kul stvari u priči s Triterom, to što je lagala ali i odbila da se time hvali. Mrzela je Hausa što ju je prinudio na to. Na kraju shvata, i to na tipično hausovski način, da je laž neophodna zarad većeg dobra. Shvata i to da je tim činom pomalo ubila i svoju dušu.

DEJVID ŠOR

> – Zameraju joj da se odeva
> nepriklabno ili da ne drži stranu ženama na poslu
> i tako dalje, i tome slično.
> Sve su to koještarije. To što
> ona čini svake nedelje fenomenalno je komplikovano
> i zahtevno, a ona uspeva
> da bude zabavna, glamurozna, podjarmljena i izmoždena. Baš kao pravi ljudi.
>
> HJU LORI

Kadini pokušaji da osnuje porodicu često se ukrštaju s njenom romantičnom vezom s Hausom. Na kraju druge sezone Haus shvata da Kadi traži donatora sperme (*Zauvek*). Haus spremno prihvata da pomaže Kadi i daje joj injekcije za plodnost ali je ne podržava u odluci da ima dete. U trenutku neraspoloženja, pod bolovima u nozi, Haus kaže Kadi da neće biti dobra majka (*Pronalaženje Jude*) ali kada Kadi pronađe bebu koju želi da usvoji a onda je izgubi, kaže joj da će biti odlična majka. (*Radost*). Nakon samo nekoliko sekundi posle ove druge izjave, oni se (konačno) ljube. Predigra se zahuktava. Haus razbija klozetsku šolju u njenoj kancelariji (*Neka se snalaze kako znaju*) – ali na spektakularan način ne uspeva da obezbedi Kadi ono što joj treba ili što želi. U sledećoj epizodi Kadi pronalazi Rejčel, bebu koju će usvojiti (*Radost svetu*).

Iako je na samom početku čekaju poteškoće s bebom (u *Velikoj bebi* Kadi se ispoveda Vilsonu da ne oseća ništa prema detetu), uspeva da se izbori s njima. Nakon Katnerove smrti Haus dotiče dno i upravo se Kadi obraća za pomoć. Po njemu, beba se isprečava između njih dvoje: – Idi i podoj to malo kopile ako ćeš se onda bolje osećati (*Pod kožom*). – Potrebna si mi – kaže on i Kadi ga pazi dok se Haus skida s lekova. Ali Haus tek treba da dotakne dno. S terase na drugom spratu bolnice, čitavom svetu saopštava da je spavao s Kadi. – Ovo prevazilazi idiotizam – kaže mu ona (*Obe strane*).

PITANJE: Uvredila se zbog činjenice da si s terase obznanio čitavom svetu kako si spavao s njom.

HJU LORI: Da. Od onih je što vole da pate.

Haus je halucinirao da je imao seks s Kadi i konačno joj priznaje da mu nije dobro.

PITANJE: Hausa teško pogađa Lukasova i Kadina veza.

DEJVID ŠOR: Ne olakšavamo mu.

PITANJE: Bio je to nizak udarac.

ŠOR: Zaslužio je.

Činilo se da je Haus imao priliku da bude s Kadi ali je pretrpeo neuspeh. Dok je Haus u bolnici, Kadi nastavlja svoj život. Angažuje Lukasa, Hausovog prijatelja privatnog detektiva, kako bi otkrio da li neko u računovodstvu krade novac. – Sada sam majka – kaže ona. – Treba mi muškarac na koga svakog trena mogu da računam. (*Poznate nepoznanice*). A Lukas je upravo ono što Haus nije, ili nije bio.

– Nadala sam se da će vratiti Tritera, on je tako visok i mišićav. Nikad to nikom nisam rekla, prosto sam pomislila. On mnogo više izaziva Hausa od Lukasa, koji mu je više poput prijatelja. Triter je direktan izazov njegovoj muževnosti. Od onih je likova zbog kojih se muškarci osećaju manjim, slabijim i nesposobnim.

LISA EDELSTAJN

Kada su Haus, Vilson, Lukas i Kadi na konferenciji i doručkuju u hotelu, Lukas prekida neprijatnu tišinu otkrivajući podatke koje mu je Kadi ispričala o sebi i Hausu. Haus se oseća izdanim. Pa ipak, Kadi je podržavala Hausa kao što nijedan nadređeni to ne bi učinio. Ona mu je životna partnerka koja to nije postala, ljubavnica o kojoj sanjari i žena s kojom je stalno u borbi, koju vređa i na koju se oslanja kao i na svoj štap. Kadi je sve to Hausu.

U *Od 5 do 9* gledaoci vide kako izgleda jedan dan u PPTH iz Kadine tačke gledišta. Ustaje u pet ujutru, vežba i bavi se Rejčel, proverava svoj blekberi, pokušava da ima seks na brzaka s Lukasom pre nego što krene na posao. Uprkos trenutaka ranjivosti i brige za Rejčelino zdravlje, ona se čitav dan uspešno nosi s poslovima u PPTH; otpušta članicu osoblja koja je krala lekove a zatim udešava priliku da se ta osoba sama optuži kada otkrije da je reč o velikom broju ukradenih lekova; zaustavlja tuču između Čejsa i glavnog hururga; obara tužbu koju je podneo pacijent kojem je Čejs prišio palac protiv njegove volje; i što je najimpresivnije, uspeva da nagovori bolničko osiguravajuće društvo da promene uslove rada, pobedivši ih u igri nadgornjavanja. Po prvi put, Haus joj nije najveći problem već kolega i osoba od poverenja.

– Lisa je pravi genije. Jednom je jedna serija, ne mogu da je imenujem, dobila nagradu. Svi su se popeli na binu i mahnuli publici, a ja sam pogledao sve te žene i pomislio: „O, vidim šta ste hteli da postignete. Imate glamuroznu lepoticu, uvrnutu lujku i izmoždenu nesrećnicu." Pomislio sam kako Lisa Edelstajn glumi upravo sve to. Potrebno je toliko vas da uradite nešto što Lisa radi svake nedelje, i još dobijate nagradu. To stvarno nije fer.

HJU LORI

LISA EDELSTAJN O ... KADI

PITANJE: Ona nosi te uzane suknje. Čini nam se kao da u njima ne može da hoda. Bi li mogla da potrči za autobusom?

KETI KRENDAL: Nego šta.

PITANJE: Nosi i visoke štikle…

KRENDAL: Kadi može da istrči i maraton u njima.

PITANJE: Kako hodaš u takvoj suknji?

LISA EDELSTAJN: Gotovo u svima je teško koračati pravo – i zato morate da se njišete bokovima; morate da uhvatite zamah s boka na bok.

PITANJE: Dakle tako s njima... Izgledaju neudobno.

LISA EDELSTAJN: Oduvek su mnogi komadi ženske odeće bivali neudobni.

PITANJE: Kadi ima više prostora za garderobu od svih ostalih.

LISA EDELSTAJN: To je dobro. Ona vodi bolnicu, potrebna joj je raznovrsna odeća.

PITANJE: Njena paleta boja je zanimljiva...

LISA EDELSTAJN: Ona voli različite nijanse ružičaste i crvene i crnu boju. Rado nosi dekoltee, ogrlice uz grlo i narukvice.

PITANJE: To ostavlja određeni utisak.

LISA EDELSTAJN: Da, i ja tako mislim. Učestvovala sam u formiranju njene garderobe i bilo je jako zabavno. Imamo odličnu kostimografkinju. Još nešto je zabavno meni kao ženi – dvaput idem u kupovinu. Tu ste vi a tu je i vaš lik. Kada sam u prodavnici i tražim nešto za sebe a ugledam nešto što bi bilo odlično za Kadi, mogu da pozovem Keti. „Znaš šta? Videla sam nešto što bi zaista odlično izgledalo", i ona fenomenalno reaguje. Naravno, većinu komada bira Keti, ali i ja mogu da učestvujem razmišljajući kako nešto ne bih mogla da nosim ja, ali moj lik može.

PITANJE: Znači, možeš da se prešaltuješ na Kadi?

LISA EDELSTAJN: Već dugo poznajem Lisu Kadi. Neverovatno, ali ona je slične građe kao ja, tako da od oka mogu da procenim kako će izgledati u nekoj odeći.

PITANJE: Ne znamo toliko o njenoj prošlosti.

LISA EDELSTAJN: Dejvid Šor i ja smo diskutovali o tome tokom prve sezone. Kadi nije bila jasno uobličena, pa sam se brinula da će je gurnuti u drugi plan... Samo je meni bilo stalo do toga ko je Kadi i odakle je. Pomalo sam istraživala kako bih razumela kakav je moj posao i koliko je to neobično za jednu ženu. Iznela sam određene pojedinosti i svoje ideje o njenoj i Hausovoj prošlosti Dejvidu, iako sam se pribojavala. On je to zaista fenomenalno prihvatio i unapredio na svoj način. Nije me izbacio iz sobe ili iz serije a da pritom iskoristi moje ideje, što je stvarno super. Sada znamo više detalja iz njene prošlosti. Bilo je odlično što sam mogla tako da učestvujem.

PITANJE: Da li je ona jedini doktor koji nikog nije ubio?

LISA EDELSTAJN: Umalo nije ubila svog baštovana jer je pao s njenog krova.

PITANJE: Ali nije ona kriva za to.

LISA EDELSTAJN: Ona nije radila svoj pravi posao duže od deset godina. Bilo je i ljudi kojima nije mogla da pomogne, kao onoj ženi čiju sam bebu na kraju usvojila.

LISA EDELSTAJN O... HAUSU

PITANJE: Zašto je Hausu trebalo toliko vremena da se reši i kaže šta oseća?

– Toliko toga je uradio na sebi u psihijatrijskoj bolnici, i sasvim drugačije komunicira otkad se vratio. Stekao je životne veštine kakve nije imao ranije. Koliko dugo će to potrajati, ne znam. Stalno je iznenađuju. Konačno je pronašla svoj mir dok je bio u bolnici. I sama se izmenila. Shvatila je da mora pronaći stabilnost u svom životu sada kada je majka. A onda se vrati taj čovek koji je postao pouzdan, barem u ophođenju s ljudima, i razlikuje se od onog kojeg je ispratila u bolnicu.

PITANJE: Kao medicinski profesionalac, Kadi ima oprečne stavove o Hausovoj zavisnosti...

– Zloupotrebljavao je lekove... Kadi teško poima nesposobnost da se kontroliše korišćenje lekova zato što nije zavisna. Ukoliko niste zavisnik, uzimate lek onda kada vam treba i ne koristite ga u drugim prilikama. Zavisnik lek uzima i uzima... U stvarnom svetu, odavno bi izgubio lekarsku dozvolu. Svaki doktor koji koristi analgetike teško može da radi svoj posao, čak i ako su mu ti lekovi prepisani. Ali reč je o Prinston-Plejnsborou, znate. To je veoma posebno mesto.

PITANJE: Kadi briše pod Triterom tako što laže i krivo svedoči.

– Trebalo je da odleži u zatvoru petnaest puta. Kakav je ovo svet! Sva moja dobra dela prolaze nekažnjeno.

PITANJE: Spremila se za odlazak u zatvor...

– Zaista veruje u Hausa. Shvata da je genijalan i zato toleriše njegovo ludilo. Mislim da je njegovo ludilo pomalo uzbuđuje. Veliki umovi su privlačni... dok vas ne zveknu pravo u lice.

Na izvestan način ona je se ponaša kao majka koja je spremna da se bori na smrt kako bi zaštitila svoje mladunče. Zato se razbesni kada je on vređa, jer je to svojevrsna izdaja. Ona sve poduzima kako bi njega zaštitila, čak i od njega samog. On je vezan za nju; zahvalan joj je na tome što čini za njega. Mislim da nije u stanju da učini nešto više sem da se breca. To je klasična priča o napuštanju. Oni koje su najviše napuštali svakog će napustiti kako bi zauvek ostali napušteni. To veoma liči na doktora Hausa.

PITANJE: Kadi je uradila neke sulude stvari. Kada ste se takmičili u izluđivanju – razbijajući klozetske šolje...

– Ona pokušava da se spusti na njegov nivo, ali zapravo to ne ume. Njoj je mnogo teže da se ponaša tako loše nego njemu. Pride je i šef, pa ne sme sebi da dozvoli takvo vladanje. Ali, za njih dvoje to je zapravo predigra.

PITANJE: Šest godina predigre. Kada se spojite biće to...

– ... pravi rokenrol.

PITANJE: Hoće li će Haus i Kadi biti prijatelji kroz dvadeset pet godina?

– Uvek će se poznavati. Plesaće taj ples do kraja života. Proći će kroz fazu kada neće prestajati da vode ljubav, a onda će proći kroz fazu kada se neće podnositi, pa ponovo na početak... Mislim da neki ljudi ne mogu da žive bez određenog prepiranja.

LISA EDELSTAJN O... SKRAŠAVANJU

– Sada se skrasila jer je majka i pokušava da dobro organizuje svoje vreme, da zadrži odgovarajuće osoblje na poslu, stekne prave prijatelje i zato joj se Lukas čini bolji jer je odgovorniji. To su veoma intelektualni razlozi za odabir muškarca; lično sam to pokušala ali mi ne odgovara... Mnogi ljudi biraju partnere po intelektu, i spremni su da tolerišu mnogo toga. Ja lično to ne mogu. Za mene je to kao prostitucija. Ne mogu zamisliti da je Lukas najprikladniji. Kadi bira Lukasa jer joj je tako mnogo lakše i mnogo zgodnije.

LISA EDELSTAJN

PITANJE: Misliš da je Haus zauvek propustio svoju priliku?

HJU LORI: Ne znam. S obzirom na to kakav je medij televizija, scenaristi nikad ne zatvaraju svoja vrata.

PITANJE: Lukas je jedini muškarac pored Vilsona s kojim je Haus ikada imao nekakav odnos.

– Tako je. Ne može da mrzi Lukasa zato što mu se sviđa.

PITANJE: Njoj je genijalni razrešivač zagonetki privlačan. Lukas, privatni detektiv, takođe rešava zagonetke.

– Ona voli kreativne mislioce, ali među njima ima razlike. Haus ima ono što Lukas nema, tu slatku mračnu stranu. Lukas je sigurna verzija onoga s kim zaista želite da budete. Ne znam koliko može da se izdrži pored nekog sigurnog.

PITANJE: Na prošli praznik Dana zahvalnosti poslala je Hausa na pogrešnu adresu...

– To je bilo podlo... Mislim da je u toj epizodi bila veoma podla prema njemu, pa sam pitala zašto je to tako kad je dovoljno loše što je s Lukasom. On zaista radi na sebi a ja to ne shvatam... Kadi i Haus su šest godina proveli u čupanju za kosu, šutiranju u prepone – to njih dvoje rade. To im više dođe kao predigra. Ne bi mu se dopadala da mu pomalo ne uzvraća, čini mi se. To mu drži pažnju.

PITANJE: Na kraju pete sezone on je zapravo pomislio da ste zajedno.

– Hteo je da živimo zajedno, što mi je bilo baš slatko. Dopalo mi se što je upravo to pomislio i što je mislio da zaista to želi. Zamišljao je da su vodili ljubav i smatrao je da treba da žive zajedno, zaista je to želeo. Meni se to činilo predivnim. Ali, bio je tako daleko od toga da to zaista ostvari u životu.

> – Haus je imao sve moguće prilike da osvoji Kadi. Ona mu je pružila sve moguće prilike da to učini a on je svaki put uprskao pa zato nije fer očekivati da ga ona čeka. S druge strane, mogla je da nađe i nekog boljeg.
>
> **DEJVID ŠOR**

PITANJE: Da li će se ona skrasiti?

– Ne znam. Odgovoriću na to pitanje sa svoje tačke gledišta, zato što nisam sigurna zašto iko želi da se venča. Uzgred, mislim da svi imaju to pravo, ali prosto ne znam zašto bi to neko želeo. Razumem da imate životnog partnera i da želite da budete s nekim ali sve ostalo me zbunjuje. Tako da ne umem da odgovorim na to u Kadino ime.

LISA EDELSTAJN O... *HAUSU*

PITANJE: Izgleda da se silno zabavljaš.

– Šalite li se? Ja volim svoj posao.

PITANJE: Da li nosiš posao kući?

– Desi se ponekad a kad prestaneš to da radiš, smesta zaboraviš na to što si radio... Jedino kada postoji priča koja se proteže na nekoliko epizoda kao moja priča s bebom koja je bila tako lična; ne nosiš je kući ali je veoma iscrpljujuće. Drugačije nego kad je običan radni dan. Velike emotivne scene vas izmore.

PITANJE: Da li gledaš seriju?

– Gledam samo jednom i to snimak. Ne mogu da gledam prvo emitovanje. Ne želim da čekam da prođu one silne reklame... Gledam je zato što učim mnogo toga i zato što je to deo mog posla. Učim sve od: „Više nikad neću nositi te gaćice, šta mi bi?" pa do „zašto izgledam kao da nosim periku kad je to moja kosa?". Teško je gledati objektivno ali otkrivaš šta su dobre ili loše strane veština koje si pokupila i učiš šta to treba da savladaš. Uhvatiš sebe kako lažeš bolje od svih ostalih.

PITANJE: Da li ikako možeš da je gledaš kao televizijsku seriju?

– Samo one scene u kojima ne glumim.

PITANJE: Da li je zabavno snimati komične scene?

– Jako mi se dopada scena [u *Epskoj propasti*] kada Vilson dođe i kaže da mu se pokvario toalet a Kadi odvrati da ide po svoj alat. Volim kad imam priliku da budem zabavna. Diskretno i mirno. Pustite šalu na slobodu i ona okrilati.

– Hju, Lisa i Robert su bliski, što se zna lepo iskoristiti na ekranu. Dok se radnja u osnovi odvija tako što Kadi kaže: „Ne, ovo je besmisleno, ovo je besmisleno, okej, možeš ti to", njih troje mogu to da izvedu uz mnogo humora. Pokušavamo da učinimo seriju zabavnom ali je to često veoma teško u prilikama kada se govori o smrti ili bolesti. Obično su scene s Kadi prilika da se u seriju unese nešto humora a glumci su veoma uspešni u tome.

TOMI MORAN

PITANJE: Ovde su svi veoma kolegijalni, nema podmetanja...

– ... drago mi je što je tako. Ne mogu to da kažem za sve poslove koje sam radila. Od sveg mog iskustva, devedeset pet posto je prijatno, ali ovde sam najduže. Glumci uglavnom nisu ludi. Većina ljudi s kojima sam radila su veoma srdačni, topli i žele da rade u prijatnoj atmosferi. Ne razumem zašto se neko ponaša suprotno. Nije mi baš jasno zašto bi neko želeo da mu na poslu bude loše, pogotovo ako ste u prilici da sami učestvujete u stvaranju atmosfere. Kada ste među glavnim glumcima u seriji, na vama je da atmosferu učinite prijatnom ili neprijatnom, pa mi nije jasno zarad čega bi neko poželeo da bude ovo drugo?

PITANJE: Ego?

– Naopaki; zahtevni; oni koji su tu iz pogrešnih razloga; koji glumataju...

PITANJE: Kaži to Hausu.

– On to radi zato što je nesrećan; samo nema strpljenja. Kada si u bolovima, prosto nisi tolerantan. Vikodin mu je donekle bio od pomoći: smekšao ga.

PITANJE: Kada prvi put pročitaš scenario, da li te kvalitet ponese?

– Volim kako pričaju priče kao i to što stalno rizikuju u okviru forme i pomeraju granice.

PITANJE: Taj mračni pogled na svet...

– Ne mislim da je mračan, već realističan. Smatram, kao i Dejvid Šor, da je svako maštarenje veoma opasno... Volim tradiciju i kulturu ali imam problem s tim kako se one suočavaju sa životom.

PITANJE: Kadi i Haus stoje na strani nauke...

– Oboje su realisti. Možda je to nešto žensko... Ona pati zbog svojih nadanja više nego on. Mislim da on ne gaji nikakve nade. Možda je po izlasku iz bolnice dozvolio sebi izvesnu nadu a ona je isuviše dugo bila slomljena i zato pokušava da ide dalje. Ta dinamika je veoma zanimljiva.

KADIN IZGLED

– **Najčešće me pitaju zašto Kadi nosi tako** duboke dekoltee? Navodno, nijedna doktorka niti službenica u bolnici ne bi nosila tako duboke dekoltee. Ne razumem šta ih buni. Ona zna svoje prednosti; ona je snažna, nezavisna žena i to će iskoristiti. Mislim da je to savršeno prirodno.

KETI KRENDAL, KOSTIMOGRAFKINJA

– Sviđa mi se kako se oblači. Ženstveno a ipak veoma prikladno. Ume da bude i seksi kad hoće. Kadi gotovo čitav svoj život provodi u bolnici. Sada ima i dete, pa odvaja vreme i za nešto drugo, ali pre deteta samo se bavila bolnicom. To znači da svi aspekti njene ličnosti moraju biti prikazani kada je u bolnici. Želi da bude ženstvena, seksi i moćna i da drži sve pod kontrolom a istovremeno može i da se opusti. Mora biti u stanju da sve to postigne kada je u bolnici.

LISA EDELSTAJN

LISA EDELSTAJN O... LISI EDELSTAJN

– Moja je karijera od onih sporih i postojanih, koje se godinama uvećavaju... Radim od 1988, kada sam imala svoju predstavu u Njujorku, mjuzikl o ejdsu koji sam napisala i komponovala. To me je odvelo na određenu stranu... Došla sam u L. A. i polako počela da dobijam kul poslove u *Sajnfeldu*, *Krilima* i *Ludo zaljubljenima*...

Dobila sam ulogu u ovoj seriji nedelju dana pošto su me odbili za *Očajne domaćice*. Toliko mi je drago što su Felisiti Hafman dali ulogu u toj seriji jer joj odlično leži, i veoma mi je drago što sam ja dobila ovu ulogu jer je savršena za mene. Veoma sam zahvalna na ovoj ulozi jer sam veoma dugo u ovom poslu pa zaista razumem značaj ovakvog iskustva, stvarno razumem... Niko mi ništa nije poklonio niti mi je učinio nekakvu uslugu. Zaista sam se držala onog što umem i sama dospela ovde.

PITANJE: U prvoj epizodi serije *Zapadno krilo* imala si ključnu ulogu.

– Ulogu prostitutke. Bilo je to ispunjenje sna iz mnogo razloga, jer je projekat bio čudesno otmen, a već sam radila s Aronom Sorkinom i Tomijem Šlameom u *Sportska noć*... Aron mi je rekao da je to pilot-epizoda *Zapadno krilo* i da postoji uloga koju je želeo da igram upravo ja. Ipak sam pokušala da dobijem ulogu Si Džej, ali su oni zaista hteli da glumim prostitutku. Tako da sam više prostitutka nego sekretarica za štampu, kako god.

Prvu scenu smo snimali u hotelskoj sobi. Na sebi imam mušku košulju i gaćice. Žešće sam se ložila na Roba Loua dok sam odrastala – on je bio filmska zvezda u koju sam bila zaljubljena u srednjoj školi. Bio je to divan trenutak u mom životu. Da sam se samo mogla vratiti u doba kada mi je bilo petnaest godina i reći sebi ne samo to da ću jednog dana biti glumica, što sam želela od malena, već ću se još i muvati s Robom Louom u ovom fantastičnom projektu, odevena u gaćice i mušku košulju... I u ovoj seriji se tako osećam.

PITANJE: Znaš da glumiš u hit seriji?

– Tako čujem. Divno je iskustvo čuti takve ocene svog posla. Istovremeno, sve je isuviše veliko da bih potpuno poimala. Dolazim i radim svoj posao. Više me prepoznaju; češće me prekidaju u razgovoru; češće viđam fotografije za koje nisam znala da ih je neko snimio. Moram da imam bolje obezbeđenje. Morala sam da se selim.

Postoje izvesne stvari koje su uznemirujuće i zastrašujuće, kao i one koje su stvarno divne. Naravno da je lepo kad te neko prepoznaje zbog posla koji radiš i kad ljudi misle da ga dobro radiš. Istovremeno, zastrašujuće je kada se pojavi nekakav fanatik jer postoji mnogo prilično opsesivnih ljudi; mada su neki savršeno bezopasni, ima i sumnjivih.

Internet je mnogima omogućio pristup gotovo svuda. Čak se i na crvenom tepihu, prilikom dodele nagrada Emi, postavljaju najgluplja moguća pitanja. Ove godine su nas po prvi put pitali šta nosimo ispod večernjih haljina. Zar ne želite da zadržite makar kakvu iluziju? Zašto moramo da pričamo o tome da li imam tampon? Tako se osećam. Prosto ne shvatam zašto ljudi žele da saznaju sve te pojedinosti.

Primer je HDTV. Ne morate da vidite toliko pojedinosti niti da imate potrebu da vidite. Ta tehnologija naglašava bore na licu i čini da ljudi izgledaju starije. Ljudi na ulici mi govore kako u prirodi izgledam mlađe i mršavije nego što su mislili i kako je to super. To je donekle lepo ali me nedeljno vidi uživo oko hiljadu ljudi dok me preko TV-a vidi osamdeset osam miliona njih koji misle da sam starija i deblja.

PITANJE: Ljudi smatraju kako imaju pravo da pričaju takve stvari zato što osećaju kao da te znaju.

– To je pomalo čudno. Ti si proizvod koji prodaje, reklamira i proizvodi neki proizvod.

PITANJE: Ne kada hodaš ulicom...

– Izgleda kao da to više ne važi. Mnogo toga ima veze s rijaliti programima. Ja radim svoj posao. Volim ga, obožavam ga ali sve ostalo je pomalo sporno. Zarađujem novac na ovaj način, i nosim se sa spoljnim svetom. Kako prilično dobro zarađujem, moram to da činim.

PITANJE: Da li gledaš televiziju?

– Mnogo volim televiziju. Danas postoji mnogo dobrih serija: *Momci s Medisona, Velika ljubav, Sestra Džeki, 30 Rock, Prava krv...* Neki nezaposleni su mi rekli kako je veoma teško dobiti posao zato što su televizijski kanali prepuni rijaliti programa. Evo šta je dobro: pored manje epizoda, brojnih mreža i kablovskih kanala, rade se kvalitetnije serije. Mi snimamo dvadeset dve epizode godišnje, što nije mala stvar.

PITANJE: Iako je prošlo šest godina, serija je i dalje aktuelna?

– Prosto obožavam svoj posao. Zaista je tako. Volim da se vozim do studija; volim da sam u lažnim ulicama; volim kad sam na setu; volim ljude. Stvarno se bavim poslom koji mi odgovara. Kao ljudsko biće, izuzetno sam obučena da budem u ovakvom okruženju. Scenariji su predivni. Ako ste u seriji u kojoj scenariji nisu baš najbolji ili su scenaristi zloupotrebljeni… kod nas prosto nije tako. Pored ljudi, postoji još mnogo razloga zbog kojih smo srećni što radimo u ovoj seriji.

PITANJE: Biva li da te izbezume sve te medicinske stvari?

– Ne, obožavam to. Dopada mi se svaka pa i najmanja informacija koju dobijem, i dobro ih pamtim. Moje poznavanje medicine je na prilično visokom nivou… Otac mi je doktor. U nekom drugom životu bih bila dobra doktorka. Bila sam užasan đak; škola me uopšte nije zanimala. Nikada ne bih završila medicinu, nisam završila ni srednju školu – napustila sam je. Prosto ne umem da učim.

PITANJE: Ali možeš da glumiš doktorku na televiziji.

– Tako je. I mogu da odgovaram na silna pitanja mnogobrojnih ljudi i da zvučim dobro.

PITANJE: Da li ti iko ikad priđe na ulici…?

– Ne, ali me to često pitaju.

PITANJE: Da li ikada vidiš nekog na ulici i kažeš: „O, pogledaj onog čoveka…"?

– Da, zapravo često postavljam dijagnoze ljudima. Ne mogu da odolim. Ljudi misle da to radim zato što glumim doktorku na televiziji ali to sam zapravo činila čitavog života. Trebalo bi da uz mene ide i upozorenje: „To nije zbog toga što sam lažni doktor već medicinska sveznalica."

ISKRENO SE PRETVARATI

☒ REKVIZITI I SPECIJALNI EFEKTI

> – To nisu prave ogromne teniske loptice. Prave su nešto manje. Na početku sezone imali smo ih šest ali nismo uspeli da ponovo napravimo takve. Tražili smo ih i od kineskih proizvođača ali nikada nisu ispadale iste. Više ne odskaču kako valja.
>
> **TAJLER PATON, REKVIZITER**

Mnoge epizode Hausa su dve serije u jednoj: u tizeru se uvodi priča iz epizode a u epizodi se razrešava ono što se dogodilo u tizeru. Tizer uopšte ne mora da liči na nešto na šta su gledaoci *Hausa* navikli: drugačija mesta, različiti glumci, drugačiji utisak. Bilo je nekoliko impresivnih sekvenci: zgrade koje se ruše (*Sam*), nesreće na Antarktiku (*Zaleđeni*), intergalaktičko putovanje (*Crna rupa*) i brojni sudari automobila, bicikala i džipova. Za minijaturne filmove u tizerima ponekad su neophodni obimni specijalni efekti kao u dugometražnim filmovima. Međutim, najzahtevnija i najdramatičnija scena ipak je snimljena na kraju jedne epizode: autobuska nesreća u *Hausovoj glavi*.

Prvobitno je bilo zamišljeno da *Hausova glava* bude emitovana nakon Superboula 2008. i stoga je valjalo da sadrži nešto spektakularno što taj termin zavređuje. U tizeru vidimo dezorijentisanog i povređenog Hausa nakon nesreće, kako pokušava da se povrati – nigde drugde nego baš u striptiz klubu. U većini tizera ne pojavljuje se redovna glumačka postavka. Predstavljanje Hausa (kojem u krilu igra striptizeta) bila je prilika da se glavni junak serije prikaže velikom gledalaštvu bejzbola, jer većina možda nije pratila seriju. Ali, štrajk scenarista je omeo ostvarenje ove ideje. *Hausova glava*, uparena s *Vilsonovim srcem*, činila je dvodelno finale četvrte sezone. Vilson ostaje bez svoje devojke Amber, a Haus umalo da se nije ubio, prvo pokušavajući da se seti ko je bio u autobusu s njim kada se dogodila nesreća a zatim koje simptome je ta osoba pokazivala, zbog čega su kasnije bili toliko bolesni.

Zahvaljujući štrajku bolje je pripremljeno veoma složeno snimanje autobuske nesreće, pri kome se kombinovalo snimanje u hroma-kiju, angažovanje kaskadera te dodavanje vizuelnih efekata u postprodukciji. Korišćena su dva autobusa: jedan je položen na bok u zadnjem delu Foksovog studija a drugi rastavljen na delove, iznesen na set i tamo ponovo sklopljen. Školjka autobusa je stavljena na rotirajuće postolje kako bi mogla da se prevali po osovini poput pileta na ražnju. Uprkos činjenici da se autobus tokom nesreće samo izvrnuo u stranu, autobus s efektima je okrenut na krov. Kaskaderi su poispadali iz sedišta i kotrljali su se po autobusu po koreografiji koordinatora kaskadera Džima Vikersa. Zarad snimanja drugih scena, glumci su ležali na podu autobusa i zasipali su ih lažnim staklom: još jedan efekat koji je iskorišćen tokom scene prevrtanja autobusa.

Režiser Greg Jaitanes je snimao scene u autobusu u hroma-kiju kako bi se kasnije mogli dodati kadrovi pozadine koja se tumba. Korišćeni su i svetlosni efekti e da bi izgledalo da se autobus nakrivio i prevrnuo: umesto autobusa, kretala su se svetla. Supervizor vizuelnih efekata Elan Soltes dodao je trenutak udara. Metalna šipka je probila nogu En Dudek (Amber); ona je uz to imala i razne povrede na licu. Hausov štap, onaj ukrašen crtežom plamena, u jednom kadru se premeće kroz vazduh. Nakon udesa Haus halucinira da razgovara s putnicima iz autobusa. U tim scenama se javlja dvostruki niz treperavih svetala koja se povlače ka dnu autobusa; taj efekat je predložio direktor fotografije Gejl Tatersol, po sećanju na svetla na pisti blizu mesta gde je odrastao.

Gerit van der Mer i Marsi Kaplan su producenti koji odlučuju da li se troškovi ovako zahtevnog snimanja mogu podneti. – Trenutak je kratak ali veoma skup – govori Gerit o sudaru u *Hausovoj glavi*. Marsi i Gerit bi više od svega voleli da zadrže ovako značajan rekvizit, ali autobus koji se prevrće na ražnju može se upotrebiti samo jednom.

Još jedna zahtevna scena otvara epizodu *Ljudska greška*. Žena sedi u helikopteru Obalske straže, i sva se trese iako je na sigurnom, dok ronilac pokušava da pronađe njenog pratioca u uzburkanom moru, pod naletima vetra i kiše. Par je pobegao s Kube i želi da se vidi s doktorom Hausom. I Gerit i Marsi su, svako za sebe, stekli iskustva u radu s velikim rezervoarima s vodom kao što je ovaj koji im je bio potreban za snimanje spasavanja: Marsi u filmu *Dole periskop* iz 1996. a Gerit u Engleskoj. U Pakoimi su pronašli rezervoar koji je ispunjavao dva Marsina uslova o dva d: dostupno (finansijski) i dostupno (inače). Drugi deo te zahtevne scene snimljen je u hangaru aerodroma u Santa Moniki. Nije bilo izvodljivo da pravi helikopter nadleće rezervoar s vodom niti je bilo moguće obezbediti pravi helikopter Obalske straže, pa je snimanje dovršeno s minijaturnim helikopterom. – Kada se spoje svi delovi, izgleda krajnje uverljivo – kaže Gerit.

Za epizodu *Strogo poverljivo* režiser Deran Sarafijan je na platformu na kojoj se u epizodi *Hausova glava* nalazio autobus postavio vojni *hamer*, da bi snimili scenu u kojoj Haus sanja kako je izgubio nogu u operaciji Pustinjska oluja. Snimanje ove scene trajalo je dvadesetak minuta. Marsi Kaplan je bila uverena da je potrebno ponoviti snimanje ove scene, nakon toliko priprema i postavke. – Ušli su u *hamer* s video-kamerom i izvrnuli ga, a onda je Deran rekao: „U redu, snimljeno." – priča Gerit. – Ja sam odlepila. Zar ne možete da ponovite još jednom? – nastavlja Marsi. – Sve smo ovo sklopili. Obično nisam ja ta koja kaže: „Ponovite".

> **– Imamo svako moguće penkalo koje postoji na svetu. I plavu periku, za svaki slučaj.**
>
> **MAJK KEJSI**

Šminkerka doteruje Džesija Spensera u pauzi.

....

Mnogobrojne obmane se koriste kako bi se publika uverila da gleda ljude čiji su životi ugroženi u bolnici u Prinstonu, u Nju Džersiju, kada se radnja zapravo odvija u nizu ogromnih hangara na filmskom placu u Južnoj Kaliforniji. Kao što važi za pomenutu autobusku nesreću, mnogo toga se dorađuje digitalno (vizuelni efekti); drugi elementi se nameštaju na setu (specijalni efekti). U mnogo slučajeva, kada vidite da lik drži nešto, on zaista drži to nešto. Ako mu je u ruci ogromna teniska loptica, to mora biti odgovarajuća ogromna teniska loptica. Sve što glumac uzme predstavlja rekvizit za koji su odgovorni rekviziteri Tajler Paton i Majk Kejsi. Za sve što se nalazi u pozadini odgovorni su dekorateri. Kako je serija medicinska, povrede i bolesti pacijenata moraju da izgledaju realno. U mnogim scenama, poput složene medicinske procedure, svi vizuelni elementi – rekviziti, vizuelni efekti, specijalni efekti, šminka, kostimi, dekoracija – prenose gledaoce u bolnicu Prinston-Plejnsboro.

Rekviziteri Tajler Paton i Majk Kejsi su svoju kancelariju sredili u polinežanskom tiki stilu. Tajler je kraj bara koji služi i kao njegov radni sto. Zidovi su dekorisani umetničkim radovima u bambusu i drvetu. Omanja soba je pretrpana sobnim biljkama u saksijama. Izloženo je nekoliko ukulelea i dve flaše tekile u obliku pištolja. Tajler i Majk mnogo vremena provode na poslu, pa su poželeli da njihovo radno mesto izgleda kao da su na odmoru. Nešto su kupili, nešto pokupili iz serija koje se više ne emituju, na primer iz *Vegasa*. Ovo je televizija, tako da ništa ne mora nužno biti onako kako izgleda. One tamo lobanje su lažnjaci. Bomba je prava.

U jarko osvetljenoj prikolici nalazi se kancelarija i studio Dalije Dokter, zadužene za svu šminku u seriji koja spada u specijalne efekte. Po zidovima su okačene fotografije s Dalijinim radovima – koža koja se ljušti, ogromne izrasline na licu, ožiljci, kosturi, osip i krvave rane. Dalija naručuje protetiku i nanosi šminku koja preobražuje glumca u pacijenta u nevolji. U ćošku je protetička koža s lobanje, s raščupanom kosom, na kojoj se vidi sveže otvorena rana veličine metalnog dolara; ona je korišćena u epizodi *Ostavka*. Dalija veselo objašnjava o čemu se radi. – Pacijentkinja se nalazila u aparatu za magnetnu rezonancu kada joj je glava eksplodirala. Morala sam da napravim ovu protetiku koja se izmešala sa njenom kosom, a bilo je tu i mnogo krvi koja je curila i kapala.

Tajler i Majk su prikupili mnogo stvari koje drže u svojim prikolicama, na setu, u magacinu i u svojim garažama. Sačuvano je sve što se pojavljivalo u seriji a i odbačene verzije rekvizita i predmeta koje će jednog dana možda poslužiti, a možda i neće. Majk kaže: – Kada kupujemo namirnice, uzimam po jedanaest komada svake vrste – ali to izgleda važi i za sve drugo što kupuju. Ono što ne mogu da kupe ili pronađu u svojim zalihama, Tajler i Majk iznajme, na primer od *Hend prop ruma*, jedne od gradskih kompanija koje drže rekvizite, ili naruče kod specijalizovanih proizvođača.

– Dobar i odličan rekviziter razlikuju se po tome što se ovaj drugi pita šta bi on mislio u određenoj sceni. Tako glumac dođe na set i premišlja se: „O, šta bih radio? Da li bih imao upaljač?", a ja mogu da odgovorim „Verovatno; šta kažete na neki od ovih?" „O, fenomenalno, *zipo*. Možda običan *bik*. Da li imate zeleni?" A ja odgovorim: „Naravno."

TAJLER PATON

Na osnovu raščlanjenog scenarija, materijal potreban za jednu epizodu donosi se u rekviziter-sku prikolicu, gde ga pomoćnik rekvizitera Karl Džouns razvrstava i pakuje a Edi Grisko ga nosi na set i daje glumcima za svaku scenu. Iskorišćeni rekviziti vraćaju se u magacin. Tajlerov i Majkov magacin na setu liči na najčudniju prodavnicu na svetu. Materijal iz najnovije sezone razvrstan je po epizodama i na dohvat ruke je. Konzerve soka od grožđa koje nisu brendirane drže se naporedo s rezultatima testova i faksovima iz iste epizode. Tu je i svaštara koju je Trinaest napravila nakon odmora u Tajlandu. U toj sceni Trinaest ispisuje određenu stranicu, tako da se ta stranica morala ispisivati nebrojeno puta prilikom svakog snimanja.

– Postoje i druge stranice u slučaju da poželi da prelista svaštaru. Ne možete da stavite rekvizite na set i kažete: „To vam je što vam je". Ako stranice ne mogu da se okreću, to nije dobar rekvizit, pa morate da razmišljate o tome kako se sve rekvizit može upotrebiti.

TAJLER PATON

Iskorišćene su fotografije iz Tajlanda koje je snimila Olivija Vajld i tuđe. S aviona na jednoj je skinut logo avio-kompanije. Za drugu se stupilo u kontakt s fotografom kako bi se dobilo odobrenje za korišćenje. Scena u kojoj se pojavljuje svaštara traje svega nekoliko sekundi.

Na stalku se nalazi pedesetak Hausovih štapova različitog dizajna. Tajler je ručno oslikao štap s motivom plamena za Hjua Lorija – ti prototipi su ovde. – Tu su i Hausove gitare – kaže Majk. – Njegov radio-kasetofon. Reket. Palica za kriket. Njegov viski. *Blek foks singl molt.* Prave flaše su veoma skupe.

Zalihe su sve bizarnije. – Papir za uvijanje i omoti od slatki-ša – kaže Tajler. – Bongosi... Imamo i parče kože s grudi. – Po-stoje i lažni začini, i lažne pahuljice za doručak, čije su kutije neobično nalik na svima omiljene vrste pahuljica ali nikako ni-su istovetne. Tu negde je i jednokratna kragna za imobilizaciju. U jednoj kutiji se nalaze uzorci Kadinog karmina koji je Haus pobrkao sa svojim tabletama u epizodi *Pod kožom*. Scenarista je tražio zlatno pakovanje karmina a režiser providno, tako da su im Tajler i Majk ponudili četrdesetak različitih primera-ka; kada su odabrali jedan, kupili su šest istovetnih komada, za svaki slučaj. Kako objašnjava Majk, ne žele da se nađu u si-tuaciji da im neko kaže: – Eto ti, ne možemo da snimamo ovu scenu zato što nemamo karmin od dva dolara.

Na prikolici za rekvizite je spolja naslikan zmaj, Patonov lični simbol. Tajler voli da označava svoje stvari, ali ako na šo-lji ispiše Paton, ona ne može da se koristi kao rekvizit; stoga je simbol zmaja zgodan jer tako obeležene stvari mogu da se upotrebe. Tu su po fiokama uredno složene gomile predme-ta. – Perforatori, heftalice, lenjiri. Kakav vam lenjir treba? – pita Tajler. – Imam mnogo starinskih drvenih lenjira jer ih je teško nabaviti. – – Imamo i pušački pribor – kaže Majk. – Sve što je potrebno za drogiranje. Biljne cigarete. Lule za krek, ako pušite krek. Lažni kokain. Lažnu travu. Lažne džointe i razne druge stvari. – Ponovo Tajler. – Torbe za spise. Ovde ih je pedeset. Imao sam ih preko dve stotine, kako bi Vilson mo-gao da odabere.

PITANJE: Da li su i vaše kuće ovako dobro uređene?

MAJK: Ne, za to imamo vremena samo na poslu.

TAJLER: Moja garaža izgleda gotovo isto ovako. U njoj se nalazi mnogo stvari kao i ovde.

Hrana je poseban izazov za rekvizitere. U sceni s hranom glumci će, koliko god mogu, izbeći da jedu. Svaka scena će se snimiti iz različitih uglova, iz krupnog plana i iz širokog. Ako glumac jede u jednom kadru, mora da jede i u svim drugim.

Ukoliko u kadru uzme jedan zalogaj hamburgera, onda to mora da ponovi i u svim drugim. To znači da rekviziteri moraju obezbediti onoliko komada hrane koliko je kadrova, i još rezervu. Ako glumac ne treba da žvaće i proguta određenu hranu, ispljune je u kofu sa strane predviđenu za to.

U epizodi *Epska propast* trenutno nezaposleni Haus savlađuje gurmansko kuvanje uz naučničku revnost. Haus pravi složeno jelo od jaja i ragua koje Trinaest proba i ocenjuje kao nešto najbolje što je ikada okusila. – Ta je epizoda za mene bila prava noćna mora – kaže Tajler Paton, koji je u tu svrhu angažovao aranžera hrane. – On injekcijom ubacuje žumance i izvlači pravo jaje. Mala žumanca su sačinjena od silikona. – Jaja iz injekcija je napravila kompanija *Autonomous Effects* koja pravi i tela za seriju. – Morali smo da ih zamenimo komadićima začinjenog tofua koji Olivija jede. – Olivija je pojela negde između dvanaest i petnaest komada – kaže Tajler. – Još nisam otrovao nijednog glumca.

PITANJE: Neki glumci pojedu sve što staviš ispred njih?

TAJLER PATON: Ne kada su usred posla. Na početku su još uvek gladni. Oni koji glume tog dana jedu.

MAJK KEJSI: Robert [Šon Lenard] je iz nekog razloga hteo da jede nešto čega nije bilo u scenariju. Pomoćnik rekvizitera ga je pitao: „Jeste li sigurni?" a on je potvrdno odgovorio i onda smo mu dali mešavinu orašastog voća koju je morao da jede iznova i iznova i iznova. Nakon te scene nam je kazao: „Ako ikada budem tražio da jedem, podsetite me na ovu mešavinu. Najeo sam se orašastog voća za čitav život."

TAJLER PATON: Hju je tražio neke kolačiće. Imali smo mnogo zahteva na temu njihovog izgleda i kutije u kojoj bi se našli, pa smo mogli da nabavimo samo one bez šećera, za dijabetičare. Hju je prokomentarisao: „O, nisu tako loši." Na kraju scene je rekao: „Eksplodiraću." Treba pojesti samo tri komada, a on je pojeo šezdeset. Otišao je do svoje prikolice kukajući da ga boli stomak. Moraju da budu veoma obazrivi.

S pištoljima i novcem problemi su drugačiji. Pokazivanje novca na ekranu je posebno sporno. Tehnički, snimanje novca je falsifikovanje, barem što se slova zakona tiče, tako da postoje izvesna ograničenja. Novčanice moraju da budu manje ili veće od pravih. Tajler Paton je oružar, tako da je prošao kroz proveru kako bi mogao da radi s oružjem sa ćorcima (kroz istu proveru prođu i oni koji barataju pravim oružjem). Uzet je okvir pravog pištolja i izmenjen je kako bi se iz njega ispaljivali ćorci, ali se jednostavno može vratiti u prvobitno stanje. U *Hausu* se oružje retko koristi. Kada Vilson ide u lov na ćurke, njegov bivši pacijent Taker gađa hemoterapijsku kesu zakačenu na drvo. Puška je napunjena ćorcima; pucanj izgleda kao pravi zato što je specijalnim efektima podešeno da iz kese iscuri nešto sadržine.

Tajler pripada trećoj generaciji Patonovih koji žive u Holivudu. Njegov deda je pedesetih režirao seriju *Super Circus*. Njegova majka [*A Swingin' Summer*] i otac [*Scampy the Boy Clown*] bili su glumci a otac mu je bio i producent i pomoćnik režisera. Sa šesnaest, čim je dobio dozvolu, Tajler je vozio kamione za reklame. I Majk Kejsi je u filmsku industriju ušao preko reklama. Majk je tri godine bio pomoćnik na setu dok je Tajler bio samostalni rekviziter. Tajler Paton takođe glumi neurohirurga u *Hausu*, koristeći rekvizite koje su rekviziteri sami osmislili i napravili.

– **Kada ste mladi, gledate ljude koji čine ekipu na snimanju i vidite rekvizitera koji ima sve: ima oružje, ima cirku, i svi mu postavljaju pitanja. On je odgovoran. On je glavni. Naravno, osvrnem li se unazad, pomislim kako je možda mnogo bolje biti kamerman ili šminker.**

TAJLER PATON

– Gotovo svaki dan je drugačiji – opisuje Tajler svoj posao. – Uvek ima da se osmisli nešto novo. Znamo toliko mnogo o mnogim stvarima da nam je sve postalo svejedno. – Pominje drag trke (koje smo videli u tizeru za *Po svaku cenu*) i zna šta trkači nose i kakve slušalice koriste, što je više nego što vatreni fanovi znaju. – Moramo da razgovaramo s trkačima – kaže on – odemo do pit stopa i pitamo ih šta je ono? ko je ono? šta to radi? Kada se tizer završi, već iskrsne nešto drugo.

U svojoj kancelariji, pored rasporeda snimanja, Tajler i Majk drže po odštampan spisak svojih Pet zlatnih pravila, koja ih sprečavaju da se pogube tokom dugačke radne nedelje. Njihovi spiskovi imaju i iste tačke, kao što je „ne reaguje previše emotivno" i „ne razmišljaj previše o manama drugih". Tajler ima „drži se podalje od voki-tokija ukoliko nije nužno" i „prihvati male probleme"; u Majkovom spisku stoji „budi pozitivan". – On je postavio pravila za mene – kaže Majk. – Ja sam ih odredio za njega. Pola posla je da se svi slažu... Mi se slažemo zato što smo prijatelji i posle posla. Ljudi nas pitaju kako nam uspeva. Provodimo više vremena zajedno nego sa svojim ženama. – Ova serija je veoma naporna i to je dobro – kaže Tajler. – Uvek imamo gomilu posla. Sukobi ne mogu dugo da traju, jer moramo da se vratimo poslu... U ovoj seriji imamo mnogo slobode ali smo morali da zaslužimo poverenje.

PITANJE: Otkud ti ona Hausova loptu za kriket?

MAJK KEJSI: Nabavio sam je iz Indije. Hteo sam da imam baš pravu. Ako ne valja, Hju će me razbiti. On ima magičnu loptu 8, teniske loptice, loptu za boćanje. Dekorateri su ih izneli na set, pa sam rekao da moram dobaviti još primeraka jer ljudi, nažalost, uzimaju stvari sa seta, ma koliko besmisleno da to zvuči. Te lopte za boćanje su stvarno kul ali sam morao da naručim još četiri preko interneta. Mislim da smo u ovoj sezoni već izgubili jednu. Možda ih baš on uzima.

Zajedno sa šminkerima Edom Frenčom i Džejmi Kelman, glavna šminkerka Dalija Dokter je 2007. osvojila nagradu Emi za izuzetnu protetičku šminku za Džordža, čoveka teškog preko dvesta kilograma kojeg su vatrogasci izbavili iz njegovog doma u *Šta bude, biće*. – Bio je to posao rađen iz ljubavi – kaže Dalija, gledajući fotografije preobražaja glumca. Dalija je u saradnji s režiserom i scenaristima pretresla koncept i nadgledala izgradnju odela u specijalističkoj šminkerskoj laboratoriji. Morala se postaviti prikolica i u njoj je troje ljudi čitava tri i po sata nameštalo protetiku. Zbog ovog zadatka Dalija je došla na posao ranije nego ikad, u tri sata i četrdeset dva minuta ujutro. – Bilo je zanimljivo koračati kroz studio u taj rani čas – kaže Dalija. – Bilo je nekako pusto. – Jedan problem s lažnom kožom jeste to da se postigne da se pomera kao prava a uspeh protetike najviše zavisi od samog glumca. – Glumcu je pošlo za rukom – kaže Dalija za Pruita Tejlora Vinsa, čoveka od dvesta kilograma. – Izgledalo je kao da je koža deo njega... Bio je veoma zabavan saradnik a i sâm je uživao u svemu.

Protetika Dalije Dokter pridonosi uverljivosti medicinskih scena. Kada su Haus i Forman započeli obdukciju leša policajca u *Hrabrom srcu* u jednom kadru se vidi testera koja seče grudi tela. Dalija je napravila deo od silikona koji je imao i ranu, ofarbala ga je i dodala krv a u postprodukciji je unet efekat rezanja kroz grudi leša. U *Epskoj propasti* Vins, proizvođač video-igrice, delimično se nadima zahvaljujući protetici postavljenoj na njegove grudi. Grudi glumca su već bile snimljene a kako su bile dlakave, tako je i protetička proteza morala da ima dlake pa su ih ugrađivali jednu po jednu.

U *Nepovoljnim događajima* glava umetnika je dramatično eksplodirala. Dalija je poslala glumca u laboratoriju da sačine kalup njegove glave i vrata za test verziju koju je trebalo da pogledaju režiser i scenarista. Zatim je načinjena protetika koja je stavljena na glumca zarad snimanja. Dalija čuva sve svoje protetičke proteze i povremeno neku iskoristi za nešto drugo. Ali i pored tolikih različitih proteza koje je godinama izrađivala, nijednu nije kopirala.

U uobičajenom sledu događaja, Dalija ima nedelju dana da istražuje i da stvori svoje specijalne efekte. Scenarista obaveštava Daliju o podacima koje nađe. – Kad smo radili epizodu o mladoj ženi kojoj otpada koža (*Pod kožom*), scenaristkinja Pem Dejvis mi je poslala link; sedela sam pred kompjuterom, gledala, i plakala sve vreme. Bila je to istinita priča o ženi koja je uzimala antibiotike pa su joj se nakon šest sati pojavili plikovi a koža počela da... mislili su da će umreti. Kosa joj je opala. Na njenom licu videle su se samo očne jabučice, tako je strašno izgledala. Međutim, preživela je. Bila je prelepa. – Kožu je veoma teško imitirati, jer je veoma tanka a treba dočarati sve slojeve. Za mladića koji ima ogromnu izraslinu na glavi u epizodi *Ružan* takođe je obavljeno istraživanje preko interneta, a rezultat je protetika s perikom povrh svega.

Ako vam zatreba tetovaža, Dalija Dokter će vas uputiti na pravo mesto. Ona koristi tetovažu *tinsli*. – Štos je prost: tetovaža je dobra ako nije previše crna – kaže Dalija. – Ukoliko se na ekranu pokažu isuviše crne, onda izgledaju kao lažne. Ako ih izbledite, verodostojnije su.

Fotografije svega što je Dalija uradila u šestoj sezoni načičkane su u jednom uglu prikolice. Tu je Gospodar slobode, koji je skočio sa zgrade parkinga u epizodi *Slomljeno* i Alvi, Hausov cimer iz bolnice, fotografisan nakon što ga je Haus udario. („Obožavala sam Alvija", kaže Dalija.) Tu je Vins iz *Epske propasti* i kosturi na kojima su se vršila ispitivanja lošeg DNK u *Hrabrom srcu*. Suštinski je važno da Dalija fotografiše svoj rad jer se mnoge scene snimaju bez reda. Pacijent se nekada snima u trenutku krvavog umiranja a odmah zatim kako dolazi u bolnicu, kada izgleda mnogo zdravije. Pomoću Dalijinih fotografija uspostavlja se kontinuitet.

– Šunjam se od stejdža do stejdža i gledam kroz prozor bolničke sobe u drvo i grane koje se povijaju – sve mora da izgleda realistično. U prolazu ugledam člana ekipe za vizuelne efekte koji sedi na stolici, drži nit kojom su povezane grane, povlači je i tako pomera grane. Njegova akcija zaokružuje čitavu scenu. Šta kažete na to? Ljudi ne znaju šta sve obuhvata ovaj posao.

DALIJA DOKTER

Dalija je započela obuku za šminkere u četrdesetoj godini. Prvo je podučavala u školi šminke gde je naučila svoj zanat a potom se zaputila u potragu za poslom u Holivudu uobičajenim putem – kucala je na mnogobrojna vrata. Radila je kratke filmove, filmove nedelje, zatim serije, uključujući i punih pet sezona *Anđela*. Iako se bavila ulepšavanjem, u *Hausu* se Dalija

specijalizovala za efekte. Ketlin Kroford i Marijana Elajas ulep-
šavaju, dok je za frizure zaduženo osoblje iz drugog odeljenja,
– Ali radimo zajedno – kaže Dalija. – Mi smo tim. – Dalija is-
pomaže i pri ulepšavanju, ako je potrebno. Pomaže i rekvizi-
terima kad je epizoda veoma zahtevna. Ukoliko glumac sedi
u njenoj stolici za šminkanje i čeka da mu stave zavoje (što je,
tehnički, posao rekvizitera), ona će to učiniti.

Haus je dobio udarac

U epizodi *Neznanje je bla-
ženstvo* Čejs zadaje udarac Ha-
usu i nanosi mu impresivnu
povredu koju je Dalija Dokter
proizvela. Stvar je procene ko-
liko je jako Čejs udario Hausa.
Bolničarka Bobin Bergstrom
je često zadužena za ovakva
pitanja: – Kako će oko izgleda-
ti odmah nakon udarca i dva
dana potom? Da li žele da šlji-
va bude velika kao kod Rokija,
i s posekotinom – pita ona – a
to je nerealno posle samo jed-
nog udarca. – U drugim situa-
cijama, stvari se posmatraju
slobodnije: ozbiljan udarac na-
net jednog dana već sledećeg se
uopšte ne primećuje.

Hausovo oko, u koje ga je Čejs
udario, izgleda sve bolje.

PITANJE: Da li bi Trinaest ikada udarila
Hausa?

OLIVIJA VAJLD: Mislim da bi Trinaest to uradila na drugačiji način. Isuviše bi ga
uzbudilo kada bi ga ona kaznila. Da ona izgubi kontrolu i fizički se obračuna s
njim, on bi odneo pobedu. Najbolje bi ga udarila da ga nekako ponizi ili pokaže
kako je nezainteresovana za njega.

U ovom slučaju Dalija je probno našminkala Lorijevog dublera Patrika Prajsa. Naslikala mu je slomljen nos, posekotinu na oku i šljivu koju je kasnije naslikala i na Hjuu. Posekotinu je činila protetika od komadića lateksa. Dalija ga visoko izdiže. – Ovo parče sam upotrebila na Patriku. Nekako ću ga staviti i na Hausa. Zalepiću ga a onda ću ublažiti ivice. Nadam se da će se držati čitav dan.

PITANJE: Udario ga je pravo u očnu duplju i posekao ga kod oka, bio je to dobar udarac.

DALIJA DOKTER: Da. Razbio mu je i nos. Biće dobro za dva dana.

Dva sata je trajalo pretvaranje Patrika Prajsa u izudaranog Hausa. Fotografije su zatim prosleđene režiseru Gregu Jaitanesu, scenaristima, Kejti Džejkobs i Hjuu Loriju kako bi se nešto eventualno doradilo. Patrik je bio Lorijev dubler tokom čitave serije i, na stranu što je u njega pucano, ovo je najbolji udarac koji je Haus istrpeo. – Džesi Spenser ume gadno da potkači – kaže Patrik. – Iz Australije je, zaboga, i mišićav je.

11

STVARANJE NA EKRANU

⊠ VIZUELNI EFEKTI I MONTAŽA

> – To vam je kao sklapanje automobila. Koristite jednu vrstu blok cilindra koji ne radi, onda ga zamenite drugim. A šta ćemo s nagibom automobila? To je proces sklapanja, razmontiravanja, ponovnog sklapanja i rasklapanja sve dok ne dobijete ono što želite.

KRIS BRUKŠIR, MONTAŽER

Finalni kadrovi slagalice zvane *Haus* sklapaju se u montažnim sobama i studijima i na kompjuterskim ekranima Elana Soltesa u odeljenju za vizuelne efekte (VFX). – Sada radimo mnogo kompjuterske grafike – kaže Elan. – Trend je da se sve manje snimaju kadrovi iz unutrašnjosti tela a mnogo više u tizerima kako bi izgledali što čudnovatije i neobičnije. – Ništa nije bilo tako čudnovato kao sekvenca video-igrice na početku epizode *Epska propast*, u šestoj sezoni. U toj futurističkoj igrici likovi se pretapaju u Trinaest i Formana a to u stvari pacijent halucinira. Tizer je izgledao sasvim drugačije od svega do tad viđenog u seriji. Neki gledaoci su verovatno proveravali da nisu pobrkali kanal. – Toga sam se plašila – kaže producentkinja Marsi Kaplan. – Da li će gledaoci isključiti televizor? – Nakon sekundu, dve – neće.

Elan Soltes je član Udruženja direktora fotografije, podsetnik na vreme pre kompjuterske grafike kada su korišćene zelene i plave pozadine i minijature za snimanje. Kao dete, Elan je hteo da bude fotograf. Na fakultetu je snimao video a zatim eksperimentisao sa *soni portapakom*, crnobelom kamerom u koju su se stavljale magnetofonske trake. Snimio je nekoliko dokumentarnih filmova za javnu televiziju i počeo da dizajnira špice za TV. Kada je njegovom poslodavcu zatrebao supervizor vizuelnih efekata za rimejk serije *Nemoguća misija*, Elanu je ponuđen taj posao. – Rekao sam da ne poznajem nikog ko se time bavi a oni su mi odgovorili da je to isto kao i dizajniranje špice i da ću se već snaći.

Sekvenca video-igrice je osmišljena tokom pauze između dve sezone. – Bilo je prilično ambiciozno – kaže Elan Soltes, kome je zamisao izložena pred sam kraj prethodne sezone. – Rekao sam kako bi bolje bilo da odmah počnemo. Bio je to dugačak i podroban proces; najpre smo pitali scenariste šta su to zamislili. U stvarnom životu to bi potrajalo od tri do četiri godine. – Kako i sâm kod kuće ima dva dečaka, Elanu su poznate video-igrice. Zamisao je bila da se stvori nova tehnologija, kao da Vins, kreator video-igrice u priči, stvara nešto što će postati hit. Likovi nose naočare za virtuelnu stvarnost i stoje na postoljima pucajući iz oružja uz praćenje pokreta. Tajler Paton i rekviziteri su načinili oružje i naočare. Tajler je napravio prototip pištolja i dao da se izradi još šest primeraka. Naočare su načinjene od slušalica i hokejaških štitnika za lice; za mikrofon je Tajler odsekao deo postolja stone lampe sa svog stola. Sve ostalo je bilo visoka tehnologija.

– Želeli smo da napravimo nešto između video-igrice i animiranog filma, i mislim da smo uspeli.

GREG JAITANES

Elan Soltes je primenio svoje iskustvo supervizora vizuelnih efekata u futurističkoj seriji Džejmsa Kamerona, *Anđeo tame*. Scenaristi su zamislili postapokaliptičnu medicinsku laboratoriju po uzoru na PPTH ali nastanjenu mutantima. Elan i umetnici s kojima je radio doneli su skice za likove u igrici: Snajpera Čimpa, Lizarda Mena i Vinsa, pacijenta nedelje. Sekvence video-igrice su prvo prikazane na storibordu; režirao ih je Greg Jaitanes; petnaest tehničara iz *Encore Hollywood*, firme za vizuelne efekte, stvorilo je okruženje igrice.

Dovršena igrica pucačina je nazvana „SevidžSkejp". Kako se likovi kreću kroz zonu ishrane u bolnici/laboratoriji, napadaju ih preistorijski pterodaktili i mutanti slepih miševa i vrana – oni se brane laserskim oružjem. – Bilo je sumanuto – kaže Elan. – Ali uspeli smo. Spremamo se da uradimo animiranu verziju.

> **– Takmičimo se s filmovima mada nas publika ne gleda na filmskom platnu nego na televizoru od 127 centimetara, u svojim dnevnim sobama, i to po čitavoj Americi. Sve mora da izgleda dobro.**
>
> **DEJVID ŠOR**

Elan se priseća rada na još nekim tizerima. Dečko kojem se priviđaju vanzemaljci (*Štap i Avelj*); popunjavanje sale za virtuoza Dejva Metjuza uz samo osamdeset statista (*Idiot*); raznošenje Hausove noge (*Strogo poverljivo*) – po Elanovim rečima „to je bio još jedan mali štos"; rušenje zgrade u *Sam*; trenažer probnog leta za astronaute Nase s displejem iznad glava i tlom koje promiče pod nogama na sto pedeset metara, i psihodelična sekvenca u počast filmu *2001: Odiseja u svemiru* kada pacijentkinja počinje da čuje svojim očima (*Prava stvar*).

– Trudimo se da budemo gadni. Jedan scenarista je voleo da zabada igle u oko pa smo i to radili. Svima se to dopalo.

ELAN SOLTES

Često se vizuelni efekti koriste za manje opravke čime se ubrzava proces produkcije. Tokom sekvence video-igrice režiser Greg Jaitanes je zatražio širi ugao snimanja ali kad bi povukli kameru u snimku bi se videla rasveta koju je direktor fotografije Gejl Tatersol postavio na plafon. Elan je odobrio snimanje, rekavši da će se time pozabaviti kasnije. – Mogu da stavim čoveka za kompjuter i on će se za nekoliko minuta rešiti tog svetla ili ću pustiti ekipu da sedi pola sata dok neko ne smisli gde da premesti svetla kako se ne bi videla u snimku. – Vizuelnim efektima mogu se izgladiti ivice protetike, učiniti da se neko brzo ospe ili obojiti oči pacijenta u žuto kako bi izgledalo da boluje od žutice, što je brže nego da mu stave sočiva. Ako je specijalnim efektima u nečije uvo postavljena cev iz koje treba da pokulja krv, Elan će se rešiti te cevi.

Elan je takođe zadužen za sveobuhvatni i zamršeni naum da *Hausova* publika poveruje u to da gleda Prinston, u Nju Džerziju. Stiv Hauard angažuje „zelenog čoveka", kome je jedan od zadataka da vezuje drveće palme kako bi ličile na drveće što raste na Istočnoj obali. Vilsonov i Takerov lov na divlje ćurke (*Vilson*) sniman je u Los Anđelesu. – Snimamo u parku Grifit, tako da pejzaž mora izgledati kao da je jesen u Nju Džerziju – kaže Elan. – Imamo alatke pomoću kojih donekle možemo da menjamo boju.

– **Ne znam zašto** kriju da su se Haus i njegov tim preselili u UCLA? Veoma je naporno ostavljati utisak da se radnja zbiva u Prinstonu u Nju Džerziju. Ne znam koliko ljudi uopšte obraća pažnju na to.

ELAN SOLTES

Tokom sastanka kraj sudopere, kako ga Elan zove, to jest sastanka s producentima iz ostalih odeljenja, donosi se odluka o tome šta će biti specijalni efekti (oni koji se prave na setu) a šta vizuelni (koji se unose kasnije); za šta su zaduženi šminkeri i tako redom. Svi su bili uposleni prilikom epizode *Zaleđeni* koja se odvija na Antarktiku, kada Haus postavlja dijagnozu Kejt (igra je Mira Sorvino) i istovremeno flertuje s njom; junakinja se razboljeva u istraživačkoj stanici na Južnom polu (koja je podignuta na setu). Ta epizoda *Hausa* je išla u vreme Superboula. – Rekla sam: „Znači, potrebno mi je da vizuelni efekti budu boli glava" – kaže Kejti Džejkobs. – Elan, montažerka Dorijan Haris i ja radili smo napornije i uložili više u taj tizer znajući da ta epizoda sledi Superboul utakmicu... Sve smo ubacili u nju.

Set za Antarktik je osmišljen i izgrađen u studiju za sedam dana. Tizer počinje snimkom antarktičkog leda iz vazduha koji vodi ka čoveku kojeg je posekao rotor vetrenjače. (Klasično odvraćanje pažnje: to nije pacijent nedelje.) Veći deo snimka je načinjen kompjuterski, osim dela vetrenjače, nešto snega i ratraka, koji je odeljenje transporta pronašlo u Oregonu i isporučilo.

Tizer je zamišljen kao horizont koji se širi u večnost, u belo, obasjan polarnom svetlošću, a sneg veje; ali sneg u kompjuterskoj grafici nikad ne izgleda uverljivo kao pravi lažni sneg. Kao što važi za svaki efekat, ključno je bilo pronaći ravnotežu između onog što se može učiniti na setu i onog što se dodaje u postprodukciji. U Holivudu ima specijalista za sve, tako da postoji i kompanija Snou biznis, koja se bavi tim stvarima. Saradnjom kompanije Snou biznis i Elanovih kompjutera. elementi su tako izmešani da e postigne maksimalni efekat.

– Volimo krvave stvari. Elan nas odlično šeta kroz ljudsko telo. Serija *Mesto zločina* je promenila sve to. Gledaoci *Mesta zločina* žele da vide kako nokat leti i zakucava se u zid, pa ga kasnije vade pincetom. Publika je navikla na takvu vizuelnu stimulaciju.

DEJVID FOSTER

....

Iza ćoška kancelarije Elana Soltesa smeštena su tri *Hausova* montažera: Ejmi Fleming, Kris Brukšir i Dorijan Haris. Sedeći kraj niza televizijskih ekrana montažeri uzimaju snimke i pretvaraju ih u ono što Foks emituje ponedeljkom uveče. Jednom ili dvaput dnevno u AVID mašine se unose datoteke s podacima o svemu što je snimljeno dan ranije (dnevni materijal). Montažer odmah počinje da radi; od pomoći je kada se otkrije da postoje izvesni tehnički problemi s onim što je upravo snimljeno. Nakon snimanja, montažer ima četiri ili pet dana da dostavi montiranu epizodu režiseru.

– Gluma je vrhunska. Glumačka podela je tako dobra, ali glumci moraju da budu na nivou ostalih. Kada izađete na set s Hjuom Lorijem, morate da budete prokleto dobri. Imate istu scenu s Hjuom Lorijem koja je snimljena četiri puta i on je apsolutno fantastičan u svakoj. Imate mnogo odličnih mogućnosti.

KRIS BRUKŠIR

Na setu se jedna scena snima više puta iz različitih planova, razdaljina i uglova. Montažer donosi kreativnu odluku o tome koji kadar najbolje sledi onaj prethodni i tako redom.
– Postoji jezik kojim se izražava ono što je snimljeno – kaže Dorijan Haris – a postoji i jezik montaže. On sledi izvesna propisana pravila.
– Pokušavamo da navedemo publiku da shvati priču – kaže Kris Brukšir. – Pokušavamo da zaista kreativno, efikasno i uzbudljivo ispričamo priču pomoću sirovog materijala.

– Recimo da postoji dijalog u kom Vilson prekoreva Hausa zbog loše odluke. Mnogo bi više značilo kada bismo umesto prikaza Vilsona koji prekoreva Hausa, videli Hausove reakcije na ono što Vilson govori. To je bolje za seriju. Kako će se snimati odlučuju glumci, režiseri, montažeri, producenti; mnoštvo je različitih procesa.

KRIS BRUKŠIR

Prvi izmontirani materijal obično traje osam ili devet minuta duže nego što je određeno. Montažer usklađuje prvi niz odluka koje donosi sa svojim poznavanjem režisera i scenarista, i njihovim iskustvom s vizuelnim jezikom serije koji se s vremenom izgradio. – Pomalo znamo kako serija treba da izgleda, i zato se trudimo da dovedemo epizode na taj nivo – kaže Kris.
Suvišnih devet minuta se izgubi u procesu pregledanja prvog izmontiranog materijala. Režiser ima četiri dana da se pozabavi epizodom, a potom je šalje producentima. Najverovatnije

nijedna režiserska verzija filma ili TV serije nikada nije bila kraća nego što to producent želi ali će režiseru sigurno više odgovarati da sam iseče višak nego da to prepusti producentu. – Često je u njihovom interesu da odnesu ogoljeniju verziju producentima, kako ne bi previše toga bilo dovedeno u pitanje – kaže Dorijan Haris. – Na kraju, Dejvid Šor i Kejti Džejkobs odlučuju šta ostaje a šta se izbacuje. – Producenti su bolje upoznati s dugoročnom pričom, te mogu odabrati snimak kojim se nagoveštava nešto sa čim montažer nije upoznat. – Želim da ta reakcija bude ljuća jer ćemo kasnije od toga napraviti priču – kaže Kris. – Moram da vidim kako taj gnev narasta.

Mnogobrojni obučeni profesionalci koji rade na *Hausu* stigli su u L. A. u potrazi za poslom, nakon iskustva koje su stekli na televiziji, u nezavisnim filmovima ili reklamama, drugde po zemlji. Ejmi Fleming je pohađala filmsku školu i uživala u montaži, gde je, kako kaže, konstruisala delove i mirila ono što je napisano s onim što je dobijeno u produkciji. U L. A. se preselila iz Čikaga, gde se većinom rade reklame.

Dorijan Haris je u montaži videla način da krene od početka procesa, i nije bila zainteresovana za produkcijski posao. Ona je radila kao pomoćnik u Njujorku, gde je nekom prilikom samostalno obavljala montažu s Robertom Altmanom. Dorijanin muž je takođe u istom poslu, on je asistent režije i filmski producent. Kris Brukšir je spavao na nečijem kauču i počeo kao asistent produkcije. Radio je u montaži na filmovima, ali je shvatio da će više i brže naučiti na televiziji, pa je počeo sa serijom *Zakon i red*.

Suštinski je važno da prilikom montaže priča ima smisla i da je dosledna od početka do kraja. Priča ne sme da se raspadne. Od prvog kadra je važno da se ne izbacuju dijalozi. *Hausovi* scenaristi pažljivo povezuju različite niti priče koje se odvijaju tokom svake epizode; ukoliko se jedna opaska iseče iz prvog čina, verovatno nešto mora da se izbaci iz trećeg čina. U izvesnim slučajevima se koriste AO, to jest automatske opaske, koje se ubacuju kada mikrofon nešto ne uhvati ili kada se neka replika doda ili izmeni. AO se snimaju bez slike; povremeno se neka scena ponovo snima kako bi se održala celovitost priče.

Montažeri takođe sređuju i zvuk koji je snimljen na setu. Dodaju privremene zvučne efekte i muziku, koja se kasnije zamenjuje novosnimljenim zvukom. Postoji i materijal izmontiran za mrežu koji odlazi odboru za cenzuru, a i odeljenje za advertajzing televizijske mreže takođe ocenjuje izmontiranu epizodu. Muzika mora da se odobri i plati, pa NBC deli trošak između produkcije, distribucije i inostranih partnera. Kada su slika i zvuk zaključani, što znači da je posao montažera završen, epizoda se nosi spoljnim odeljenjima gde prebacuju sliku u najbolji HD kvalitet i čiste zvuk. Nedugo zatim epizoda se predaje televizijskoj mreži i pušta u etar.

– **Jednom od prednosti televizije** smatram činjenicu da se ne možete zadržavati predugo na nečemu. Ne možete preterano razrađivati nešto što zatim odlazi dalje. Proizvodimo epizode ali se u proizvodnji ne zadržavamo više nego što je potrebno. Radila sam i po godinu dana manje filmove koji bi imali koristi od kraće postprodukcije. U filmovima se dozvoljava izvesno preterivanje.

DORIJAN HARIS

– Veoma često možete preraditi nešto što bi bolje prošlo da ste poslušali svoj instinkt – kaže Kris. – Počnete da zapitkujete i stvari postanu manje jasne. – Dorijan Haris kaže: – Veoma su retke serije za koje mislim da nemamo dovoljno vremena.

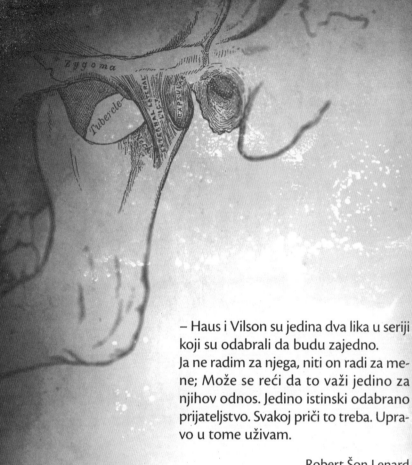

– Haus i Vilson su jedina dva lika u seriji koji su odabrali da budu zajedno.
Ja ne radim za njega, niti on radi za mene; Može se reći da to važi jedino za njihov odnos. Jedino istinski odabrano prijateljstvo. Svakoj priči to treba. Upravo u tome uživam.

Robert Šon Lenard

VILSON

Robert Šon Lenard

Šta znamo o doktoru Vilsonu? On je načelnik onkološkog odeljenja u PPTH. Sudeći po duksevima koje nosi, ima nekakve veze s univerzitetom Makgil u Montrealu. Postoje tri bivše gospođe doktora Vilsona (jedna dvaputa?) i nedavno preminula partnerka, u čijem je stanu Vilson živeo neko vreme. Jevrejin je. Vozi razumno odabran auto i odeva se kao bankar. Veoma je brižan i pomalo željan pažnje. A Haus mu je najbolji prijatelj.

Kada se čini da je, nakon smrti Amber, Vilson napustio bolnicu i Hausa, Katner jezgrovito objašnjava Hausu šta mu je Vilson značio: – Plaćao ti je ručkove, voli monster kamione i bio je tvoja savest (*Nije rak*). Još od pilot--epizode jasno je da Vilson veruje kako je Hausu stalo do njega. Ali i pored uobičajenih ljubaznosti, Haus na neobičan način pokazuje svoju naklonost. U šestoj sezoni, u epizodi *Vilson*, kada njih dvojica žive zajedno u stanu u kom je živela Amber, Haus budi Vilsona u pola sedam ujutro svirajući na gitari „Faith" Džordža Majkla, odlično ali glasno. Vadi iz frižidera kompletne Vilsonove večere kako bi napravio mesta za svoje čašice s margaritom. To je tek mali deo. Šta Vilson ima od svega toga?

Ako je u seriji Taub ženskaroš, Vilson je mladoženja u seriji. Haus je zavisan od tableta, Vilson od vezivanja za žene. Vilson se, međutim, možda ne vezuje samo za jednu ženu. Vilson je na početku prve sezone oženjen, ali nešto kod kuće ne valja čim Božić/Hanuku provodi s Hausom uz kinesku hranu. Hausu izjavljuje da voli svoju ženu. Haus se tome smeje. – Znam da voliš svoju ženu – kaže mu. – Voleo si sve svoje žene. Verovatno ih još uvek voliš. Štaviše, verovatno voliš sve žene koje si voleo a kojima se nisi oženio (*Vernost*). U drugoj sezoni Haus hvata Vilsona kako se mota oko Debi iz knjigovodstva (*Autopsija*). Vilson i Kameronova poveravaju se jedno drugom. On i nije veran tip.

– Moja žena nije umirala; nije čak ni bila bolesna. Sve je bilo
u redu, upoznao sam nekog... pored koga sam se osećao čudno...

Dobro. I nisam želeo da me to osećanje prođe... Ne možeš da ob-uzdavaš svoje emocije. (Točkovi)

(Pitanje je, o kojoj ženi govori? Bilo ih je tri.) Vilson ima skrivene talente. Glumačke sposobnosti koje očajnički pokušava da sakrije. U *Skrivenim životima* Haus nabasava na porno-film bez budžeta *Divlja zadovoljstva* koji je Vilson snimio u mladosti („Otkrio je da je pomalo mužjak... ali u stvari čovek..."). Vilson uporno naglašava da je u porniću zapravo igrao njegov telesni dvojnik. Kada se Haus sprema na sastanak s Kameronovom (*Ljubav boli*), Vilson mu daje veoma precizan savet. Toliko o SNT – snovima, nadama i težnjama. Njemu je očigledno upalilo. A u *Hausovom treningu* Haus uspeva da pronađe drugu bivšu gospođu Vilson kako bi doznao Vilsonovu tehniku udvaranja. Vilson je želeo da budu prijatelji; ona ga je zaskočila. Kako objašnjava, on vas prosto uvuče. Uvek je tu sve dok ga jednog dana – nema. Haus razmišlja da je možda trebalo da se bolje upoznaju pre nego što su imali seks. Ona objašnjava da je seks s Džejmsom fantastičan; niko se toliko ne trudi da pruži ženi ono što traži.

> **– Epizoda Vilson nam predstavlja Vilsonovu tačku gledišta. Neobično je što je to uvek tako. Vilson je Votson za Hausa koji je Holms; nekako sam uvek osećao da se radi o Vilsonovom viđenju Hausa. Iako je Vilson često odsutan, mi gledamo Vilsonovo viđenje Hausa. Reč je o Vilsonovoj privrženosti Hausu. On odistinski voli Hausa; ne želi ništa od njega niti ima potrebu da mu nešto pruži. Među njima postoji svojevrsna sličnost.**
>
> **HJU LORI**

Do kraja druge sezone Vilson je ostavio i treću ženu, i to zbog njenog neverstva (*Seks ubija*) te Haus i Vilson po prvi put postaju cimeri. Polako stiču rutinu: Haus jede Vilsonovu hranu i sabotira njegove pokušaje da nađe novi stan. Spušta ruku usnulog Vilsona u činiju s vodom kako bi se umokrio na kauču. Vilsonova reakcija na sve to je nesrazmerno beznačajna: preseca jedan Hausov štap (*Bezbedno*). (Vilson može da usvoji neku od Hausovih taktika. U epizodi *Sam* otima Hausovu novu gitaru kako bi ga podstakao da angažuje novi tim.) Vilson je i dalje u potrazi – u *Ludo zaljubljenim* Haus pominje Vilsonovu ljubavnu aferu s pacijentkinjom, i njegovo trenutno zanimanje za sestru s pedijatrije.

– Moji brakovi su bili tako truli da sam sve vreme provodio s tobom – kaže Vilson. – Ti se, u stvari, jedino bojiš toga da ću ja ostvariti dobru vezu. – To je stvarno koliko i čudovište iz Loh Nesa. Haus nema razloga za brigu.

Sve dok se nije pojavila Amber.

> – Moja prijateljica Pem Dejvis je napisala odličnu scenu u kojoj pokušavam da pregledam grudi jedne pacijentkinje a Haus mi je krišom podmetnuo met, spid ili šta već, pa ludujem pod dejstvom droge... (*Ostavka*). To je bilo stvarno zabavno. Pomalo je ličilo na Baka Henrija. Imam priliku da nespretno navučem rukavice u stilu Kerija Granta.
>
> ROBERT ŠON LENARD

Haus neprestano iskušava Vilsona. U *Tatinom sinu* stalno pozajmljuje novac od Vilsona kako bi video koliko on vrednuje njihovo prijateljstvo, izraženo u dolarima i centima. (Vilson pozajmljuje Hausu pet hiljada dolara za kupovinu automobila, a ovaj kupi motocikl.) S detektivom Triterom Haus prevršava svaku meru. Prvo Vilson kaže Triteru da je prepisao Hausu sve lekove (*Šta bude, biće*). Kada Haus ukrade Vilsonov blok s receptima kako bi sebi prepisao lekove, Vilson ga optužuje da dovodi njihovo prijateljstvo u pitanje, dokazujući Hausu da je u pravu po pitanju ljudskih odnosa (*Sin tipa u komi*). Čak i kad Triter oduzima Vilsonu pravo da prepisuje lekove, Haus je neuzdrman – neće prihvatiti nagodbu s Triterom i priznati svoj problem s lekovima. – Mogao

> **– Da li je Haus obio moju fioku i ukrao mi blok s receptima? Naravno da jeste. Da nije, ne bi bio Haus. Toliko znam o njemu.**
>
> **ROBERT ŠON LENARD**

si da mi pomogneš u ovome ili ne – kaže Vilson (*Zvekni krticu*). Očajan, Vilson sklapa pogodbu s Triterom – Haus će priznati da je falsifikovao recepte, a zauzvrat ga neće poslati u zatvor nego na rehabilitaciju (*Pronalaženje Jude*). – Trebaće mi trideset srebrnjaka – kaže Vilson Triteru.

Do tog trenutka Vilson je bio jedan od vodećih zagovornika ideje da Haus jeste zavisnik, ali je kadar da funkcioniše, te zamisli da on predstavlja pozitivnu silu u svemiru uprkos svoje zavisnosti. Vilson spasava Hausa od Voglera, držeći mu stranu na sastanku upravnog odbora na kom je prva tačka dnevnog reda otpuštanje Hausa. – Okej, uprskao je. Nesrećan je. Verovatno bi trebalo da ponovo pročita etički zakonik, ali njemu je sve u redu. Spasao je na stotine života (*Bebe i kupanje*). Samo Vilson bira Hausa umesto Voglerovih sto miliona dolara. Čak i Kadi u prvom navratu glasa protiv Hausa i sve izgleda kao da će Vilson izgubiti. Haus nije spreman da spase samog sebe, pa ni Vilsona. Vogler nudi Hausu priliku da održi govor na promociji novog leka, što Haus prihvata a zatim upropaštava.

VILSON: Nemam decu. Moj brak ne valja. Samo su me dve stvari držale. Ovaj posao i ovo glupo sjebano prijateljstvo, a tebi ništa od toga nije dovoljno važno da bi održao jedan ušljivi govor.

HAUS: Važno mi je. [pauza] Kada bih imao drugu priliku...

VILSON: Učinio bi isto.

Hausovo ponovno antiprijateljstvo je neuzdrmano. U *Idiotu* Haus glumi da ima poslednji stadijum raka mozga kako bi nabavio lekove a kada ga otkriju, pušta da njegove kolege misle kako mu je ostalo tek nekoliko meseci života; oni su uznemireni zbog njegove prevare, što je razumljivo. – Nemaš rak – kaže Vilson. – Postoje ljudi kojima je stalo do tebe. I šta ti radiš? [smeje se] Glumiš da boluješ od raka a zatim guraš zabrinute ljude od sebe.

Pošto njegov prijatelj nosi košulje boje lavande, Haus shvata da se viđa s nekim (*Zaleđeni*). U *Ne menjaj se* otkriva da je reč o Amber, izuzetno agresivnoj kandidatkinji koju nije zaposlio zato što nije mogla podneti da u nečem greši. – Ona je krvožedna kučka; ti plačeš kada gledaš *Pobedu nad tamom* – kaže Haus. – Zašto bi zastrašujućem bio potreban jadnik? – pita se Haus, a zatim odgovara na svoje pitanje.

– Ovde nije reč samo o seksu – tebi se sviđa njen karakter. Dopada ti se što je spletkašica. Sviđa ti se što nimalo ne mari za posledice. Dopada ti se što može da ponižava nekog ako to služi... O, Bože. Pa ti spavaš sa mnom.

PITANJE: Kada sazna za Vilsona i Amber, Haus kaže: „Bože, ti spavaš sa mnom...”

ROBERT ŠON LENARD: Za mene je to bilo poput: „Aha, pa?" Mislim da su osobine koje nekog privlače kod prijatelja ponekad iste kao i one koje ga privlače kod partnera. Razumeo sam tu logiku.

Ipak izgleda da je Vilson promenio Amber. Ona ne želi da ga se otarasi zarad posla, kada joj Haus to nudi. Vilsonova ljubav i poštovanje pobeđuju prijateljstvo. U *Nema više gospodina Dobrice* Haus i Amber se sporazumevaju da preuzmu zajedničko starateljstvo nad Vilsonom. Amber nema mnogo vremena da promeni Vilsona. Kada Katner i Trinaest pretražuju Amberin stan u *Vilsonovom srcu*, pronalaze nepriličan kućni film koji su Vilson i Amber napravili. Vilsonov prvi, ali ne i Amberin. Pa ipak, u prodavnici dušeka, Vilson je nesposoban da odluči kada mu Amber kaže da odabere šta će da kupi (*Ostvarenje sna*). Vilson izjavi da je oduvek želeo vodeni krevet, kupuje ga i smesta zažali zbog toga.

– Odlazi da kupi vodeni krevet i onog trena kada ga donese kući kaže: „Ne želim vodeni krevet". Barem je pokušao, ali mu nije odgovaralo. Mislim da je toliko neurotičan da ne zna šta želi. Kao kada Amber kaže: „Da li želiš vodeni krevet? Ako ga želiš, kupi ga." Mislim da je toliko sluđen da više ne zna šta želi.

ROBERT ŠON LENARD

Uprkos razlikama među njima, Vilson se svakako opet vezao, a i Amber takođe. Zatim, u *Hausovoj glavi* shvatamo da je Amber bila s Hausom u autobusu koji se prevrnuo. U *Vilsonovom srcu* Amber umire kada Vilson isključuje aparat koji ju je održavao u životu. Otišla je u bar da pokupi pijanog Hausa, nakon što je ovaj telefonirao i tražio Vilsona. Haus dovodi u opasnost svoj život: uzima lekove za Alchajmerovu bolest i podvrgava se stimulaciji mozga kako bi se setio koje je simptome primetio kod Amber pre nesreće. Shvata da je ona uzela tablete protiv gripa koje sadrže amantadin, i da je time uništila srce i bubrege. Ništa ne može da se učini.

Na početku pete sezone Vilson napušta PPTH.

HAUS: Žao mi je. Znam da nisam pokušao da je ubijem. Znam da nisam želeo da je povredim. Znam da je ta nesreća bila slučajna, ali se osećam trulo a ona je mrtva zbog mene.

VILSON: Ne krivim te, mada sam hteo. I pokušavao. Mora da sam stotinu puta pregledao Amberin karton pokušavajući da nađem nešto... ali nisi ti kriv.

HAUS: Onda smo okej. Mislim, ti nisi, ali možda mogu da ti pomognem.

VILSON: Nismo okej. Amber uopšte nije bila razlog za moj odlazak. Nisam hteo da te napustim zato... zato što sam pokušavao, kao i uvek, da te zaštitim. U tome je problem. Širiš nesreću zato što ne možeš da osetiš ništa drugo. Manipulišeš ljudima zato što ne možeš da se nosiš s bilo kakvim pravim odnosom, a to sam ti ja omogućio. Godinama već, kroz igre, pijančenje, telefonske pozive u pola noći. Trebalo je da ja budem u tom autobusu a ne... Trebalo je da budeš sâm u tom autobusu. Ako sam išta naučio od Amber, onda je to da treba da se brinem o sebi. [stavlja kutiju pod ruku] Nismo prijatelji, Hause. Ne znam da li smo ikad bili. [napušta kancelariju]

Kao i likovi pre i posle njega, ni Vilson ne može tako lako da se oslobodi Hausa, premda pokušava. Haus povlači sudbonosni potez – angažuje privatnog detektiva Lukasa Daglasa (Majkl Veston) da špijunira Vilsona kako bi video da li ovaj pati. Vilson ima drugi posao; kaže da je nastavio sa životom (*Nije rak*). Već je četiri meseca odsutan, ali Hausov otac umire i Hausova mama dovlači Vilsona, zamolivši ga da privoli njenog sina da ode na sahranu oca od kog se otuđio (*Mladeži*). Kada Vilsona policija zaustavlja i hapsi na tom putu, ispostavlja se da je za njim podignuta poternica u Lujzijani. Naravno, to ima veze s Hausom. Tek što je diplomirao medicinu, Vilson na nekakvom kongresu medicinara u Nju Orleansu baca flašu u ogledalo za barom i započinje tuču. Haus ga izvlači iz zatvora zato što mu je bilo dosadno a Vilson je zabavan.

U pogrebnom zavodu Haus pokušava da navede Vilsona da prizna kako ga je napustio u strahu da će ga izgubiti. Proganja Vilsona sve dok ovaj ne baci flašu burbona u prozor s vitražom. Vilson i dalje nije dosadan. Haus zna da je Vilson pukao u Nju Orleansu zato što se razvodio (od Sem). Njemu je zaista teško da gubi ljude. Vilson dopušta Hausu da bude u pravu i priznaje: – Ovo naše neobično i zamorno putovanje nešto je najzabavnije otkad je Amber umrla.

> – Vilson je potpuno sluđen. On trpi gomilu gluposti od nekog ko bi trebalo da mu bude najbolji prijatelj. Skoro da je gore nego kada neka žena koja je zaljubljena u muškarca podnosi njegove gluposti. Njihov odnos je mnogo intimniji. A zašto [podnosi tolike gluposti]? On prosto voli tog tipa.
>
> LISA EDELSTAJN

I tako su Haus i Vilson ponovo zajedno. Haus je zabrinut da se Vilson u odsustvu promenio. Angažuje Lukasa da prati Vilsona, i on otkriva da Vilson ima novu devojku, Debi, bivšu prostitutku (*Srećna Trinaest*). Vilson želi da joj pomogne da dobije stipendiju za pravni fakultet. Ali Vilson simulira da ima devojku, dokazujući time da se ništa nije promenilo. Njih dvoje uživaju u obmani. Na kraju, Haus i Vilson žive zajedno u stanu koji je Vilson delio s Amber.

Pravi uvid u Vilsonovu potrebu za drugima stičemo nakon novih saznanja o njegovom bratu. Još od *Istorije bolesti* poznato je da Vilson ima brata kojeg nije video punih devet godina. U *Društvenom ugovoru* Haus doznaje da je Vilsonov brat Danijel pronađen kako spava u predvorju poslovne zgrade na Menhetnu i da je smešten u psihijatrijsku bolnicu. Vilson objašnjava da to nije pomenuo Hausu zato što njihov društveni ugovor nije uobičajen: Vilson neke stvari ne govori Hausu a Haus ga ne laže. Vilson objašnjava Hausu da je njegov brat šizofreničar. Dok je Vilson studirao Deni ga je zvao svakog dana; a onda Vilson jednom nije imao vremena da razgovara sa njim i Deni je pobegao. Haus odmah zaključuje da je Vilsonova griža savesti oblikovala čitav njegov život. – Izgradio si svoj talenat da udovoljavaš drugim ljudima kao što olimpijski sportista izgrađuje svoje mišiće – kaže Haus. – Toliko o preteranoj reakciji na jedan jedini događaj. – Vilson shvata da su drugačiji.

> – *Čitav moj život je jedan veliki kompromis. Obilazim oko ljudi na vrhovima prstiju, kao da su načinjeni od porcelana. Sve vreme analiziram stvari. Kakva će biti reakcija ako kažem nešto? A tu si i ti. Ti si zavisan od stvarnosti. Da ti ponudim kakvu utešnu laž, tresnuo bi me njome po glavi. Hajde da to ne menjamo.* (Vilson)

U *Pseudokomi* Haus zaključuje da Vilsonova nova devojka radi u Denijevoj negovateljskoj ustanovi. – Ona je negovateljica, kao i sve tvoje bivše.

– To objašnjava njegovu opreznost, da. On je iz disfunkcionalne porodice. Mnogo maltera je palo na njegovu glavu od tog događaja. Pobegao je od kuće, i otada se promenio. Mnogo toga je tek nagovešteno... Po meni, njegovi roditelji su obična govna koja su usadila mlađem detetu krivicu zbog patnje starijeg brata, zato što im nije tada pomogao, jer su oni jadni roditelji.

ROBERT ŠON LENARD

– Nisam bio svestan toga kada smo razvijali priču, ali su mi Hju i ostali skrenuli pažnju. Veoma sam ponosan na to što je ovo jedna od retkih jednosatnih serija koja istražuje muško prijateljstvo na ovakav način. Uživam u tome i svi se silno zabavljamo.

DEJVID ŠOR

U šestoj sezoni Vilson je usredsređen na Hausov oporavak. Kako više nije na tabletama, možda može da uspostavi vezu s Kadi. – Vidiš – Vilson se obraća Amberinom duhu – stvarno se oporavlja (*Hrabro srce*). A zatim otkrivaju Lukasa.

U *Poznatim nepoznanicama* umire Vilsonov pacijent Džozef Šulc. Vilson se oseća krivim što nije bio uz njega na samrti i spreman je da počini profesionalno samoubistvo: održaće govor na medicinskoj konferenciji u kojem će priznati da je počinio eutanaziju. Haus pokušava da ga urazumi ali Vilson ne odustaje. – Ako sam nešto naučio od tebe, to je da treba da učinim ono što smatram ispravnim i da se ne brinem za posledice.

– Kod mene to pali – kaže Haus. I tako Haus drogira Vilsona, ukrade mu pantalone i održi govor predstavljajući se kao doktor Perlmuter.

Kada Haus ugleda Vilsona u sali za predavanja, on naglo skreće s teme Vilsonovog govora. – Nisam u stanju da se izuzmem od odgovornosti – kaže Haus/Perlmuter koji glumi Vilsona. – Moji prijatelji isuviše često zloupotrebljavaju tu činjenicu. – Nakon što se Vilson izviče na Hausa zbog toga što ga je drogirao i ukrao mu pantalone, zahvali mu se što mu je rekao da je dobro i da je učinio sve što je mogao za gospodina Šulca. – Ti si dobar prijatelj. Kadi to treba da zna – kaže Vilson. – Treba da zna da sam te drogirao kako ne bi priznao ubistvo – došapne mu Haus.

U *Vilsonu* vidimo koliko je Vilson dobar doktor upravo zato što brine. (Haus ga začikava zbog njegove brižnosti. – Znam da si unutra – kaže Haus u *Mora da zna*. – Čujem te kako se brineš.) Vilson pamti imena svojih pacijenata, navedimo najpre to. U epizodi *Poznate nepoznanice* Vilson se veoma brižno obraća svom pacijentu Džozefu po imenu, dok nam nije jasno da li Haus zna da se Trinaest zove Remi (*Velika beba*). Vilson zaključuje da se pacijentu stanje pogoršalo jer mu se nije pohvalio uspesima svojih unučadi (čija imena Vilson zna), što znači da je u depresiji a to ponovo ukazuje na rak. To je prava hausovski uspostavljena dijagnoza, ali sâm Haus nije toliko brižan da bi znao takve pojedinosti o svojim pacijentima.

Pojavljuje se Vilsonov prijatelj Taker, njegov bivši pacijent kome je spasao život pre pet godina, i tada su se zbližili. Taker se Vilsonu obraća sa Džime, što je dodatni razlog da ga Haus ne voli (svi znaju da se Džim zove Vilson). Taker ima mladu devojku ali kako se njegova bolest pogoršava, on traži utehu u svojoj bivšoj ženi i ćerki. Vilson se poduhvata veoma rizične procedure, hausovski agresivno; Haus ga upozorava da mora biti u stanju da izdrži posledice neuspeha. Dvostruka doza hemoterapije uništava Takerov rak ali u tom procesu mu biva upropašćena jetra.

Uz Hausovu pomoć, Vilson traži jetru za svog prijatelja. Zatim, kao poslednje pribežište, Taker od Vilsona traži režanj jetre kako bi spasao svoj život. Dok je u lečenju Takera postupao kao Haus, on na svoj neuspeh reaguje kao Vilson a ne poput Hausa. Kada Haus shvata da Vilson vaga hoće li dati deo jetre, naziva ga otiračem. Vilson kaže da će to uraditi jer je taj čovek njegov prijatelj. – Svi umiru – kaže Haus. – Svi su ti prijatelji. – Uprkos Hausovom protivljenju, Vilson ga moli da prisustvuje operaciji.

HAUS: Neću.

VILSON: Zašto?

HAUS: Zato što ću ostati sam ako umreš.

Haus posmatra operaciju s galerije. Vilson spasava Takera. Dok se oporavlja, Taker kaže da će se vratiti svojoj devojci. Osoba s kojom želiš da budeš kada umireš, objašnjava on, nije ona s kojom želiš da živiš. Vilson se s tim ne slaže; ne može se biti tako selektivan. Kada Takerova devojka uđe u sobu i oslovi ga sa Džime, on je ispravi. – Zapravo se zovem Džejms.

Vilson dokazuje Hausu da nije otirač. Haus ohrabruje Vilsona da bude ljut jer je to u redu, te ovaj zove svoju drugu bivšu ženu, posrednicu za prodaju nekretnina, i nudi joj veću cifru za stan koji je Kadi htela da kupi za sebe i Lukasa. – Povredila je mog prijatelja – kaže Vilson. – Treba da bude kažnjena.

KEJTI DŽEJKOBS: Mislim da su obojica fantastični doktori, a mene zanima šta to čini fantastičnog doktora. Nije nužno da fantastični doktor bude i fantastična osoba.

PITANJE: Haus i Vilson bi skupa predstavljali odličnog doktora.

HJU LORI: Verovatno su svesni toga. Verovatno bi bili fanastičan doktor kao i fantastično ljudsko biće.

ROBERT ŠON LENARD: Kada bi se Vilson i Haus stopili u jednu osobu, bila bi to zanimljiva kombinacija. Vilson bi bio veoma dobar upravnik hotela; on dočekuje ljude. Bilo bi odlično ako bi samo to radio.

Vilson je naučio nešto od Hausa. Haus ne pušta Vilsona da pokaže šta je naučio kada ga je drogirao i sprečio njegov samoubilački govor o eutanaziji. To su stvari koje znače Vilsonu, sila koja ispravlja njegovo osećanje krivice i potrebe za drugima koje ga guše, isti oni atributi koji ga čine izvrsnim doktorom. Kada Amber umire, Haus prepoznaje osećanje nepravde s kojim Vilson pokušava da se izbori jer se ono sasvim uklapa u Hausov pogled na svet. – Ovde je reč o tebi, kako pokušavaš da se spremiš za najgore; zato si postao onkolog. Tu nema iznenađenja, uvek se desi ono najgore. Ali Amber... Ona je bila mlada i zdrava. Njena smrt je došla niotkuda. (*Mladeži*).

– Emotivno je to verovatno loš posao za Vilsona ali je dobar za njegove pacijente. Mislim da biste želeli da vas Haus pregleda ako bolujete od tajanstvene bolesti, od nečeg smrtonosnog. Ukoliko nije ništa smrtonosno, verovatno biste išli kod bilo koga, kako ne biste trpeli sve one gluposti; ali ako imate rak, nikog ne biste voleli više od doktora Vilsona.

DEJVID ŠOR

Kao roditelj kakvog nesrećnog tinejdžera, Haus pokušava da zaštiti Vilsona čak i kad Vilson to ne želi. Kada se Sem Kar (Sintija Votros), prva gospođa Vilson, ponovo pojavi (*Pad viteza*), Haus se silno trudi da ona ne postane (i) četvrta gospođa Vilson. Prilikom prvog koškanja, Haus na večeru dovodi prostitutku transvestita kao svoju pratnju, ali njegov naum propada jer se Sara i Sem ponašaju kao stare prijateljice. Haus sprema Sem i Vilsonu bogatu večeru i čeka da Vilson ode u kupatilo pa da iznese svoje karte na sto.

HAUS [OSMEHUJUĆI SE]: Ti si okrutna kučka koja mu je iščupala srce. Gledao sam ga kako godinama pokušava da prevaziđe štetu koju si mu nanela. Nema šanse da te tek tako pustim da ga ponovo opčiniš, kako bi mu učinila isto.

SEM: A sve ovo?

HAUS: Druga faza u upoznavanju neprijatelja.

SEM: Pogrešno si me procenio. Ali mi je drago što sada ne moram da se pretvaram da si mi simpatičan. Osim kada je Džejms kraj mene.

HAUS: Takođe. Jedina razlika je to što ću te nadživeti.

Haus angažuje drugog svog rivala, Lukasa, da proveri Sem, ali on ne nalazi ništa, samo zapečaćene psihijatrijske nalaze za koje Haus odlučuje da su van domašaja. Kao i uvek, Haus Vilsonove kvalitete vidi kao nedostatke. U međuvremenu, Haus i Trinaest leče čoveka koji živi u srednjovekovnom kampu i pridržava se verzije udvaranja koja je bila moderna u Čoserovo doba.

HAUS: Kôd kojeg se naš vitez pridržava po sopstvenim rečima, sve su to gluposti o časti i viteštvu. Vilson je takav po svojoj prirodi. I zato je on...

TRINAEST: ... divan tip...

HAUS: ... naivac i laka meta. Neko mora da pazi na njega.

Haus i Vilson. Njihovo je prijateljstvo ključno za *Hausa*. Oni su jin i jang. Većina Vilsonovih pacijenata umire; većina Hausovih preživi. Haus se ni s kim ne slaže; Vilson je dobar sa svima. Vilson je obično dosadan; Haus nikada. Haus čitko piše; u *Tatinom sinu* Vilson ispisuje diferencijalnu dijagnozu na beloj tabli užasnim rukopisom. I kroz šalu znaju kakav je njihov odnos.

VILSON: Ponekad si pravi drkadžija, znaš?

HAUS: Aha. A ti si pozitivac.

VILSON: Barem se trudim.

HAUS: Dokle god pokušavaš da budeš dobar, možeš da radiš šta hoćeš.

VILSON: A dokle god to ne pokušavaš, možeš da pričaš šta god želiš.

HAUS: Dakle, među nama rečeno, možemo da radimo bilo šta. Možemo da vladamo svetom.

[VILSON UZDAHNE] (*Vernost*)

VILSONOV IZGLED

PITANJE: Kakva je Vilsonova garderoba?

KETI KRENDAL: On je tako konzervativan, skroz u stilu Bruks braders.

PITANJE: Nosiće bež i smeđe...

KETI KRENDAL: Povremeno je tu i crvena kravata. On je konzervativan i pripadnik stare garde. Oblači se onako kako misli da doktori treba da se oblače.

PITANJE: Ako izlazi na sastanak, možda će zameniti kravatu.

KETI KRENDAL: Možda. Kada je izlazio s Amber, nosio je ružičastu ili žutu košulju, a možda i finu košulju boje mente ako je ona birala. Ali, nije ostala dovoljno dugo.

Robert Šon Lenard o ... Vilsonu i Hausu

– Oni su momci, tako da mislim da ne pričaju o stvarima o kojima pričaju žene u vezi. Mislim da je za publiku važno što su na kraju dana Haus i Vilson prijatelji. Mislim da je to veoma uspešno prijateljstvo u seriji. Delimično zato što je uvek na ivici da se okonča, barem s Vilsonove tačke gledišta. Možda ne i s Hausove.

PITANJE: Šta to privlači Hausa Vilsonu?

– Dopada mi se taj tip. Mislim da je veoma dopadljiv. Mnogo novinara pita zašto Vilson provodi vreme s Hausom, tim užasnim tipom... Čak i ja znam da atributi glavnog lika naše serije jezovito podsećaju na mnogobrojne likove iz raznih serija – oni su usamljenici, mizantropi, ne mogu da zadrže žene, sviraju neki džez instrument a uveče kod kuće sami ispijaju viski. Oni su izvanredni, veoma britki. Humor im je suvoparan, mrzovoljni su. Žao mi je ali šta vam s tog spiska nije atraktivno? Takva je ljudska priroda. Pokažite mi televizijsku seriju o čoveku koji je fin i ljubazan, koji svake nedelje piše pismo svojoj majci – meni takav tip nije dopadljiv. Sve u vezi s Hausom je smišljeno kako bi bio dopadljiv, karakter. Pričamo o fikciji. On je veoma, veoma privlačan, dopadljiv lik.

PITANJE: I dopušta Vilsonu da bude loš.

– Ljudi dobijaju različite stvari iz svakog prijateljstva a u ovoj kombinaciji Vilson biva uvučen u različite prilike u kojima se obično ne bi našao, što je nekad dobro za njega a nekad i nije.

PITANJE: Nakon što Amber umre, Vilson uz smicalice pokušava da se viđa sa ženama ali Haus ga uvek otkriva. On želi Vilsona za sebe...

– Haus je očigledno poremećen lik koji ima problem. I to je daleko od one njegove radoznalosti, ljubomore i sitničavosti. On zaista ima problem. Kada angažujete privatnog detektiva da vam uhodi prijatelja, to je malo više od nečeg što bi većina ljudi uradila. On sasvim očigledno ima problem.

PITANJE: Za dosta toga je objašnjenje ono što se dogodilo Vilsonovom bratu.

– Mislim da se obojica osećamo napušteno. Obojica smo veoma usamljeni. Mislim da Čejs ima prijatelje; Haus i Vilson su sami. Tu je mnogo video-igrica. Gledaju se i fudbalske utakmice. Ima i pornića. Mnogo loših navika u ishrani. Uvek sam smatrao da su njihovi samački životi veoma slični. Smislio sam šalu da Vilson zbog nečega mora da leži u bolnici pa natera Hausa da ode u njegov stan i uzme sve porniće kako ih gazda ne bi pronašao. Haus dođe s kutijom punom pornića a Vilson ga pita: „Gde su oni nemački?

Robert Šon Lenard uživa u pauzi.

Gde su oni nemački?". Haus je promašio čitav štek ispod dasaka u podu. Mislim da su njih dvojica strašni usamljenici.

PITANJE: Da li je Haus pozitivna sila u svemiru?

– On čini mnogo toga dobrog ljudima... Način na koji ja gledam na svet pomalo se sukobljava s Vilsonovim pogledom na svet. Ja smatram da je svet previše siv... Osude bi se trebale donositi veoma, veoma retko.

PITANJE: Poslednje što bi se moglo pripisati Vilsonu jeste da je kritičan.

– Kritičniji je od mene, to je sigurno. Ako ste odrasli i nemate decu koja zavise od vas, savršeno me ne zanima šta radite. Ako se povredite, briga me. Postoji delić Vilsona koji tako razmišlja.

PITANJE: Mnogo je ljudi s kojima se Haus sukobljava – Ron Livingston, doktor koji leči tuberkulozu i Vogler, čije probe lekova mogu da spasu na hiljade života, ali oni su licemeri.

– Takođe možete da zauzmete ovaj neverovatno ciničan stav: šta je tako veliko u spasavanju na hiljade života. Na Zemlji fali ljudi? Ne znam u šta Vilson veruje.

Robert Šon Lenard o... Hjuu Loriju

PITANJE: Kada ste se ti i Hju Lori skopčali?

– Hju i ja smo se skopčali čim smo se upoznali, čini mi se. Veoma se jasno sećam kada sam ga prvi put video kako korača ka liftu. Čudno, već je držao štap. Nije se služio njim ali ga je nosio – ne znam zašto. Ja sam bio s Lisom Edelstajn. Tek što smo stigli u Vankuver, gde se snimala pilot-epizoda. Lisa, Hju i ja smo se upoznali te prve večeri u Vankuveru, i jeli smo suši.

Hju i ja smo tokom večere veoma brzo ustanovili da smo obojica kao magarence Iar iz *Vinija Pua*. Sećam se da je Hju rekao kako ja ne mogu biti takav tip jer je on takav, i kako ne možemo obojica biti na setu. Nemamo baš pozitivan pogled na svet. Hju veoma strastveno doživljava seriju. Ako nešto treba da se uradi, on je spreman dok sam ja već na polovini auto-puta i šal mi leprša na vetru. On je osoba na koju možete računati, osoba kojoj se možete obratiti. Sasvim sigurno imamo sličan smisao za humor, a moje pozorišno iskustvo se neobično poklapa s njegovim iskustvom komičara. Odrastao sam gledajući i obožavajući Kena Branu, Emu Tompson, Imeldu Stonton, Stivena Fraja – a kasnije sam s njima radio. Ne verujem da je bilo mnogo tridesetčetvorogodišnjaka u Holivudu koje bi Hju upoznao u to doba a da znaju ko je Piter Kuk i mogu da pričaju o Imeldi Stonton, Stivenu Fraju i Dereku Džejkobiju. Pravi srećković.

Hju je neobičan primer. On je veoma jedinstven glumac. On nije pozorišni glumac. Pretpostavljam da bi se godinama opisivao kao skeč glumac ili komedijaš i da bi pokušavao da dobije ulogu u nekom filmu a onda ga je dopala ova uloga. Čak bi i on priznao da je reč o pukoj sreći.

PITANJE: U Velikoj Britaniji njegova je prošlost neverovatna...

– On je čitavu prošlost radio jedno a sada radi nešto sasvim drugačije. Ne verujem da bi Hju napravio ovakav zaokret u Londonu. Tamo imaju veoma ukorenjenu predstavu o tome ko je Hju Lori. Veoma su tvrdi jer ovo nije nešto što je radio ranije. A to nije dopušteno.

ROBERT ŠON LENARD O... VILSONU

PITANJE: Nismo videli mnogo Vilsonovih pacijenata.

– Uglavnom ćete ga videti kako ih liferuje na zadnja vrata. To mu je zajedničko s Kameronovom, a začudo, nije iskorišćeno u seriji.

PITANJE: Vilson pomaže ljudima.

– Mislim da je zato studirao medicinu, on je pametan i medicina ga privlači zbog toga što može da pomaže ljudima...

PITANJE: Bi li Haus više voleo da je kao Vilson?

– Mislim da Haus ne misli o tome. Ne mislim da misli kako bi trebalo da bude finiji prema ljudima. Mislim da misli da sam ludak i ne mislim da previše greši.

PITANJE: Svi lažu. Poznato je da je Vilson lagao...

– Vilson laže mnogo više od Hausa, čini mi se.

PITANJE: Da se pozabavimo činjenicom da je Vilson bolesniji od Hausa – on nije u stanju da oslobodi svoje misli, svoje radnje, svoje reči...

– On mora da bude dobar dečko. Šta god da mu se dogodilo kod kuće, s bratom i onim roditeljima... Mislim da ga pritiska tihi očaj. Postoji onih nekoliko koraka koje nikada neće preći a onda će jednog dana biti mrtav. A nije ih prešao. Haus ih je prešao. On upada u nevolje, biva povređen kao i mnogo drugih ljudi, ali ipak prelazi tih nekoliko koraka.

PITANJE: Međutim, on je stalno u potrazi, ti mnogobrojni brakovi...

– To je čista glupost. Nije on u potrazi. Strog sam prema Vilsonu ali tako treba. Njegovi brakovi su izvrdavanje. Gomila istog.

PITANJE: Da li on misli da je u potrazi?

– Za njega bi potraga bila kako da ne bude dobar dečko. To je potraga. Oženiti se devojkom kojoj treba njegova pomoć, to nije potraga. To je udobna fotelja i kutija cigareta. To je udobnost.

> *– U mojoj glavi, Vilson je mnogo bolesnija osoba od Hausa. U mom glumačkom umu. To je moje mišljenje. Mislim da je veoma uštogljen.*
>
> **ROBERT ŠON LENARD**

PITANJE: Bilo bi zabavno gledati zločestog Vilsona.

– Amber je pomalo pokušavala to da postigne.

PITANJE: Pokušavala je da ga oslobodi tako što ga je nagovarala da traži ono što želi...

– Na to mislim. Čak i da se oženio pravom osobom, kao što je Amber, koja ga je terala da traži, i dalje ne bi uspeo. I tada bi umro a da nije prešao tih nekoliko koraka. To je tragično i tužno ali, žao mi je, mislim da je to on. Postoji mnogo takvih ljudi. Možda sam i ja jedan od njih. Haus nije... Da, on povređuje ljude ali to čini jasno, brzo i istinito. Vilson je mnogo sluđeniji i, čini mi se, okrutniji. Po meni, on je povredio mnogo više ljudi i to mnogo dublje nego što je Haus to ikad učinio.

PITANJE: Robert Šon Lenard smatra da je Vilson mnogo poremećeniji od Hausa.

DEJVID ŠOR: [smeje se] Nisam siguran u vezi s tim „mnogo više". Odlično je što Robert to tako vidi... Slušajte, da je tip iole prilagođeniji nego što izgleda, ne verujem da bi bio Hausov prijatelj. Vilson verovatno potiskuje stvari. Mislim da on želi da je više nalik Hausu a Haus je Vilsonov prijatelj zato što mu pomalo zavidi.

PITANJE: Zato što je put u pakao popločan dobrim namerama...

– On pokušava da uradi sve ispravno, pokušava sve da usreći... Pokušava da bude dobar dečko. Tako mnogo više ljudi biva povređeno nego da ste Piter Fonda koji luta drumom.

PITANJE: Znači nikada nećemo videti zločestog Vilsona...

– Ne bi bilo zabavno jer je zločesti Vilson vodeni krevet. I sa zločestim Vilsonom stvari bi krenule naopako. Mislim da Haus ne priželjkuje tako nešto. Ne želi da izvuče tako nešto iz Vilsona kao što je Amber činila. Hausu je dobro što je Vilson takav; boli ga kada vidi da se muči. Kao da gleda armadilje koji se sklupčaju u lopticu. Kada ih ugledate tako na leđima, uzdahnete; mislim da je to ono što Haus oseća prema Vilsonu.

ROBERT ŠON LENARD O... ROBERTU ŠONU LENARDU

– Kada mislim na *Hausa*, mislim na ovu prikolicu u kojoj se nalazim, na šminku na mom licu, na Ajru [Hervica, supervizora scenarija] koji mi daje beleške o scenariju. O stvarima koje moram da završim do pola sedam jer mi žena sprema večeru. To je moj dan. Ova serija nije onakva kakvu je većina ljudi doživljava. Za mene je ona ovo. U Ajovi uključe televizor u osam uveče i eto serije. Jedna epizoda se pretače u drugu.

Ja sam najveći lenjivac na ovom setu a možda i u Los Anđelesu. Ne volim da radim. Istovremeno s audicijom za ovu seriju, imao sam audiciju za seriju *Brojevi*. Trebalo je da odlučim hoću li na audiciju za *Brojeve* ili za ovo, a u *Brojevima* se moj lik previše pojavljivao. Previše teksta. Pomislio sam kako je to isuviše zamorno. Nemam ništa protiv toga da budem Šnajder u *Hausu* (Dvejn Šnajder, nadzornik u seriji *One Day at a Time*]. Pojavljuješ se u svakoj osmoj sceni i kažeš: „Znaš, cevi su..." Dopada mi se ta uloga. Volim kada lik ima dve-tri scene u epizodi.

Volim svoju ženu, volim svoj život, volim svoju ćerku, volim svoje pse, volim svoju baštu. Veoma sam lenj kada je posao u pitanju. Radije bih da sam kod kuće. Na setu se šale da sam od onih tipova kojima je sve „dovoljno dobro". Ako je scena snimljena, spreman sam da idem dalje. Neko kaže: „Video sam kabl u pozadini", i ja odmah pomislim: „Stvarno? Ma daj." Uvek želim da nastavimo. Nikad ne želim da ponavljam.

PITANJE: Da li je to pozorišna navika? Ne može svake noći da bude savršeno?

– Nisam razmišljao o tome. Rad u pozorištu se veoma razlikuje od rada na filmu. Film je najdosadniji posao. To je najveći paradoks. Ljudi koji ne rade na filmu, misle da je to najuzbudljiviji posao na svetu. Ako ne volite da čitate, onda ste u nevolji; čoveče, svakog dana se čeka dvanaest sati da bi se radilo jedan sat.

PITANJE: Ista stvar iznova i iznova...

– Nikada se nisam potpuno uživeo. Postoje filmski glumci koje stvarno volim. Ja nisam jedan od njih. Uzbudljivo mi je da gledam Branda i Krisa Vokena. Ja sam veoma oprezan. Veoma sam svestan ogromnog objektiva ispred sebe. Nisam uspeo da se otresem toga. Ljudi kao što je Kris Voken sigurno jesu, jer je on tako živ ispred kamere. Kikoću se, smeju se, namiguju i češu se po licu i izgledaju tako živo. Verovatno se mnogo više zabavljaju nego ja. Ja sam pomalo krut.

PITANJE: Moglo bi se postaviti pitanje zašto to radiš...

– Da je u pozorištu više novca, glumio bih u pozorištu. Glumci rade sve tri stvari. Treba vam film, televizija, pozorište. Ne kažem kako ovaj posao ne donosi radost. Odlično je učestvovati u ovoj seriji. Ljudi su sjajni, Hju je neverovatan a scenariji ne mogu biti bolji. Nikada nisam uživao u glumi pred kamerom. Kada razgovaram s Itanom Hokom ili ljudima s kojima sam odrastao, vidim da postoje ljudi koji se lože na to, kao što se ja ložim na pozorište. Kada pričaju o Tarantinu, ili nekom kadru ili o filmu *Ajkula*, tako ja doživljavam Toma Stoparda. Moje priče se uvek tiču pozorišta *Serkl in d Skver*, teatra *Pablik* i Džozefa Papa. Odrastao sam gledajući Sema Voterstona i Blajt Daner...

PITANJE: Dakle, moraš da radiš na televiziji?

– Postoje stvari u kojima uživam; ali one ne donose novac. Uživam da čitam knjige Filipa Rota i da igram košarku; volim da čitam drame Džordža Bernarda Šoa ali ništa od svega toga ne donosi prihode, stoga...

Moj cilj u životu. Reći ću vam. Kada čitam knjige o Džonu A. Reblingu, čoveku koji je konstruisao Bruklinski most, pomislim: „Moj Bože, ko su ti ljudi?" Ja sam tako lenj. Moj cilj u životu je da zaradim što više novca, radeći što manje.

PITANJE: Da li gledaš seriju?

– Znam glumce koji okreću glavu ali ja volim da gledam šta sam uradio. Ne smeta mi ali i ne uživam u tome. Ne moram pošto-poto da gledam ali se i ne krijem ispod kauča. Radije bih gledao *Zakon i red* – [moja žena i ja] oboje volimo Vinsa Donofrija. Ona voli *Neni 911*. Nije da ne volim *Hausa*. Volim. Znam šta se dešava pa ne moram da gledam.

PITANJE: Kako ti se dopada L. A.?

– Još uvek „boravimo ovde" dok traje snimanje *Hausa*. Živimo u Njujorku ali se ovde zatičemo jedanaest meseci u godini. Moja žena Gabrijela je odrasla severno odavde, u Tauzend Ouksu, na sat vremena vožnje, pa živimo s njenim roditeljima.

PITANJE: Koliko slobodnog vremena imaš?

– Svake godine imamo otprilike slobodan maj i možda dve nedelje za Božić. Tada se vraćam u Njujork. Tamo se mnogo više osećam kao ljudsko biće. Možda dom upravo to znači. Tužno je što imam samo tih šest nedelja u godini.

ROBERT ŠON LENARD O... PENZIJI

PITANJE: Vilson će otići u penziju?

– Penzionisaće se. Vilson je tužan slučaj. Ne znam. Čak i tada će se nalaziti s Hausom posle posla. Ne znam da li će živeti zajedno. Nešto mi je u tome malo nesrećno. Sasvim sigurno će se naći u parku na klupi, ispijaće kafu i žaliće se na život.

PITANJE: Vidiš li Hausa i Vilsona u njihovim poznim godinama? Jesu li još prijatelji?

– Ne bi me iznenadilo. Iz iskustva znam da se porodica menja. Ne verujem da će ijedan od njih dvojice imati porodicu. Verujem da bi obojica zaista mogli biti „Stari prijatelji" Sajmona i Garfankela, na klupi u parku, s onim cipelama i svime što se pominje u toj pesmi. Buka grada sleže se na njihovim ramenima. Mislim da bi mogli biti ti ljudi.

12

SVI LAŽU

⊠ Tamna materija u svemiru, prvi deo

PITANJE: Dešava li se da se snimljena epizoda isporučuje mreži za prikazivanje u zadnjem času?
GERIT VAN DER MER: Svaki put.

Haus to prvi put izgovara u pilot-epizodi. Vilson to govori (*Značenje*); detektiv Triter kaže isto, i to s dobrim razlogom (*Sin tipa u komi*); Amber to kaže (*Vilsonovo srce*). Svi lažu. Čak i fetusi. Svi koji govore istinu bivaju dočekani s nevericom. – Dakle, svi lažu osim osuđenog ubice? (*Prihvatanje*), – Svi lažu osim političara? (*Uzor*). To što svi lažu je apsolutna istina u seriji, konstanta u Hausovom mračnom svemiru. Svaki pacijent ima priliku da slaže kada treba da ispriča svoju životnu priču, i za to postoje mnogobrojni motivi. – Ljudi lažu iz hiljadu razloga – kaže Haus. – Ali razlog uvek postoji (*Točkovi*). Kako je za laž dovoljno samo otvoriti usta, sredstva, motiv i prilika su tu. Dešava se. Svi lažu.

Haus: Osnovni je uslov ljudskosti to da svi lažu. Jedino je promenljivo – o čemu lažu. Odlično je kada nekome kažete da umire zato što se tada usredsređuje na ono što je najvažnije. Tada otkrivate šta mu je važno i za šta je spreman da umru. I za šta je spreman da laže. (Tri priče)

I ne samo rečima. U jednom trenutku u pilot-epizodi, pacijentkinja Rebeka Adler pita Vilsona da li je Haus njegov prijatelj. Vilson odgovara kako misli da je tako – pretpostavljamo da Haus to nikada nije izgovorio. – Nije bitno šta ljudi govore – kaže Rebeka. – Već šta čine. – Pa, u tom slučaju, Vilson zna. – Da, brine se za mene. – Ako ne možemo da verujemo nečijim rečima, kaže Vilson, parafrazirajući Hausa, sasvim sigurno možemo verovati onome što radi. Pitajte to detektiva Tritera, kada u trećoj sezoni pokušava da pošalje Hausa u zatvor. – Čak i dela ljudi poput tebe lažu – kaže Triter Hausu pedeset šest epizoda kasnije.

PITANJE: Postoji scena u kojoj se Haus izvinjava Triteru a ovaj mu odgovara: „Nedovoljno je, jer čak i tvoja dela lažu."

ROBERT ŠON LENARD: Mislim da ljudi lažu i da negativci češće pobeđuju. Veoma mi se sviđa što je Triter to rekao. Rekao bih isto skoro svakoj osobi iz mog života. Izvinjenje ni kod mene ne pali.

U *Tri priče*, kada Haus objašnjava da umiranje navodi čoveka na to da se usredsredi, otkrivamo da je farmer kojeg leči lagao da ga je ujela zmija; ujeo ga je njegov pas. Da je rekao istinu, ranije bi ga izlečili ali bi psa uspavali. Postoji na desetine razloga za laganje, kaže Forman u *Predivnoj laži*. – Samo je jedan razlog da se kaže istina.

HAUS: Postoji razlog zbog kojeg svi lažu. Završava se posao. Društvo može da funkcioniše zahvaljujući tome. Laž razdvaja čoveka od zveri.

VILSON: O, mislio sam da ga palčevi razdvajaju.

Pitajte Dejvida Šora slaže li se da svi lažu zato što je to u društvu neophodno, i on će potvrdno odgovoriti. Ali on taj fenomen posmatra iz šireg ugla, pogotovo kada se tiče Hausa.

– Haus je prirodno prepun nedoslednosti, ali unutar tih ne-doslednosti se nalazi istina koja nema nikakvog smisla i koja je sama po sebi protivrečna. On iznad svega veruje u istinu. Ne ce-ni posebno osećanja; veruje u istinu i u sve što do istine dovodi, uključujući i laž.

Ali, opšte je poznato: istina je skliska jegulja.

– Ne govorim o onome kad neko misli da je nešto crno ali ka-že da je belo, već verujem da svi na sve gledaju kroz sopstvenu prizmu. Misle da na poslu rade previše ili premalo. Oni osobeno sagledavaju svoj odnos prema partneru, deci i prijateljima, a ne-ko sa strane to vidi drugačije. Sve vide kroz ružičaste naočare.

Kad Haus izjavi da svi lažu on pod tim misli da niko ne zna istinu, štaviše niko ne zna da ne zna istinu. On traga za objektiv-nom stvarnošću i pokušava da se otarasi svega što bi ga usporilo u toj potrazi za objektivnom stvarnošću.

Dejvid Šor je to saznao veoma rano, dok je gradio pravnič-ku karijeru.

– Klijent se pojavi na mojim vratima i ispriča svoju priču a vi mu kažete: „Ima da sredimo tog skota; ne mogu da verujem šta vam je uradio". Skroz mu poverujete, odete u sudnicu i tamo ču-jete i drugu stranu, i odmah vam postane jasno: da je taj drugi došao prvo kod vas i ispričao vam svoju priču njemu biste istog časa rekli: „Ima da sredimo tog skota." Takođe znate da nijedan od njih dvojice ne laže, najstrože gledano. Obojica potpuno ve-ruju u svoje priče iako su obe prepune protivurečnosti; moglo bi se reći da ih je upravo njihovo gledanje na događaje i dovelo do određenog zaključka. Nije čak ni da izmišljaju stvari; oni samo gledaju na stvari kroz sopstvenu prizmu.

Za Hausa, istina leži u odgovoru na zagonetku, to jest na medicinski slučaj koji treba da reši; to je realnost koja obez-beđuje nekakav red u svemiru, barem njemu. Koliko god mo-že, Haus uklanja ljudski element iz zagonetke – s pacijentom će se videti isključivo ako mora. Savršeni slučaj će izgledati poput matematičkog problema, zato što „brojevi ne lažu" (*Bez razloga*). Na sreću samog pacijenta, Haus je obično u pravu, što znači da i pored usputne štete koju njegovo ponašanje izazove, postoji određena korist. U *Štapu i Avelju* Kadi priželjkuje da je Haus bar malko ponizan. – Šta će mu to? – pita se Kameron. – Zato što su i drugi ljudi takvi? Zašto bi morao da bude kao drugi ljudi?

IZVESNE LAŽI I LAŽLJIVI LAŽOVI KOJI IH PRIČAJU

- Haus krišom radi test očinstva trudnoj pacijentkinji, kako bi otkrio da li su muž ili dečko bebin otac. – Najuspešniji brakovi su zasnovani na laži – kaže Haus. – Sjajno ste započeli svoj. (*Materinstvo*)

- Muž mora da raščisti da li ga je njegova bolesna žena slagala i prevarila s drugim pre nego što pristane na njeno lečenje od spavajuće bolesti. Nakon lečenja ona se oporavi, dokazujući tako da je lagala. (*Vernost*)

- Igrač bejzbola koji je rekao istinu o tome da nije svesno uzimao steroide, slagao je svoju ženu da nije pušio travu. (*Sportsko lečenje*)

- Čovek je slagao svoju porodicu da je bio probni pilot osamdesetih, a zapravo je boravio u indijskom ašramu, gde je oboleo od lepre. (*Prokletstvo*)

- Drumski biciklista može da laže koliko hoće o dopingu. On dobija transfuzije krvi zato što ima timomu i tako ne ostaju tragovi njegove prevare. (*Točkovi*)

- Žena koja se leči od neplodnosti istovremeno uzima pilule za kontracepciju kako ne bi zatrudnela. Podvrgnuta je operaciji uklanjanja tumora, pa ne mora da laže svog supruga. Moli Formana da prenese njenom mužu kako zbog operacije mora da prekine lečenje neplodnosti. – Pravilo tajnosti mi nalaže da vašem mužu ne kažem istinu – kaže Forman. – Ali tu se okončava moja obaveza da lažem. (*Mora da zna*)

- U *Nesvesnom* bračni par, Hausovi pacijenti, krive jedno drugog zbog toga što su se zarazili herpesom – da li se neko od njih dvoje zarazio sedenjem na klozetskoj dasci? Ako nije tako, jedno od njih laže.

- Slikar laže svoju devojku da je prodao mnogo slika. Kako bi sastavio kraj s krajem, učestvuje u tri istraživanja novih lekova. (*Nepovoljni događaji*)

- Tinejdžerka koja tvrdi za sebe da je emancipovana i navodi da je napustila roditelje zato što ju je otac silovao, zapravo je pobegla zato što joj je brat umro dok ga je čuvala. (*Osamostaljenje*)

- Lik u komi (igra ga Moz Def) slagao je ženu da je putovao u Sent Luis a zapravo je radio privremeni posao kao domar u fabrici baterija, gde se i razboleo. (*Pseudokoma*)

- Šarlot laže svog muža da putuje u Brazil bez njega – peščane muve su je zarazile crnom groznicom, a dijagnoza je ustanovljena isuviše kasno. (*Jednostavno objašnjenje*)

- Kada je psihopata Valeri izlečena od Vilsonove bolesti u *Bez kajanja*, više ne može da laže svog muža da ga voli. Zbogom finansijska sigurnosti, dobro došla osećanja. – Boli me – kaže Valeri. – Hoće to – odgovara Trinaest.

- Miki, policajac na tajnom zadatku, želi da sačeka veliko hapšenje pre nego što doktorima ispriča svoju anamnezu. Diler Edi rizikuje svoj život kako bi spasao svog partnera Mikija ali prilikom hapšenja shvata da ga je Miki, koji umire od Hjuz–Stovinovog sindroma, izdao. (*Na tajnom zadatku*)

- Srednjoškolka Ebi gotovo umire od retke alergije na spermu – ali ne svog dečka već njegovog oca. Otac mora da prizna šta je uradio Ebi ili će ona umreti. Haus se slaže da je u datim okolnostima laganje lakša varijanta. – S obzirom na to šta je istina – kaže on – odluka je teška. (*Crna rupa*)

- Rol-plejing ser Vilijam živi po pravilima srednjovekovnih vitezova što znači da ne može dobiti ruku devojke koju voli od kralja, ali može da uzima anaboličke steroide kako bi pobedio u mačevanju. Drevni otrov, kukuta, pomešan s modernim otrovom, steroidima, umalo da tragično okonča život ovog viteza. (*Pad viteza*)

- Tom i Džulija žive u otvorenom braku. Tom laže Džuliju da ima još partnerki, jer zna da ona ima druge, zato što želi da usreći ženu. Tom takođe krije od svoje žene da je izgubio svu njihovu ušteđevinu. Kada se čini da su se pomirili, Haus kaže: – To je dražesno. Osim što ti želiš seks s drugim tipovima i što vas je on doveo do bankrota, mislim da ste vi, deco, ispunili svoj cilj. (*Otvoreno*)

- Majka i ćerka nikada ne lažu jedna drugu, samo što majka krije da je ćerku usvojila od jedne narkomanke. (*Predivna laž*)

U početku se Hausu čini zanimljivim odnos Megi i njene jedanaestogodišnje ćerke Džejn (*Predivna* laž). Izgleda da su obe potpuno iskrene jedna prema drugoj. Megina majka je umrla od raka dojke ne rekavši Megi da je bolesna. Megi se zaklela da nikada ništa neće skrivati od svog deteta. Džejn zna da njena majka puši travu, pa čak zna i u kakvom seksu uživa. Toliko iskrenosti krije nešto, smatra Haus – i u pravu je. Megi ne dozvoljava Hausu da testira njenu ćerku kao mogućeg donatora koštane srži jer zna da ona nije njena. Džejn je usvojena. Megi je obećala Džejninoj majci da neće kazati njenoj ćerki da je narkomanka i to uzima prevagu nad obećanjem datim Džejn da je nikada neće slagati.

Ali Džejn i dalje ne želi da laže. Kada mama kaže Džejn da će biti dobro, Džejn prepoznaje neistinu. – Umireš – kaže Džejn svojoj mami. – Niko ne može da ti pomogne. Ništa neće biti u redu. – Trinaest smatra da je devojčica hladna; Haus misli da je video Halejevu kometu u neočekivanom trenutku.

HAUS: Video sam nešto neverovatno – čistu istinu. Rekla je svojoj majci da umire. Oduzela joj je svu nadu.

VILSON: To zvuči užasno.

HAUS: Bilo je to kao posmatranje neobičnog astronomskog događaja za koji znaš da ga nikad više nećeš videti.

VILSON: Ti ljudima svaki put govoriš surovu, neprijatnu istinu. Ložiš se na to.

HAUS: Zato što mi je svejedno. Nju je briga ali je to ipak učinila. Učinila je to zato što brine.

Uskoro Haus otkriva da Megi ima rak dojke uprkos profilaktičkoj dvostrukoj mastektomiji. Videvši jedno čudo, nekog ko govori istinu, on čini drugo čudo i spasava Megin život.

– Za mene kao glumca, pravi trenutak je jedna od onih tajanstvenih stvari. To je iks-faktor. Pojavljivanje ove serije, s ovakvim glavnim likom, nakon svega što smo iskusili u svetu u poslednjih nekoliko godina pre nego što je Haus počeo da se emituje, smatram potpuno neverovatnim. Po meni, ljudi bi pre da znaju užasnu, neublaženu istinu nego da budu hranjeni propagandom koja nas ušuškava u sigurnost. Mi smo prilično napredna bića u ovom času. Pustite me da se sam izborim sa stvarnošću. A to možemo da činimo svake nedelje kada se emituje epizoda *Hausa*.

OMAR EPS

LAGANJE IMA POSLEDICE

Nije nužno tačno da će nas istina osloboditi. Daleko od toga. Kako bi prestao da živi u laži i otvoreno priznao da je gej, mafijaš iz *Pravila mafije* mora da uđe u program zaštite svedoka. U *Ludo zaljubljenima* bračni par različitih rasa otkriva da imaju istog oca a on im je preneo retku genetsku bolest. Otac je, kada su bili mlađi, pokušavao da razdvoji ovaj par na silu. Istina izlazi na videlo isuviše kasno, kada se čini da je njihova veza uništena.

Neke laži imaju pozitivne posledice. U *Pravoj stvari* Haus navodi da se Greta, vojni pilot, koja sanja da leti u svemir, podvrgla uvećanju grudi kako bi sakrio činjenicu da su joj u stvari operisali pluća. Da u Nasi znaju za njenu operaciju, diskvalifikovali bi je s treninga. Haus zatim slaže doktore koji žele da se pridruže njegovom timu da je otkucao Gretu, znajući da će neko od njih, u nameri da mu se umili, sâm to učiniti. Haus ne kaže pravi rezultat testa očinstva nad ćerkom svom starom prijatelju u *Ko je tatica?*. U *Kontroli* Haus laže komitet za transplantaciju: ne postoje nikakve psihološke prepreke da njegova pacijentkinja dobije srce. Trebalo bi je odbiti ali kako se Hausu poverila da želi da živi, on laže e da bi joj spasao život. Druge laži su prosto svrsishodne, kao kada Vilson laže detektiva Tritera da Haus nije ukrao njegove recepte. Da je rekao istinu, Haus bi dobio deset godina zatvora.

– **Moj tata je kao ti.** Ne onaj brižni-dok-ti-oči-ne-ispadnu tip. Samo ludački moralni kompas koji ti ne dozvoljava da lažeš nikome i nikada. To je odlična osobina za jednog izviđača i policijskog svedoka ali trula za jednog oca.

HAUS KAMERONOVOJ (*TATIN SIN*)

– **Zaista svi lažu.** [Haus je] savršeno u pravu u vezi s tim. To je veoma zanimljivo. [Pacijenti] lažu medicinske sestre. Pijani zaglave na hitnoj pomoći. Pitam ih: „Koliko ste danas pili?" „Samo jedno pivo, samo jedno pivo." „Jeste li sigurni da nisu bila dva? I nešto uz njih?" „Ne, samo toliko." „Bolujete li od nečega?" „Baš ni od čega." A zatim uđe doktor, muškarac, i ja čujem: „O, popio sam dvanaest piva i uzeo četiri antidepresiva i tako svakog dana u poslednjih deset godina." Ne znam da li su nepoverljivi ili su im mnogi već postavili ista pitanja. Zakikoćem se zato što je to istina, zaista svi lažu.

BOBIN BERGSTROM

Nigde posledice laganja nisu tako loše kao u *Tatinom sinu*. Odnos Karnela, novopečenog diplomca s univerziteta Prinston, i njegovog oca, prepun je laži. Otac je sinu rekao da mu je majku ubio pijani vozač, kako on sâm ne bi pio i vozio. Ta laž uspeva, jer Karnel nikada nije vozio pijan. Karnel kaže ocu da je učio a zapravo je sa svojim bogatim prijateljima s fakulteta išao na Jamajku. Karnelov otac želi da njegov sin upamti odakle je potekao i stoga Karnel radi prekovremeno za svog oca. Iako je tata Karnelovim doktorima rekao da je građevinar, zapravo radi na otpadu. Da je Haus znao za otpad, postavljao bi pitanja koja bi ga odvela do radioaktivnog viska koji je otac poklonio Karnelu, još jedne uspomene na porodične korene. Laž je fatalna: Karnelov imunološki sistem je uništen i on umire. Karnel pita svog oca da li će se oporaviti a otac mu kaže da hoće, čak se kune u to. Znamo da je to još jedna laž.

Tokom epizode Haus pokušava da izbegne susret sa svojim roditeljima koji planiraju da svrate. Bekstva nema, oni ga pronalaze i Haus pri pozdravljanju grli majku. – Divno je što te vidim – kaže Haus. – O, Greg – odgovara njegova majka – nemoj da lažeš.

PITANJA BEZ ODGOVORA

☒ Tamna materija u svemiru, drugi deo

— Pustite seriju u etar a na ljudima je da je shvate ka-
ko žele. Nikada ne naiđem na scenu i kažem da će se
gledaoci možda razveseliti ili rastužiti. Kakve odluke
donose u svojim životima i šta će preuzeti iz čitave ove
serije, zavisi samo od njih. Voleo bih da ih posadim pre-
da se, postavim im neka pitanja i zamolim ih da poraz-
misle o njima kasnije. Ali kako se vozimo istovremeno,
znam tačno gde se nalaze na toboganu u svakom tre-
nutku i nakon što siđu sa njega, a ono što će zaključiti
iz te vožnje zavisi samo od njih.

DEJVID ŠOR

Da vam je ostao samo jedan dan života, kako biste ga proveli?
Dejvid Šor i scenaristi najviše vole da umetnu filozofska pita-
nja i etičke zavrzlame u dramatične situacije u PPTH. U *Sinu
tipa u komi* Haus ubrizgava levodopu pacijentu kako bi ga pro-
budio iz vegetativnog stanja u kojem je već deset godina. Sin
tog čoveka je ozbiljno bolestan a otac ima jedva dvadeset četiri
sata pre nego što ponovo padne u nesvest. Otac i sin imaju o
mnogo čemu da popričaju; sigurno će to vreme provesti sku-
pa? U Hausovom svemiru, stvari nisu baš tako lake.

U epizodi *Jedan dan, jedna soba* pacijentkinja koju Haus ne želi da leči pokušava da ga privoli da razgovara s njom. Silovana je. Ostao joj je jedan dan boravka u PPTH a proganja je užas koji joj se dogodio. Sigurno neće uspeti da nagovori Hausa da pričaju o važnim egzistencijalnim pitanjima.

Ta etička i filozofska pitanja – ukrašavanje kvaka – služe da se naglasi njihov značaj. To su često opšta etička pitanja, bitnija od sudbine pojedinačnih pacijenata. Gledaocima se postavlja pitanje šta bi oni uradili u tim situacijama? Ali odgovori nisu pripremljeni. Na svakom pojedincu je da sam odluči o tome.

– **To pokreće seriju,** ta velika etička pitanja.

DEJVID ŠOR

Uzmite, na primer, čoveka u komi (Gabrijela, kojeg igra Džon Laroket). Hausu je Gabrijel potreban kako bi doznao istoriju bolesti i tako mogao da izleči Gabrijelovog sina Kajla. Kako namerava da budi Gabrijela iz kome, Haus očigledno stupa na nestabilno etičko tlo i Kadi pokušava, neuspešno, da ga u tome spreči. Shvatajući da ima samo jedan dan, umesto da vidi svog sina, uskrsnuti Gabrijel želi da pojede sendvič iz svoje omiljene radnje na obali Džerzija. Gabrijel provodi dan vozajući se po Nju Džerziju s Hausom i Vilsonom, razmenjujući s Hausom podatke iz lične istorije, delić podataka za delić povlastica, i na kraju stižu u hotel u Atlantik Sitiju.

– **U kakvoj je zanimljivoj** filozofskoj dilemi neki lik ili o čemu bi Haus s njim raspravljao? To može da zainteresuje Dejvida. Sama medicina je u redu ali mi smo, kao grupa, naučili da razmišljamo na takav način pre nego što odemo u njegovu kancelariju. Često je samo pomen neke ideje pokretao filozofsku debatu o bilo čemu zanimljivom iz života nekog lika; takva bi razmatranja postajala teme epizoda.

GARET LERNER

Gabrijel je u komi još otkad je pokušao da spase svoju ženu iz požara kojeg je nehotice zapalio dvanaestogodišnji Kajl. Kajl je danas alkoholičar sa slabim srcem. Haus zaključuje da je to genetski, i da mu ga je prenela, slatke li ironije, njegova majka. Gabrijel želi da pokloni svoje srce sinu – jer Kajl ne može da traži organ zato što je alkoholičar. Gabrijel insistira, iako postoji nada da ga u budućnosti izleče i on ostane svestan. Nije uspeo da spase ženu, ali može da spase sina. Kako bi srce ostalo zdravo, Gabrijel mora da se obesi, što je spora i bolna smrt; i uz Hausovu pomoć, uspeva.

Gabrijel ne uspeva da se vrati u Prinston i vidi svog sina. Ne uspeva čak ni da pojede svoj sendvič. Ne znajući šta da kaže Kajlu, Gabrijel pita Hausa šta bi on voleo da čuje od svog oca. Haus: [pauza] „Voleo bih da mi kaže... da sam bio u pravu; da sam uradio pravu stvar." Kada Kajl pita Hausa šta mu je otac poručio, Haus ponavlja prvu rečenicu. „U pravu si..." U datim okolnostima to ništa ne znači, i Kajl pita Hausa šta je to njegov otac hteo da mu kaže. Haus odgovara da ne zna, „on je tvoj otac".

Kao i obično, Haus bira najkraći put od tačke A do tačke B. Postojao je problem (Kajlu je trebalo srce) i rešenje (njegov otac) se našlo na pravom mestu. U *Ne diraj lava* Hana čeka transplantaciju jetre a njena prijateljica Maks je spremna da dâ deo svoje jetre. Kameronova saznaje kako Hana planira da ostavi Maks i želi to da joj saopšti pre nego što se podvrgne rizičnoj operaciji. „Nemoralno je", kaže Kameronova. „Recimo da si u pravu", kaže Haus. „Obavestimo je, ona se predomisli, naša pacijentkinja umire. Otkud je to moralno?" Haus je prokrčio put kroza sve nezgodno etičko šiblje i Kameronova ne mora da se brine: Maks zna za Hanin plan, i smatra da Hana neće biti u stanju da je ostavi ako od nje uzme pola jetre.

– Ma koliko uživao u pričama o odnosu Hausa i Vilsona, Hausa i Kadi i svemu sličnom, a to je deo zapleta i tkanja čitave priče, zaista se divim draguljima koji se usput posipaju. Razmišljam o svemu tome kao o strukturi, medicinska zagonetka je struktura, predivno iskovan metalni okvir, ali genijalnost leži u ukrašavanju kvaka.

HJU LORI

PITANJE: Da li to posmatraš i misliš kako je mračno?

GREG JAITANES: Mislim da je uvek u skladu s likom. Možda to nije moj pogled na svet ali jeste pogled zadatog lika i ja ga poštujem.

U *Položaju fetusa* Haus dijagnosticira Balantajnov sindrom kod trudnice. Za Hausa je situacija veoma jednostavna – izvaditi fetus koji ugrožava trudnicu i spasti nju. Kadi se ne slaže i želi da sačuva bebu pa se zalaže za prenatalnu operaciju. Za Kadi je ono što Haus zove fetusom, beba (kada pričamo o moralnim dilemama). Haus pristaje na operaciju tokom koje ga beba/fetus hvata za prst (eto još jedne ideje).

HAUS: Dopustila si da te majčinski instinkt vodi i umalo nisi ubila dvoje ljudi. U ovakvom slučaju okončaš trudnoću i mama preživi u devet od deset slučajeva. Uradiš ono što si ti upravo učinila i mama i beba umiru u devet zarez devet od deset slučajeva.

KADI: Ponekad je nula zarez jedan veće od devet zarez devet.

Haus donosi trenutne odluke poput ove – ispravno ili pogrešno, uradiću upravo ovo. On teškom mehanizacijom krči put posut etičkim preprekama, koje bi većinu ljudi zaustavile. U *Tri priče* Haus nam pruža najjasnije nagoveštaje o svom pogledu na svet. Haus može da odgovori na etičko pitanje s da ili ne. Za sve ostale, njegov svet je veoma izazovno mesto za život.

HAUS: Uveren sam da se ovo kosi sa svim što si naučio, ali ispravno i pogrešno zaista postoje. Samo zato što ne znaš koji je odgovor ispravan, a možda čak i nikad nećeš saznati, ne znači da je tvoj odgovor ispravan ili čak u redu. Stvar je mnogo jednostavnija – prosto je pogrešan.

ŽIVOT JE BESMISLEN I TO JE SVE ŠTO IMAMO

– Ništa nije važno. Svi smo obične bubašvabe, gnuovi koji umiru na obali reke. Ništa što činimo nema neko trajno značenje.

HAUS (*OSTVARENJE SNA*)

Haus bi učinio sve da izbegne ozbiljan razgovor s pacijentima. Učinio bi skoro sve da izbegne svaku komunikaciju s pacijentima, uključujući i to što isplaćujući pedeset dolara onima koji odu iz klinike a da i ne uđu kod doktora (*Jedan dan, jedna soba*). Oni s kojima uopšte razgovara veoma često ostaju smeteni, uvređeni ili spremni da reaguju nasilno. Nakon što spasava Hausovu glavu lažnim iskazom, Kadi primorava Hausa da nekoliko sati besplatno radi na klinici. On kod mlade devojke otkriva hlamidiju, i shvata da je silovana. Iv hoće da razgovara samo s Hausom ali on ne želi da je leči – ona je fizički dobro, tu nema nikakve zagonetke. Ona ne zna zašto želi da razgovara s njim, na šta on odgovara: – Mora da postoji razlog. Sve ima svoj razlog.

– On svakom pitanju pristupa s bazične tačke gledišta. Nikada se ne pita šta mu zakon nalaže da radi već šta da čini sledeći osnovne etičke principe. Isto tako shvata da su mnogobrojna pitanja s kojima se doktori suočavaju veoma, veoma teška i složena.

DEJVID ŠOR

Jeste okrutno ali Haus smatra kako ona pokušava da nametne kontrolu... veoma nalik preživljenom silovanju. – Kada bismo brinuli za svaku osobu koja pati na ovoj planeti, život bi se ugasio – Haus objašnjava Kadi, ponavljajući svoje pitanje zašto bi trebalo da se brine o osobi koja je tu kraj njega a ne o bilo kojoj drugoj. Ali Iv je uporna. Nakon što odbije da razgovara s psihijatrom, Iv uzima preveliku dozu sedativa i dok se budi ugleda Hausa kraj svog uzglavlja. On je tu samo zato što ga je Kadi naterala. Iv kaže da želi da razgovara ali Haus nema predstavu o čemu bi pričali. Iv mu sve više postaje zagonetna. On je pita šta se dogodilo a ona mu odgovara da on to ne želi da čuje. – Naravno da želim – kaže Haus. – Lažete – odgovara Iv. Haus joj govori da nije kriva i ostale otrcane fraze. Ona sve to zna. I želi da razgovara. Haus želi da zna zašto mu ona veruje – ali ne prihvata njeno objašnjenje da ne zna, jer nije racionalno.

HAUS: Sve je racionalno.

IV: Silovana sam. Objasni mi kako ti je to razumljivo.

Iv pita Hausa da li se njemu ikad dogodilo nešto užasno. Vilson objašnjava Hausu kako ona želi da uspostavi kontakt i njega upravo to plaši. Podstiče ga da joj kaže istinu. Haus kaže Iv da ga je zlostavljala njegova baka. Ona je verovala u disciplinu i terala ga je da spava u dvorištu ili da se kupa u ledu kada nešto zabrlja. Iv sumnja u njegovu priču, i objasni mu kako je ne bi zvao *oma* (baka na holandskom) da je radila takve stvari. – Šta kog vraga moram da uradim a da ti to ne otpišeš na silovanje – pita ona. – Ništa – odgovara Haus. Haus kaže da je njegova priča za nekog istinita; šta nju briga ako je taj neko on? I da li će zasnivati svoj život na osnovu toga s kim se zatekla u sobi? – Život je takav – kaže Iv. – Život je niz soba, a to sa kim s zateknemo u njima upravo čini naš život.

– **Mi smo sebične,** podle životinje koje gamižu po zemlji. Imamo mozgove, pa ako se zaista silno potrudimo, povremeno možemo da dosegnemo nešto više od čistog zla.

HAUS (JEDAN DAN, JEDNA SOBA)

Kada Kadi saopšti Hausu da je Iv trudna, Haus je ubeđuje da abortira. Iv veruje da je abortus ubistvo. – Istina – kaže Haus. – To je život i treba da ga okončaš. – Iv kaže da je Bogu svaki život bitan. Okej, šta ćemo s Hitlerom? Šta ćemo sa ocem tvog deteta? Ona ne želi ovakvu vrstu razgovora. Zašto ne može da priča o nečem emocionalnom? – Odgovori ne postoje. Ako ih nema, zašto pričati o njima? – Ali, Haus popušta i pita Iv da li želi da se prošeta. Sede u parku i Haus joj kaže da zamišlja kako će neko od trkača koji promiču kraj njih slomiti nogu. I kao što je neizbežno, razgovor se okreće ka Bogu.

HAUS: Ili Bog ne postoji ili je nezamislivo okrutan.

IV: Ne verujem u to.

HAUS: U šta veruješ? Šta misliš, zašto ti se to dogodilo?

– Moram da znam da sve ima nekakvo značenje – kaže Iv. – Potrebna mi je takva uteha.

HAUS: Aha. I sad se bolje osećaš... ?

IV: Silovana sam. Koji je tvoj izgovor?

Iv se pita da li se tip koji joj je to uradio oseća loše. Hausa to ne zanima. – Mene zanima šta ti osećaš.

IV: Stvarno?

HAUS: Zarobljen sam u sobi s tobom, jel' tako? Zašto si mene odabrala?

IV: Ima nečeg u tebi. Kao da i ti patiš.

Haus kaže da je ona priča istinita ali da se ne radi o njegovoj baki, već ocu. – Volela bih da ti ispričam šta se meni dogodilo – kaže Iv. – Voleo bih da čujem – kaže Haus. Iv uspeva da uspostavi kontakt s Hausom i da ga navede da joj se poveri. Kasnije, Haus igra fuzbal s Vilsonom. Kadi ga obaveštava da je Iv abortirala i da je napustila bolnicu i priča šta se dogodilo. Zaključak bi trebalo da je povoljan ali Haus kaže: – Ništa nismo učinili, samo smo rasplakali devojku. – Zašto je onda razgovarao s njom?

HAUS: Zato što ne znam.

VILSON: Pokušaćeš da je pronađeš?

HAUS: Jedan dan, jedna soba.

U *Stanju uzbune*, kada je bolnica zatvorena zbog bebe koja je nestala, niz zbivanja nalikuje na situaciju jedan dan, jedna soba. Trinaest i Vilson igraju istina ili izazov (Vilson učinak je očajnički); Kameronova i Čejs obnavljaju svoj brak; Taub i Forman batale narkotike i na trenutak izgledaju kao da će oživeti scenu rvanja između Olivera Rida i Alana Bejtsa u filmu *Zaljubljene žene*. Haus se zatiče u sobi gde leži Neš (Dejvid Stratern), pacijent na morfijumu kome je preostalo nekoliko sati života. U početku se Haus ponaša krajnje poslovno: Neš kaže Hausu da on nije preuzeo njegov slučaj, na šta Haus odgovara da uzima jedan od dvadeset: – Mnogi ljudi koje odbijem umru.

Neš umire, i to sam. Poveri se Hausu da je imao ljubavnu avanturu i da je izgubio porodicu kada mu je ćerka imala šest godina. Kaže da želi da razgovara s Grejsi još jednom, ali kada pozove svoju odraslu ćerku, Haus zaključuje kako zna da ona nije u kući nego zove da čuje njen glas na sekretarici. To proganja Neša. Haus smesta nastupa otvoreno prema Nešu, za razliku od Iv, iako nije ništa manje mračan.

HAUS: Ja volim da sam sâm. Barem sam ubedio sebe da je tako bolje. A onda sam upoznao nekog, i to u psihijatrijskoj bolnici, ni manje ni više. Ona me je promenila. A onda je otišla. Bolje je što smo sami. Sami patimo i sami umiremo. Nije bitno da li si uzorni muž ili otac godine – sutra će biti isto.

NEŠ: Danas je moglo biti drugačije.

Haus odlučuje da natera Neša da ponovo okrene Grejsin broj i kaže joj ono što mora da joj saopšti. Neš jedva uspeva da izgovori da je voli. Haus zatim čini još jednu uslugu Nešu – poveća mu dozu morfijuma kako bi odlutao bezbolno. Pošto niko nije nazočan Haus čini sve što se kosi s njegovim uverenjem i izvinjava se Nešu pre nego što ovaj sklopi oči.

HAUS: Žao mi je što nisam preuzeo tvoj slučaj.

NEŠ: I meni. Nisi nikad video ljupkiju šestogodišnjakinju od Grejsi.

Na kraju epizode kamera prelazi preko latinske izreke *Omnes te moriturum amant*. Ranije se Haus rugao ovoj izreci, tome da te svi vole kada umireš. Niko nije voleo umirućeg Ne-ša, ali slučajan susret s Hausom mu je omogućio da dosegne svoju ćerku sa same ivice smrti.

– Dejvid je sjajan u skrivanju takvih tema unutar veoma humoristične i jetke serije. Serija mi lomi srce, pomera me i tera u glasan smeh. Prelepo je što uspeva da uklopi takve poruke.

GREG JAITANES

Ako Haus veruje da je život suštinski beznačajan, onda se on drži toga da je to sve što možemo da očekujemo od njega. Neumoran je u svojim napadima na veru i odbija da se služi uobičajenim otrcanim frazama. – Uvek sam se pitao šta se na-lazi na drugoj strani – kaže umirući Ezra u *Pristanku*. Na šta mu Haus odgovara: – Ništa. – U *Tamnom vilajetu*, epizodi u ko-joj se ispostavlja da kaluđericu truje njeno staro sredstvo pro-tiv začeća, Haus se rve oko pitanja religije sa nekim iz prvih redova vere. Kaluđerica ima halucinacije i napade.

KALUĐERICA: Sestra Avgustina veruje u stvari koje nisu stvarne.

HAUS: Mislio sam da je to preduslov za vaš posao.

SESTRA AVGUSTINA: Zašto vam je toliko teško da verujete u Boga?

HAUS: Imam teškoće sa čitavim konceptom verovanja. Vera nije zasnovana na logici i iskustvu.

PITANJE: Haus je naučnik a ljudi na samrti traže utehu koju im on neće pružiti.

DEJVID ŠOR: O tome veoma često razmišljam. Morate da imate religiju u seriji u kojoj se ljudi suočavaju sa smrću. Pomisao da oni ne razmišljaju o Bogu ili o nepostojanju Boga, predstavlja oblik ludila. Ne možeš se suočiti s koncem svog života bez razmišljanja o tome da li postoji nešto posle, a mi u našoj seriji gotovo uvek imamo nekog ko se suočava sa smrću.

Mislim da razlog što nam to polazi za rukom ne leži u tome što je Amerika prepuna skrivenih ateista – njih je mnogo i mi se obraćamo i tim ljudima – već zato što kao antagonistu ne stavljamo čoveka od slame. Kada Haus samrtniku kaže da ne postoji ništa iza, Vilson se posvađa s njim i to uz dobar argument. Hausa suočavamo s pojavama koje je teško objasniti i postavljamo mu takva pitanja, ali on se čvrsto drži svog gledišta. Važno nam je da ljudi koji se ne slažu s Hausom nisu predstavljeni kao pojednostavljene figure koje ne uzvraćaju dok ih Haus udara; to može biti zabavno u nekakvoj priči s klinike ali ne i u široj slici.

U epizodi *Haus protiv Boga* Haus se suprotstavlja Bojdu, propovedniku tinejdžeru, čiji simptomi ukazuju na herpes. Haus ponavlja ono što predstavlja njegovu suštinu: „U ovom svemiru ne postoji ništa što se ne može objasniti, u jednom trenutku". U *97 sekundi* Haus i Vilson raspravljaju o tome hoće li pustiti samrtnika da veruje kako postoji nešto čemu može da se raduje. – Njegovo verovanje je glupo – kaže Haus.

VILSON: Gotovo je. Ostalo mu je nekoliko dana, možda samo nekoliko sati. Kakvu patnju bi tebi nanelo to što će on vreme koje mu je preostalo provesti sa osmehom na licu? Kakvo ti je bolesno zadovoljstvo da ga gledaš ispunjenog strahom i užasom?

HAUS: Ne bi trebalo da donosi odluku zasnovanu na laži. Nesreća je bolja ni od čega.

VILSON: Ne znaš da li tamo nema ničega. Nisi bio tamo.

HAUS: O, Bože, muka mi je od tog argumenta. Ne moram da idem u Detroit da bih se uverio da smrdi.

VILSON: Da. Detroit, život posle života, sve je to isto.

Pa ipak, kada čovek tvrdi da je bio mrtav punih devedeset sedam sekundi i da je video život posle života, Haus je spreman da zaustavi svoje srce kako bi otkrio da li u tome ima nečeg. On to čini u Amberinoj blizini, znajući da će Krvožedna kučka učiniti sve da ga sačuva u životu. Haus je spreman da veruje ukoliko se za to nađe naučni dokaz. U samoj prirodi vere je činjenica da nauka teško može dokazati bilo šta slično. Stoga će se Haus i nadalje isto vladati, primera radi, začikavaće mormonskog kandidata Koula da je osnivač njegove religije Džozef Smit „napaljeni prevarant". Koul udara Hausa (*Anđeo zaštitnik*). Ne može se reći da Haus nije spreman da pati zbog svog uverenja. U međuvremenu će se potruditi da dosegne nešto više od čistog zla.

CILJ OPRAVDAVA SREDSTVO

PITANJE: Načini i ciljevi. Kidnapuješ ljude. Činiš prestupe...

HJU LORI: Tako završavam posao.

KAMERONOVA: Ali ja znam da mi nikad neće biti tako... uzbudljivo.

FORMAN: Nedostaju ti ljudi koji pokušavaju da te ubiju?

KAMERONOVA: Ne. Nedostaju mi ljudi koji čine sve što je potrebno da bi se nešto uradilo. Valjda mi je zato teško da odustanem. (*Po svaku cenu*)

– Pretpostavljam da to njegova detinjasta i veoma muška strana neprestano navodi Hausa da postavlja teške zadatke kao što je... možeš li odavde da ubaciš ovo zgužvano parče

Dobro došli u kuću zabave.

papira u kantu za otpatke? Kladim se da ne možeš da pogodiš protivpožarni aparat loptom za kriket... ili šta već. Haus to radi sebi sve vreme. Pošto postavi sebi izazov, potpuno je usredsređen na to da ga i ispuni – pogodi protivpožarni aparat ili šta već. Zadaci koje sebi postavlja su, igrom slučaja, medicinski. Iako čitav dan može da provede čineći ono sa zgužvanim parčetom papira.

HJU LORI

Kada je jedan od uslova za dobijanje posla lekara da ume da provaljuje u kuće (za Formana), onda će svakako umeti i da koristi prečice. U svojoj potrazi za istinom (odgovorom na medicinsku zagonetku) ili u dokazivanju da je u pravu, ili u pukoj težnji da istera svoje, Haus ne preza ni od čega.

- Haus kašlje na hirurga spremnog za operaciju, kako bi je sprečio. (*Detoksikacija*)

- Haus muči političara (koji mora da je lažov) tako što mu skida masku za kiseonik kako bi ga privoleo da mu kaže koju drogu je uzeo. (*Uzor*)

- Haus diže priručni stočić kraj kreveta Sebastijana Čarlsa, renomiranog stručnjaka za tuberkulozu. Forman kaže da je to „izopačeno i neprofesionalno", ali Haus time ukazuje na problem sa Sebastijanovim srcem koji drugačije ne bi bio uočen. (*Tuberkuloza ili ne*)

- Haus pokušava da podmiti hirurga s dvadeset hiljada dolara da obavi transplantaciju jetre, a kada mu to ne pođe za rukom, ucenjuje ga da će njegovoj ženi reći za aferu koju je imao sa sestrom. Svakako sve to ispriča njegovoj ženi. (*Greška*)

- Haus uvodi u veštačku komu neizlečivo bolesnog i suicidalnog pacijenta, uprkos njegovom protivljenju, kako bi ga izlečio. (*Pristanak*)

- Haus ubrizgava paralitik pacijentu u delirijumu koji vrišti, kako bi ga smirio pre nego što mu da sedativ. Opasan način da se dobije malo spokoja. (*Jedan dan, jedna soba*)

- Pretvarajući se da je vozač limuzine, Haus kidnapuje zvezdu televizijske sapunice Evana Grira, nakon što primeti promenu u njegovoj glumi na TV. (*Ostvarenje sna*)

- Haus gluvom dečaku ugrađuje kohlearni implant iako on to ne želi. – Brižno od tebe – kaže Vilson. – Iako je način na koji si to uradio nemoralan i protivzakonit. Prvi koraci su najteži... (*Razdvojeni*)

- Haus drogira Vilsonovog komšiju, kanadskog ratnog veterana, vezuje ga, začepljuje mu usta i na silu ga oslobađa fantomskog bola u amputiranoj ruci. (*Tiranin*)

Molitve su neizbežne prilikom primene tehnike „Prvo leči, pa pitaj", što je primenjeno u mnogobrojnim diferencijalnim dijagnozama. Ako se sve ostalo odbaci, pacijent boluje od onog što nije izbrisano s table. Ako se potom primeni lečenje i pacijent ostane živ, onda je dijagnoza ispravna. – Ako sam u pravu, spasiću mu život. Ako nisam, biće mrtav bez obzira na ono što učinim. (*Odvlačenje pažnje*)

SVI ZABRLJAJU

– **Okamova oštrica.** Najjednostavnije objašnjenje je gotovo uvek to da je neko zabrljao.

HAUS (*OKAMOVA OŠTRICA*)

Pitajte Formana (*Hausov trening*) i Čejsa (*Greška*): posledice medicinske greške mogu biti fatalne po pacijenta. One prate Hausovu spremnost da učini šta god je potrebno kako bi spasao pacijenta, onog časa kada pronađe odgovor. Ako greši, čuvajte se. Veoma retko, kao na primer u *Hrabrom srcu*, kada Haus i Forman vrše obdukciju nad živim pacijentom, posledica greške je pozitivan ishod; u ovom slučaju mrtvac se vraća među žive, poput Lazara iz Biblije. U *Grešci* Kadi kaže Hausu da u četrdeset posto parnica koje se vode protiv PPTH on igra poker s velikim ulogom, takođe mu pomenuvši da je ostavila po strani pedeset hiljada dolara za sudske troškove zbog njegovih ludačkih poteza (*Testament za života*). To je samo deo troškova koji nastaju kada radite s Hausom.

Gerit van der Mer priča o bliskom čoveku kome su dijagnosticirali rak pluća, i on je počeo da se oprašta od ljudi. Ali dijagnoza je bila potpuno pogrešna – imao je samo tešku upalu pluća. Gerit kaže da je medicina umetnost pre nego nauka, čemu bi se Haus sigurno oštro usprotivio. Upravo je element ljudskosti – laganje, greške, interpretacija – čini umetnošću.

– Moj sin se sprema da studira filozofiju na univerzitetu. Ja sam ponosan otac. Zamišljam njegov prvi čas etike između jedanaest i jedan; upravo će o ovome raspravljati. Kakva je svrha da se upinjemo kako bismo spasili živote ljudi koji su došli na svet pre nas ako time uzrokujemo smrt na hiljade drugih?

HJU LORI

– **Tamo sam čula** odakle potiče izraz *dead ringer.** Nekada se na nožni palac upokojenog stavljao prsten vezan za zvono i neko je dežurao iznad groba; ako se ta zakopana osoba pomeri i pokrene zvono, dolazili su da je otkopaju. Vadite me odavde! Dead ringer.

MARSI KAPLAN

HAUS: Uspeh traje samo dok ga neko ne pokvari. Neuspesi su večni. (*Slomljeno*)

POGREŠNO JE UBIJATI LJUDE

– Piteru Blejku i Dejvidu Šoru se dopala ideja o ubijanju Hitlera, ubijanju nekoga koji to zaslužuje ali i borba s krivicom zbog učinjenog. Piter je to pretočio u ovu priču.

U *Okamovoj oštrici* Čejs pita Kameronovu: – Da li si ikada oduzela život? – Kameronova mu ne odgovara. Dve godine kasnije Kadi pita Hausa da li je ispunio molbu neizlečivo bolesnog pacijenta i pomogao mu da se ubije. – Ako i jesam, da li zaista želiš da znaš? – odgovara pitanjem Haus a Kadi ne insistira. Na kraju te epizode dâ se naslutiti da je Kameronova pomogla pacijentu

---

* Dead ringer (*engl.*) znači da je neko nalik na nekog, njegova slika i prilika. (Prim. prev.)

da umre. Haus je zatiče uplakanu u bolničkoj kapeli i polaže joj ruku na rame. – Ponosan sam na tebe – kaže Haus (*Pristanak*).

Nekoliko godina kasnije i Čejs omogućava da diktator Dibala umre. U epizodi *Poznatim nepoznanicama* Vilson ubrzava kraj svom pacijentu koji se nalazi u poslednjoj fazi raka pluća, tako što mu daje šifru za pumpu kojom se dozira morfijum. Gonjen potrebom da se iskupi zbog toga što je ostavio pacijenta da umre sam, Vilson planira da započne svoj govor na konferenciji ovim rečima: – Eutanazija. Hajde da kažemo istinu, svi je činimo. – Pogrešno je ubijati ljude, zar ne?

PITANJE: Svi su ubili nekoga.

DEJVID ŠOR: Vilson je pripomogao… Postoji značajna moralna razlika između onoga što je učinio Čejs [sa Dibalom] i onoga što je učinio Vilson. U Čejsovom slučaju, pacijent nije želeo da umre. Po mom mišljenju, to spada u sasvim drugačiju moralnu kategoriju.

PITANJE: U epizodi s Dibalom Čejs traži od Formana da lažno svedoči…

ŠOR: To nije isto kao ono što je Kadi učinila [sa Triterom, zbog Hausa] ali Forman se u to upetljao. Njegova odluka da spali dokaz znači da je u istom sosu sa Čejsom više nego što bi to želeo. Ako bi rekao istinu, morao bi još štošta da objasni. Za razliku od Čejsa, očigledno.

Kada Dibala stigne u PPTH, Kameronova se pita da li bi trebalo spasavati diktatora. – Izlečimo Dibalu, on se ukrca u avion i pogubi pola svoje zemlje – primećuje ona. Pošto Čejs spreči jednog mladog čoveka da ubije Dibalu, Kameronova mu predlaže da sledeći put ne uzvikne upozorenje. Čejs i Kameronova raspravljaju o opravdanom ubistvu. Kameronova kaže: – Da li pokušavam da ubijem našeg pacijenta? Naravno da ne. Ali ako umre, treba li da se pretvaram kako to nije dobro za svet? – Konačno, Kameronova leči pacijenta kao što joj zakon, zakletva koju je položila i njena obučenost nalažu. Takmičeći se s višim autoritetom, Čejs udesi da Dibala umre. Ranije, raspravljajući s Kameronovom s tačke gledišta direktno suprotstavljene onoj koju je na koncu zauzeo, Čejs naznačava u glavnim potezima posledice oduzimanja nečijeg života:

ČEJS: Samo psihopate mogu da ubijaju druge ljude a da ne dožive svojevrstan nervni slom.

KAMERON: Ne ako je opravdano. Uzmi za primer vojnike.

ČEJS: Čak ni kada je opravdano.

⟍⟋⟍— KRIVICA JE BESKORISNO OSEĆANJE

Hausov nagon da odbija ono što se ne može izmeriti kao pola kilograma jabuka znači da olako gleda na neka apstraktnija osećanja [zadovoljstvo i bol se ipak lakše mogu izmeriti]. On ne polaže previše na osećanja ili očekivanja; kajanje i krivica su podjednako kontraproduktivni. Vilsonova krivica što nije ostao kraj svog pacijenta na umoru gotovo ga je navela da pred salom punom doktora prizna da je obavio eutanaziju. Čejsova krivica zbog onog što je učinio s Dibalom po mišljenju sveštenika nije dovoljna i on insistira da se Čejs preda; na kraju je i Kameronova sličnog mišljenja.

U epizodi *Hampti-Dampti* Haus kaže Kadi da ona nije srećna ukoliko stvari u svetu nisu ispravne. Kadi se oseća loše zato što je njen baštovan izgubio ruku nakon pada s njenog krova. – Tvoja griža savesti je izopačena i čini te lošim doktorom – zaključuje Haus. – Takođe te čini dobrom u poslu koji obavljaš. – To je sve? – Ali da li bi svet bio bolje mesto da se ljudi nikad ne osećaju krivim? – pita se Haus ne baš oduševljeno. – Seks je bolji. Trebalo je da vidiš Stejsi u poslednjim mesecima naše veze. Mnogo krivice. Mnogo vrištanja.

Haus se bori s nečim što može ili ne mora biti krivica u *Bez kajanja*. On iseca nekoliko uramljenih fotografija iz Kadine kancelarije kako bi ismejao Lukasa, što veoma uznemirava Kadi. Uništava fotografiju koju je napravio njen pokojni otac a ona nema duplikat. Viberli, tip kojeg je Haus prešao na medicinskom fakultetu, stupa u kontakt s Hausom i on mu se izvinjava, sledeći proces rehabilitacije. Haus otkriva

da je ono što je učinio Viberliju (zamenio mu je ispitni list) u velikoj meri uništilo njegov život jer je direktna posledica bilo to što je odustao od studiranja medicine a sada ostaje bez kuće. Istovremeno Haus leči Valeri, psihopatu bez savesti, koja ne može da oseća krivicu. Haus obavlja jedan uznemirujući razgovor s Valeri, koja sluti da je Hausu povremeno potrebno da nadvlada sopstvena osećanja.

Haus ume da oseti krivicu; samo ne ume da je usmeri. Odbija da se izvini Kadi a Viberliju daje pet hiljada dolara da plati hipoteku na kuću. Vilson pritiska Hausa tvrdnjom kako mu je lakše da dâ novac tipu kojeg ne poznaje nego da se izvini nekome ko ga je nekad voleo. Ispostavlja se da je Viberli lagao i da njegov neuspeh nema nikakve veze s Hausom; samo je hteo da vidi da li je Haus isti gad kakav je bio na fakultetu. Haus pokušava da na silu dâ novac potpuno poraženom čoveku kako bi dokazao da je ostao isti gad kao i pre. Kada ode da porazgovara s Kadi (možda da bi se izvinio), zatiče Lukasa i odlazi. Kako bi se otarasio griže savesti, on se odvlači do Viberlijeve kuće i ubacuje ček u poštansko sanduče.

PROMENA JE NEMOGUĆA

– **Želim da se oporavim.** Šta god to značilo. Muka mi je od toga da budem nesrećan.

HAUS (SLOMLJENO)

Haus mrzi promenu. U *Crtama u pesku* Haus ne želi da se vrati u svoju kancelariju sve dok u nju ponovo ne unesu stari, krvlju umrljan tepih. Tek pošto se smesti u bolnicu Mejfild, Haus napokon priznaje da želi da se promeni. Slomljen je. Ali jedan od njegovih principa glasi da se ljudi ne mogu menjati. Haus se susreće s ortodoksnom Jevrejkom koja je nekoliko meseci ranije bila menadžerka u muzičkoj industriji i koristila heroin. Umesto da pomisli kako neko može da postane religiozan i promeni se tako drastično, Haus traži dijagnozu kojom bi se njeno ponašanje objasnilo kao deluzionalni poremećaj. (Ispostavlja se da Haus nije u pravu: ona se zaista promenila.)

– **Verujem da se u svetu ove serije** i u svetu u kom živim ljudi mogu promeniti ali ne mnogo. Nimalo se nećete promeniti ukoliko to ne želite, a ako želite, koraci su sitni. Jedno mi je pomalo neubedljivo, više u filmovima nego na TV-u: nastupi otkrovenje i sve se menja. Trebalo bi da se menjamo i trebalo bi da se trudimo da postanemo bolji, smatram, ali tvrdnja da se možemo promeniti u sasvim drugu osobu, za mene je jednostavno naivna. Mi smo ono što smo, a to ne znači da se ne možemo potruditi i da ne možemo birati. S druge strane, mi smo ono što jesmo po sopstvenom izboru. To je jedno pitanja oko kojih se sukobljavaju Haus i Vilson.

DEJVID ŠOR

U *Srećnom malom Božiću* Haus nalazi brzo rešenje za devojku koja nije patuljak jer joj je majka takva nego joj fali hormon rasta. U početku devojka ne želi da se promeni; želi da bude kao majka. Haus pokušava da ubedi majku da ona ubedi ćerku da započne sa lečenjem:

Haus: Vi i ja smo otkrili da je biti normalan trulo, zato što smo nakaze. Kada si nakaza postoji jedna prednost – to te čini snažnijim. Šta mislite, koliko želite da ona bude snažna?

Devojčin problem sa stasom je nešto drugo od Hausovog osećanja nesreće, pa čak i od njegovog bola u nozi, jer za devojku postoji trajan medicinski lek. Haus je poput pisca koji se podvrgava eksperimentalnoj operaciji kako bi prevazišao svoju manično-depresivnu psihozu (*Nemogućnost komunikacije*). Ne postoji brzo rešenje.

Trubač Džon Henri Džajls (*Testament za živora*) prepoznaje u Hausu srodnu dušu. – Poznato mi je to hramanje – kaže Džajls. – Poznat mi je i prstenjak bez prstena. – Džajls vidi da se Haus opsesivno odnosi prema svom posla baš kao što je on opsesivan u muzici. – Imaš to, to što te tera da razmišljaš sve vreme, i što te ne čini ni blizu normalnim. – To nas čini velikim, objašnjava Džajls. – Propuštamo samo sve drugo – što znači veze s drugim ljudima. A onda je sve gotovo i prekasno.

Može li Haus da se promeni, čak i kad to želi? U *Poznatim nepoznanicama* Haus odlazi u Kadinu hotelsku sobu kako bi joj ponudio da čuva njenu ćerku. Na Vilsonov nagovor čini prvi korak; prestaje da uzima analgetike. Haus i Kadi su imali svoj trenutak na žurci na temu osamdesetih, i on se očigledno promenio. A onda ugleda Lukasa sa Kadinom bebom. Toliko o tome, zasad.

Zamisao da ljudi *mogu* da se promene suštinski je važna za obnovljenu romansu Vilsona i Sem. Haus ovako opisuje Sem svom prijatelju: – Bezdušna harpija kojom si se oženio pre nego što smo se sreli. (*Pad viteza*)

VILSON: Ljudi se menjaju, Hause.

HAUS: Naravno. Stare. Jajnici presuše pa fini tipovi poput tebe ponovo izgledaju privlačno.

Haus se ozbiljno trudi da rastavi Sem i Vilsona. Kao što je to izveo s Kameronovom i Čejsom, Haus tvrdi da samo čini uslugu jer ubrzava neizbežno. Budući da dobro zna šta najviše izluđuje Vilsona, Haus je postavlja zamke u stanu za koje Vilson krivi Sem: mleko se ne drži u vratima frižidera, veliko posuđe se ne stavlja na dno mašine za sudove. Vilson je bio toliko napet da ništa od svega toga nije pomenuo Sem kada su bili u braku. Haus želi da Vilson pokaže kako može da brani svoje stavove, što mu i uspeva. Sem i Vilson se ozbiljno posvađaju, upućujući jedno drugom deceniju stare zamerke. Vilson naziva Sem sebičnom kučkom i Hausov posao je dovršen.

Samo što nije tako. Sem se vraća i kaže Vilsonu da se promenila. Vilson joj odgovara da se on trudi da se promeni. Vilson kaže kako je trebalo da se ova svađa desi pre deset godina. Jasno je da je to bilo nemoguće, jer je prvo morao da se promeni.

NE MOŽEŠ UVEK DOBITI ONO ŠTO ŽELIŠ...

PITANJE: Da li je tačna tvrdnja da se ne može uvek dobiti ono što se želi? Da li ikada dobiješ ono što želiš?

ROBERT ŠON LENARD: Dobiješ. Ali onda to nestane u autobuskoj nesreći. Ne znam da li čovek može da zadrži ono što želi. Po mom ličnom mišljenju, to je sasvim nasumično. Neke sjajne, neverovatno darežljive i brižne ljude pregazi autobus, a pojedinci, prave zveri, prolaze nekažnjeno i divno žive. Uvek razmišljam o tome kada sam na auto-putu. Pošto sam zbog snimanja stalno na relaciji Njujork – Nju Džerzi, ovaj život na auto-putu mi je nov. Nalaziš se na autoputu 101 i na pet kilometara pred priključenje na 405 spremaš se za skretanje. Ljudi počinju da se prestrojavaju u desnu traku i saobraćaj se usporava. A tu su i ljudi koji samo prozuje i stanu ispred svih. Kada to vidim, pomislim, ne znam... možda će taj lik doživeti užasnu nesreću ili će mu majka umreti od užasne bolesti tog dana, ali prva pomisao mi je, kladim se da prolazi sasvim dobro. Mislim da takvi tipovi dobro žive.

... SAMO DOBIJEŠ ONO ŠTO SI DOBIO

– **Ljudi dobiju ono što dobiju,** i to nema nikakve veze s onim što zaslužuju.

HAUS (SMRT SVE MENJA)

> **– Po meni, to je nasumično. Dobiješ ono što možeš da dobiješ.**
>
> **ROBERT ŠON LENARD**

Roj Randal, milijarder iz *Instant karme*, misli da ga bogovi kažnjavaju zbog neprekinutog poslovnog uspeha. Prvo mu umire žena, zatim njegov sin dobije neizlečivu bolest a on smatra da je kriv za to. Randal insistira da vidi Hausa zato što je on najbolji doktor. Ali insistira i da se reši svog bogatstva, smatrajući da će time povratiti dobru karmu pa će mu sin biti spasen. Randal misli da je njegovo finansijsko samouništenje delovalo; Haus zna da je to bila medicina.

– Trudim se da budem dobar koliko mogu ali ne verujem da me tamo negde čeka Sveti Petar s beležnicom... i lupa recke. Mislim da na kraju dana ne čeka moralni zakonik niti sud ... Nešto ne verujem u predodređenost. Hoću da kažem, verujem da svako može da radi ono što želi. Smatram da za to ne postoji kazna. Ako sutra poželite da postanete masovni ubica, možete. Ne znam za sudbinu; ne znam tačno šta mislim o tome.

ROBERT ŠON LENARD

U *Vilsonovom srcu* Vilson se muči zato što ne zna kako se Amber našla u autobusu s Hausom, kao da su njene namere bilo kako mogle uticati na ono što se dogodilo. Trinaest ne može potpuno da učestvuje u spasavanju Amber zbog sopstvenih strahova od prerane smrti. Ali Katner već ima iskustva, kaže Trinaest da su njegovi roditelji ubijeni kada je imao šest godina. Život nije fer. Dok Amber umire u operacionoj sali, Katner gleda TV i doručkuje pahuljice. Šta se dešava u Katnerovoj glavi, ostaće u seriji najveća nepoznanica od svih.

Nakon što Amber umre, Haus sanja ili halucinira da su u autobusu i on joj kaže kako bi trebalo da je on mrtav. Zašto?

HAUS: Zato što život ne bi trebalo da je nasumičan. Zato što usamljeni narkomani i mizantropi treba da poginu u sudaru autobusa a mlade, zaljubljene dobrice koje u pola noći neko izvlači iz stanova treba da odu kući neozleđene.

AMBER: Samosažaljenje ne liči na tebe.

HAUS: Širim se od samoprezira i samodestruktivnosti... Vilson će me mrzeti.

AMBER: Nekako zaslužuješ to.

Ako Haus i uspeva da se popravi, tu je lekciju naučio na težak način. Na trenutak, Amber je poput Hausa u *Jedan dan, jedna soba*, a Haus je kao Iv, koja zna pitanja ali ne može da odgovori.

AMBER: Izađi iz autobusa.

HAUS: Ne mogu. Zato... zato što ovde ne osećam bol. Lagao sam. Ne želim da osećam bol i ne želim da budem nesrećan. Ne želim da me on mrzi.

AMBER: Pa... Ne možeš uvek dobiti ono što želiš.

– Nikad nisam smatrao da Haus ima zlatno srce, što ne znači da mi se ne dopada; štaviše – volim ga. Ne volimo samo ljude zlatnog srca, svet bi bio veoma dosadno mesto da je tako. Uvek sam smatrao da je Haus neosporno na strani anđela, što ne znači da je i sâm anđeo. Ne morate biti anđeo da biste bili na strani anđela.

Hju Lori

HAUS

Hju Lori

Na kraju epizode *Ostavka* Haus u kafeu susreće privlačnu nutrici-onistkinju Hani. Haus je na klinici lečio njenog dečka vegetarijanca i ona misli da se s njim nalazi zbog razgovora o poslu. Veoma brzo shvata da nije reč o tome, već da ovo liči na sastanak. Hani kaže da ne zna ništa o Hausu, iako je očigledno svesna da je on lekar. Haus otvoreno nabraja neke svoje kvalitete. Koristi antidepresive; jede meso; voli droge; nije baš uvek veran. Ona se brecne: – Koliko si samo nesrećan kada spasavaš ži-vote, spavaš sa svima i drogiraš se? – Dobro pitanje. (Haus pita Hani da li je u školi bila u debatnom klubu.) Haus takođe izjavi da mrzi čaj, a zatim ga naručuje.

Haus je, naravno, priča o Hausu. – Haus je ključni lik – kaže Dejvid Šor. – Imate šeficu, najboljeg prijatelja, potčinjene a on je središnji deo točka. – Haus se nalazi u gotovo svakoj sceni serije a prati ga glavna radnja. Kao što Čejs kaže Hausu, uvek će biti glavni, hteo to ili ne (*Instant karma*). Drugi likovi pomažu u osvetljavanju ili otkrivanju aspekata Hausove ličnosti: Ka-di i Kameronova otkrivaju stvari koje mrzi u odnosima sa ženama; Vilson njegovu protivrečnu potrebu za prijateljstvom; Forman i Čejs njegov ambi-valentan stav prema pomaganju ljudima; Taub i Trinaest njegovu potrebu za kontrolom. Neki ljudi – Stejsi, Kadi a donekle i Kameronova – uspevaju da dopru do njega. Drugi – Vogler, Triter i donekle Kadi – uspevaju da ga nerviraju. Ali, sve se vrti oko njega.

– On je u mnogo čemu neosporno egomanijak ali ne običan ego-manijak. Njemu nije potreban uobičajeni aplauz javnosti za poči-njena dobra dela.

HJU LORI

Kao i s većinom likova, priča koja ga objašnjava odvija se veoma polako. Kada ga u epizodi *Bez razloga* prime u bolnicu posle ranjavanja, na Hausovoj narukvici piše (pouzdan?) datum rođenja: 11. jun, 1959. U *Tri priče* otkrivamo šta se dogodilo s njegovom nogom. Znamo da je Haus pohađao univerzitet u Mičigenu u vreme kada i Kadi, kao i to da je izbačen (*Poznate nepoznanice*). U *Odvlačenju pažnje* Haus se na profesionalnom planu sveti profesoru Veberu koji se, kao i Haus, upisao na Hopkins i studirao kod istih profesora i postao stažista u klinici Mejo, a to bi se i Hausu dogodilo da nije izbačen zbog varanja. Haus oštro kritikuje Veberovo medicinsko istraživanje o sprečavanju migrene. Nagoveštavajući zašto je Veber redovno ostajao bez posla i kako je izgubio položaj u medicinskoj školi, Haus pobija Veberove tvrdnje tako što isproba njegov lek, prvo na pacijentu u komi a zatim na sebi. Haus nekako uspeva da se zvanično kvalifikuje kao dijagnostičar, specijalizujući se za dve oblasti, infektivne bolesti i nefrologiju.

Koliko puta je Haus dobio otkaz? U *Hampti-Damptiju* Kameronova kaže Hausu da je odličan doktor. – Ali bilo koji drugi direktor bolnice bi te davno otpustio. Četvoro je to već učinilo – nastavlja Kadi. – Pitanje je zašto sam ga ja zaposlila? – Ali ona zna odgovor, i kao što kaže u pilot-epizodi: – Kučkin sin je najbolji doktor kojeg imamo.

SPASAVANJE ŽIVOTA

– Spasavanje života je samo kolateralna šteta.

HAUS (*NEVERNIK*)

Haus je istinski nadaren dijagnostičar. Ponekad može da uoči šta nije u redu kod naizgled zdravih pacijenata, prosto gledajući ih. Neverovatno mnogo zna o stanjima i simptomima i izuzetno je načitan. (U epizodi čita *Vernost* u portugalskom medicinskom časopisu o nekom ko je dobio spavajuću bolest od svoje devojke; na Veberovo istraživanje migrene je naišao u *Neuroscience New Delhi*. Možda jedina studija koju ne želi ponovo da čita jeste udžbenik o lupusu u kojem je krio vikodin u *Pronalaženju Jude*.) Haus je nezaustavljivo uporan u svojoj potrazi za dijagnozom. I to do krajnosti. U *Poslednjem pribežištu* on vraća pištolj naoružanom čoveku koji drži njega i Trinaest kao taoce, kako bi mogao da dovrši dijagnozu. Uzme li se sve ovo u obzir, da li je Haus dobar doktor?

Vilson: Neki doktori pate od kompleksa Mesije. Oni moraju da spasu svet. Ti imaš Rubikov kompleks; moraš da rešiš zagonetku. (Testament za života)

Hausovo zanimanje za spasavanje života proteže se na rešavanje medicinske zagonetke; u najboljem slučaju. Haus je nezainteresovan za samog pacijenta. U pilot-epizodi Forman ga pita: – Zar nismo postali lekari da bismo lečili pacijente? – A Haus mu odgovara: – Ne. Postali smo lekari da bismo lečili bolest. Većina je lekara nesrećna zato što moraju da leče pacijente. – Pacijent samo laže i skriva rešenje zagonetke. Vilson podrobnije objašnjava Hausov položaj Formanu u *Sokratovskom metodu*:

VILSON: On voli zagonetke.

FORMAN: Pacijenti su zagonetke?

VILSON: Ne slažeš se?

FORMAN: Ja ih gledam kao ljude.

Formanov je zaintrigiran zato što Haus treba da se nađe s pacijentkinjom Lusi, koja je naizgled šizofreničarka (a zapravo boluje od Vilsonove bolesti). Čejs kaže Formanu da Haus voli „ludake". – Oni nisu dosadni – objašnjava Čejs. – To mu se dopada. – U *Crtama u pesku* jedno autistično dete reaguje na Hausa iako Haus ne pokušava da dopre do njega. Dečak pruža Hausu svoju video-igricu, što je čin društvene interakcije. Drugi pacijenti, poput Iv u *Jedan dan, jedna soba*, moraju da se pomuče (predoziraju se lekovima) kako bi naveli Hausa da razgovara s njima.

– Mislim da Haus smatra da je bolji doktor ako ljude tretira kao mehaničke objekte a ne osećajna bića... On je mnogo više zainteresovan za sopstvena pitanja. Mislim da je njegova izjava kako ne bismo mogli da funkcionišemo kada bismo brinuli za svaku smrt u društvu.

DEJVID ŠOR

Da je Haus kao Forman, Vilson ili (pogotovo) kao Kameronova, ne bi bio u stanju da tako često preuzima rizik kada su u pitanju životi pacijenata. – Rizikujem – kaže Haus. – Pacijenti ponekad umru. Ali ne preuzmem li rizik, mnogo više pacijenata umire. Stoga smatram da je moj najveći problem to što sam dobar u matematici (*Detoksikacija*). Haus spase oko pedeset ljudi godišnje; a šta ćemo s doktorom koji spasava na hiljade? U *Tuberkuloza ili ne* Haus upoznaje Sebastijana, harizmatičnog doktora koji vodi kampanju za izlečenje od tuberkuloze u Africi. Sebastijan je miljenik medija; Haus ga smatra naduvenim i sebičnim kao što je svako drugi. Sebastijanovo lečenje (čini se da i on boluje od tuberkuloze) koštaće deset hiljada dolara i on odbija – ne želi da prihvati lekove dok slični lekovi ne budu dostupni svima u Africi, i zakazuje konferenciju za novinare da to potvrdi. Što se Hausa tiče, spasavanje života nije takmičenje. Sebastijan ima teoriju.

SEBASTIJAN: Znaš, naši se poslovi ne razlikuju po broju ili stilu. Ja znam da neću uspeti. Ako spasem i milion ljudi, ostaće još milion. Ti to ne bi mogao podneti. Mislim da prezireš bilo koga ko to može.

HAUS: Zar ne možemo makar da se složimo u tome da si neverovatno dosadan.

Jedno je sigurno, Haus ne bi bio zadovoljan kada bi njegove dijagnoze **uvek potvrđ**ivale tuberkulozu.

– Haus protivreči samom sebi. Kaže da motivi nisu bitni. Ako spasavaš živote, koga briga zašto to radiš? Ako si divna osoba što se tiče tvojih motiva ali ako kao rezultat tvojih aktivnosti ljudi umiru, onda si magarac. Ako si najveći magarac na zemlji a pritom su ti motivi truli ali spasavaš živote, onda si dobra osoba. Mislim da je taj njegov stav ozbiljno doveden u pitanje u *Tuberkulozi ili ne* zato što Sebastijan spada u tu drugu kategoriju, ali je to iznerviralo Hausa, što mu je Vilson i predočio. Tog tipa prosto obožavaju. Haus je ljudsko biće. On nije u stanju da prevaziđe lične pristrasnosti.

DEJVID ŠOR

Jedan Hausov slučaj je ostao nerešen. Kada u hitnu pomoć dovedu dečaka i Kadi dijagnosticira da ima gastroenteritis, Haus ga obilazi i ustanovljuje da on ne može da dohvati Hausov štap. U svojoj kancelariji Haus otvara najnižu fioku kako bi pronašao dokumente o slučaju starom dvanaest godina. On obično izbegava slučajeve, ali ovaj želi. Haus veruje da ovaj šestogodišnjak ima istu bolest od koje je preminula sedamdesettrogodišnja Ester (*Svi skupa*). Esterina porodica nije dozvolila Hausu da obavi obdukciju, a u njoj bi se, kako je bio ubeđen, potvrdilo da je imala izuzetno retku Erdhajm–Česterovu bolest.

Čejs zna da se Haus jednom već mašio za ovaj dokument (pominje slučaj na kojem je radio pre nego što je Kameronova došla u PPTH). Rešenje ovog slučaja je za Hausa poput pronalaženja Device Marije. Hausovo otkriće potvrđuje da je u pravu – dečak je bolovao od Erdhajm–Česterove bolesti baš kao i Ester, što će se pokazati. Bolest ga je slagala, ili još bolje, poigrala se s njim tako što se nije pokazivala na mestima koje je pregledao već se kasnije tamo širila. Uočljivo je da Haus zna ime svoje pacijentkinje čiji slučaj nije uspeo da reši.

U *Ostavci* Haus je pod dejstvom antidepresiva koje mu Vilson potura. Haus je postavio dijagnozu Edi, devetnaestogodišnjakinji. Njeni izgledi za oporavak su slabi, ali je Haus zadovoljan sobom jer je uspeo da reši izuzetno zamršenu zagonetku.

HAUS: Zar ne vidiš koliko je nedostatak proteina neverovatna dijagnoza? Ne može da se testira, ne vidi se. Zaključio sam šta je na osnovu toga što ona iskašljava krv.

FORMAN: Srećan si zbog toga.

KAMERON: Ona će umreti.

HAUS: Nisam ja kriv zbog toga. Svakako će umreti. Zahvaljujući meni, barem će znati zbog čega.

Forman pita Hausa da li zna ime devojke. („Mrtve studentkinje druge godine?") Ili ime njenog oca ili majke? Haus zauzvrat pita Formana da li će ikog biti briga ako zna njihova imena.

Haus odlazi da saopšti novosti pacijentkinji. – Edi, umireš – kaže on. – Za dva dana ili kraće. – Počinje da joj objašnjava njeno stanje ali ga ona prekida. – Nije važno. – Ali Haus ne može da odustane. – Ovo te ubija. Ne zanima te da znaš šta te ubija?

– Da li će se nešto promeniti? – odgovara Edi.

HAUS: Kakva je svrha živeti a ne biti radoznao? Bez žudnje da...

EDI: Dakle, upropaštavam poslednje sate svog života zato što ne-ću da te slušam?

OTAC: Izlazite odavde.

HAUS: To je... to je kao tamna materija u svemiru...

Edi pogleda Hausa i čini joj se da se on osmehuje. Haus ugleda odraz svog lica u ormanu za peškire i nešto mu sine. Suočava se s Vilsonom i optužuje ga da mu je poturio antidepresive. Kriv je. Ali Haus tvrdi da se nije osmehivao; od leka je cvrcnut a ne srećan. Ne može da shvati zašto se Edi ne zanima za bolest od koje umire. Vilson kaže da je to zato što je očajan. Ništa više nego inače, zaključuje Haus, kojem još nešto padne na pamet. Edi je depresivna – pokušala je da se ubije ispivši tečnost za čišćenje u želatinastoj kapsuli.

Pacijenti to dobijaju od Hausa – on ne zna njihova imena, ne brine za njihovu sudbinu ali im spasava živote. Haus ne nudi garanciju za svoju uslugu. Obećava Edi da neće reći njenim roditeljima da je pokušala samoubistvo a onda im ipak kaže kako ne bi sebe opteretio takvom informacijom. A kada Edina mama pita da li može da ga pozove ako bude imala još koje pitanje, on je odbija.

Bobin Bergstrom: Pre bih da me leči neki skot koji zna šta radi nego neko ko će me tapšati po leđima i uraditi pogrešne stvari.

Dejvid Foster kaže da mu stalno postavljaju ovo pitanje: – Da li Haus liči na nekoga koga poznajete?

– Odgovaram sa ne; nijedan doktor ne bi zaista rekao takve stvari niti se tako ponašao. Ali, ako razgovarate sa sestrama, one kažu: „Taj doktor Haus je kao pravi." Doktor Haus mnogo više liči na doktore nego što doktori misle.

DEJVID ŠOR: Mislim da je i zbog toga ova serija privlačna. Mislim da svi radimo s ljudima koji su žešće naporni a pošto takvu procenu uvek donose posmatrači, to smo i mi sigurno žešće naporni nekom drugom.

BOBIN BERGSTROM: Imala sam jednom užasno tužnog pacijenta koji je bolovao od ejdsa. Imao je srčani udar i umro je. Njegov ljubavnik je stajao kraj njega a onda je ušao doktor i rekao: „Imam ovde nakazu" pred njegovim partnerom. I te kako postoje doktori poput Hausa.

SPAVANJE NAOKOLO

– Najčešće me pitaju ko bi bila savršena devojka za Hausa. Ne samo ljudi koji se ne bave ovim poslom, već i ljudi koji se time bave, agenti mi nude različite glumice. Koja žena može da zaleči njegove rane? Postoji nešto veoma romantično u tome... Ko bi bio u stanju da vidi i dalje od loših iskustava i slavi ono što leži ispod te grube spoljašnjosti?

KEJTI DŽEJKOBS

Haus je uživao u nešto aktivnijem seksualnom životu u svojoj glavi a ne u stvarnosti. Fantazira da se Kadi svlači pred njim i halucinira da ima seks s njom; mnogo bolje poznaje zamišljenu Amber nego stvarnu. Sa četiri žene je imao romantičnu vezu: sa Kameronovom, Stejsi, Lidijom i Kadi.

A tu su i žene s kojima nije bio u romantičnoj vezi, njegove kurve (njegova reč), poput Pole – Potrebna mi je zabava. Ne moram da pričam da bih to radio, jel' tako? (*Odvlačenje pažnje*) – i „glumica" koju angažuje da postavi zamku za Katnera i Tauba i raskrinka njihovu internetsku dijagnostičku prevaru (*Neka se snalaze kako znaju*).

> – Taktičnost je s razlogom važna u civilizovanom društvu ali je ona tako retka, osvežavajuća i herojska, poput tipa koji kaže šta mu je na umu ne zato što je zapisao u rokovnik da vas zavoli ili da vas navede da ga ne zavolite; on veruje da to treba da kaže u datom trenutku i zato će to i reći. To je tako retko. Možda i treba da bude tako.
>
> DEJVID ŠOR

U *Sportskom lečenju* Vilson ide na večeru s advokaticom Stejsi i Haus mu kaže da nema prava da bude uznemiren. Gledaoci ne znaju ništa o Stejsi ali znaju da Haus izvodi Kameronovu na trke monster kamiona. Da li je to sastanak? Da, kaže Haus, osim tog dela koji se odnosi na sastanak. Kameronova mu stavlja do znanja da je zainteresovana za njega, ali je Haus, naučnički, mnogo više zainteresovan da sazna zašto nego da sledi tu ideju. Kameronova daje otkaz (*Uzor*) i kaže da će se vratiti samo ako Haus pristane da izađe s njom na pravi sastanak. Ali njihov sastanak (*Ljubav boli*) samo je još jedna prilika da Haus reši zagonetku. Zaključuje kako Kameronova pokušava da ponovi svoje iskustvo kada je bila udata za čoveka koji je umirao od raka. – Ja sam ono što ti treba – kaže Haus. – Oštećen sam.

PITANJE: Mira Sorvino [Kejt, naučnica na Antarktiku iz epizode *Zaleđeni*] bila je savršena devojka.

DEJVID ŠOR: Da. Zato što je bila četrnaest hiljada kilometara daleko.

U narednoj epizodi Stejsi se pojavljuje u PPTH, gde otkrivamo da je ona bila Hausova partnerka koju nije video pet godina. Kameronova shvata da je nadigrana i odlazi.

PITANJE: Bilo mi je žao što se ništa nije dogodilo sa Stejsi.

DEJVID ŠOR: Uprskao je stvar, što je u skladu s njegovim karakterom. Bila bi greška da smo ga u tom času uvukli u vezu. Potrebno nam je da on bude vuk samotnjak.

Stejsi je dovela svog muža Marka, da ga Haus izleči. U *Tri priče* tokom svog predavanja, i ne pomenuvši da je reč o njemu, Haus nam otkriva šta se dogodilo s njegovom nogom: zbog aneurizme se stvorio ugrušak i to je izazvalo infarkt. Mišić u nozi je umro. Problem nije bio dijagnostikovan tri dana, sve dok pacijent nije sugerisao da se radi o mrtvom mišiću. Hausova partnerka u tom času je... Stejsi. Haus odbija da ostane bez noge, živeće s bolom. Haus je uveden u komu kako bi prespavao najgori deo. Dok je u komi Stejsi koristi svoje pravo opunomoćenika i uklanja mrtvi mišić iz Hausove noge, što je srednje rešenje između amputacije i ostavljanja mrtvog mišića. Hausu ostaje loša noga, hroničan bol i gorčina prema Stejsi. – Spasla sam ti život – kaže ona. – Aha, možda.

KAMERON: Kakav je bio pre problema s nogom?

STEJSI: Uglavnom isti. (*Medeni mesec*)

– Nije sve vezano za tu nogu. Mislim da smo to već pomenuli... Bio je nadaren ali je imao istovetan stav spram ljudi kao i danas. Mislim samo da je to malo češće zadržavao za sebe. Bio je grozan ali se suzdržavao, ali mislim da je, kad je postao hrom, shvatio da može proći sa svakakvim glupostima. Da će ljudi donekle moći da mu oproste.

DEJVID ŠOR

Haus pokušava da otkrije šta je Marku, iako nije sasvim siguran želi li da ostavi Stejsinog muža u životu. Haus i Stejsi nisu preboleli jedno drugo. Na kraju prve sezone ona mu kaže: – Ti si bio pravi. Uvek ćeš biti. Ali ja ne mogu da budem s tobom.

Stejsi: Kod tebe je divno što uvek smatraš da si u pravu. A izluđuje me to što uglavnom jesi u pravu. Ti si sjajan, zabavan, neočekivan, seksi.

Ali sa tobom sam bila usamljena. A uz Marka ima prostora i za mene.

Haus samo kaže: „Dobro" i onda se poljube. Sve do Kadi, Haus nikad nikom nije rekao da će se promeniti: Evo me, uzmi ili ostavi. Na kraju prve sezone Kadi nudi Stejsi posao, što znači da je u PPTH, spremna da se ponovo zaljubi u Hausa. – Mrzim te i volim te – ona kaže Hausu. – A Marka volim. (*Točkovi*) Haus manipuliše i spletkari – provaljuje u sobu za terapiju kako bi čitao beleške s terapijskih sastanaka Stejsi i Marka; spava sa Stejsi nakon što zaglave izvan grada na poslovnom putovanju (*Nemogućnost komunikacije*). Ali kada Stejsi obavesti Hausa kako je rešila da ostavi Marka, on joj kaže da to ne čini. Mark je spreman da uradi sve za nju; Haus nije. Kaže joj da je ne može usrećiti i da će nakon izvesnog vremena ona tražiti od njega nešto što joj on ne može pružiti (*Mora da zna*).

Vilson je ljut na Hausa što je propustio priliku. Haus mora da želi promenu i pokuša da bude srećan, a on to ne može ni da pojmi:

Vilson: Ne voliš samog sebe ali se diviš samom sebi. To je sve što imaš i zato se mahnito držiš toga. Plašiš se da ćeš, ukoliko se promeniš, izgubiti ono što te čini posebnim. Hause, nisi bolji od svih drugih zato što si nesrećan; već si samo nesrećan.

– Mislim da je tačna Vilsonova opaska upućena Hausu: „Ne voliš samog sebe ali se diviš samom sebi". On ne voli sebe a mislim da je toliko uplašen da će, ukoliko bude živeo kao obični ljudi, ne samo i dalje biti nesrećan nego će se omrzeti. On obožava životne izbore koje je napravio. Ujutro neće sebe poštovati.

DEJVID ŠOR

U petoj sezoni Haus konačno odlazi toliko daleko da mu se priviđa seks s Kadi u trenutku kada prestaje da koristi vikodin. U bolnici Mejfild Haus gleda Lidiju, koja dolazi u dnevni boravak u bolnici da svira klavir za svoi Eni. Eni je nekada svirala violončelo u orkestru ali se sada povukla u svoj nemi svet. Haus i Lidija se zbliže ali je Haus odbija od sebe zato što, kako kaže, ljudi uvek bivaju povređeni. Ali se ipak spoje. Lidija donosi violončelo svoje prijateljice u bolnicu za slučaj da se Eni prene; i sâm Haus kao da iznenada pronalazi nešto pozitivno u Lidiji, te se zagrle, zaplešu i vode ljubav.

Lidija očekuje čudo, a ono se i dogodi. Haus je spoznao da želi da se oporavi. Izvinjava se pacijentu koji sebe zove Gospodarom slobode, koji se povredio kada ga je Haus izveo iz bolnice kako bi udovoljio njegovoj fantaziji da ume da leti. U dnevnom boravku Gospodar slobode prekida Enin muk; poklanja joj muzičku kutiju i ona ponovo zasvira violončelo. Haus odlazi kod Lidije i doznaje da će Eni nastaviti oporavak u drugoj državi a Lidija će s njom. Ona to nije ispričala Hausu jer je smatrala da se između njih sve savršeno okončalo. Ona je udata i Haus je bio samo prolazna afera. Ali Haus nije želeo da se njihova veza okonča.

Haus kaže svom psihijatru, doktoru Nolanu: „Otišla je. A ja sam izgubljen." Nolan primećuje kako se Haus toliko čvrsto vezao za nekog da je kadar za patnju, što znači da može izaći iz bolnice. Kada se vrati u PPTH i Kadi, Haus izgleda spremno za novu vezu. Možda je prosto još uvek nije zavredeo.

DROGIRANJE

– Haus je pune četiri i po godine prihvatao činjenicu da je zavisan od vikodina ali mu to nije smetalo. Smatrao je da je to najbolje u njegovom jadu. Opravdavao se time da je hteo da izbegne bol kako bi tokom dana funkcionisao, a ne rekreativno, kako bi se uradio. Da, bio je navučen, i da, ta zavisnost je uzimala danak od njegovog tela ali mu to nije bilo važno – bilo je važno da radi. To složeno stanje dovelo nas je do ove tačke. Mislim da je u suštini bio u pravu, sve dok nije počeo da halucinira pa je izgubio moć da razdvaja stvarnost od uobrazilje.

DEJVID ŠOR

– Ne, nemam problem s kontrolisanjem bola, već imam problem s bolom. – Ova izjava iz *Okamove oštrice*, njegova je nepromenjena predstava o zloupotrebi lekova. Boli ga noga, on uzme lek, i bude u stanju da normalno funkcioniše. Ne slažu se svi s tim. – Haus je zavisnik – zaključuje Forman u *Sinu tipa u komi*, ali da li je i zavisnik koji može da funkcioniše?

U *Detoksikaciji* Kadi izaziva Hausa da prestane da uzima tablete i nudi mu u zamenu mesec dana bez obaveza na klinici. Haus upada u strašnu krizu i hotimice teško ozledi ruku tučkom kako bi mu taj bol skrenuo misli s odvikavanja. Haus uspeva da izdrži jednu nedelju a Vilson ga pita da li je nešto naučio: – Da. Zavisnik sam.

> **HAUS:** Rekao sam da sam zavisnik. Nisam rekao da imam problem. Plaćam svoje račune. Pravim sebi hranu. Funkcionišem.
>
> **VILSON:** Da li je to sve što želiš? Ni s kim nisi u vezi.
>
> **HAUS:** I ne želim da budem u vezi.

Hausa noga s vremenom sve jače boli. U epizodi *Površno* on traži od Kadi injekciju morfijuma kako bi ublažio bol. Ali nakon što ga je Morijarti ustrelio u *Bez razloga* Hausova noga je posle operacije bolje. Kao i Stejsi, i Kadi je iskoristila priliku kada je Haus bio nesvestan da pokuša da mu izleči nogu ili barem ublaži bol. Haus je pod disocijativnom anestezijom kako bi mu se mozak „resetovao", što je eksperiment kojima se podvrgavaju pacijenti koji pate od hroničnog bola. Postoji pedesetprocentna šansa da se njegov bol ne povrati. Iako to poriče, Haus pati od halucinacija kao sporednog dejstva anestezije. Pa ipak, Haus nekoliko meseci ne trpi bolove. Ali to ne potraje i u *Značenju* Haus popunjava recept u Vilsonovom bloku i samom sebi prepisuje vikodin.

Kada Haus zabode termometar u zadnjicu jednog napornog pacijenta na klinici i ode s posla, to liči na nešto što on može da učini nekažnjeno. Ali izabrao je pogrešnu zadnjicu kada je to učinio detektivu Triteru. Triter se žali Kadi da je Haus siledžija i da takvi ne odustaju dok se ne sretnu s nekim snažnijim i opakijim. Haus ne želi da se izvini, te Triter diže ulog: zaustavlja Hausa u saobraćaju,

> – Mislim da je serija uspela da se izbori s pretpostavkom da je nešto crno-belo. Kada ljudi komentarišu kako je Haus seronja, zapravo ne razumem šta time žele da kažu. Scenaristi vešto uspevaju da sve predstave iznijansirano, i stvarno ništa nije crno-belo.
>
> **KEJTI DŽEJKOBS**

pronalazi mu tablete i hapsi ga zbog posedovanja narkotika (*Ludo zaljubljeni*). Triter je uveden u priču kako bi „Haus konačno dolijao", kaže Kejti Džejkobs. Da li je Haus zavisnik koji može da funkcioniše ili zloupotrebljava vikodin? – Bilo je potrebno da se pozabavimo šefom dijagnostičke medicine koji je na lekovima ali spasava živote – kaže Džejkobs. – Pomislila sam da nam se s Triterom ukazala prilika da vidimo obe Hausove strane.

> – Mnogo ljudi je Tritera smatralo negativcem, iako ga ja nikada nisam doživljavao kao takvog. Triter je u nekim stvarima i te kako bio u pravu.
>
> DEJVID ŠOR

Triter neuspešno pokušava da pronađe nekog ko će svedočiti protiv Hausa sve dok mu Vilson ne udovolji. Haus preduzima očajničke poteze kako bi došao do svojih lekova, napokon ukrade recept od mrtvaca. Triter pokazuje da nije osvetoljubiv prema Hausu – on se samo zauzima za više dobro.

> **TRITER:** Tablete izobličuju stvarnost. On je zavisnik.
>
> **KADI:** On ne pljačka kakvu prodavnicu pića, ili...
>
> **TRITER:** Ne, on leči ljude. Mora pronaći drugačiji način da se izbori s tim pre nego što nekog ubije. Ako to već nije uradio. (*Pronalaženje Jude*)

Kadi na klupi za svedoke drsko laže u Hausovu korist i ometa Triterove pokušaje. Ona sklapa pakt s đavolom i to priznaje: – Jedina svetla tačka je to što si mi sada dužnik. – Triter je velikodušan u porazu. – Nadam se da sam pogrešio u vezi s tobom – izjavljuje Hausu. A nije. Ispostavlja se da je Haus lagao kako pokušava da se odvikne jer vidimo da mu bolničar krišom dostavlja vikodin – dakle, sve iz početka (*Reči i dela*).

U petoj sezoni se teorija o zavisniku koji može da funkcioniše napokon raspada. U *Prijatnijoj strani* Haus samom sebi određuje dozu metadona, bol prestaje i on je srećan te napušta posao. Ali Hausu se više sviđa dobro utabani put: rešavanje zagonetki u PPTH, bol i nesreća. – Samo ovakvog mene možeš da imaš – kaže on Kadi. Malo pre Katnerove smrti,

u *Pseudokomi*, Haus priznaje da odlazi kod psihijatra, što predstavlja tra-
čak nade. A zatim Katner umire a Hausova potreba da nađe odgovor vodi
ga do ivice i preko nje. Hausu je neverovatno da se Katner ubio: ubeđen je
da je Katner ubijen. Počinje da mu se priviđa Amber. U jednom posebno
lošem trenutku pali leš u mrtvačnici kako bi uvežbao ispijanje sambuka
za Čejsovo momačko veče (*Razdvojeni*) a zatim mu se priviđa seks s Kadi
i zreo je za odlazak u bolnicu Mejfild.

> – Odlazi u bolnicu ali ne toliko da se odvikne od tableta već da ot-
> krije kako treba da živi; da prepozna svoje nedostatke i ograničenja.
> Mislim da donekle u tome i uspeva.

DEJVID ŠOR

....

Haus napušta Mejfild čist i bez posla, ali shvata da se nikako
ne može odreći druge zavisnosti – rešavanja zagonetki. U *Ep-
skoj propasti*, kada programer video-igrica Vins iznosi svoje
simptome na internet i nudi nagradu za uspostavljanje dijag-
noze, Haus rešava slučaj (i osvaja dvadeset pet hiljada dolara).
Doktor Nolan shvata da zagonetke i lekovi angažuju isti deo
Hausovog mozga: on rešava zagonetku i bol u nozi prestaje.
Nolan predlaže Hausu da se vrati na posao. Tamo ga čekaju
demoni. – Možda bi jedino gore bilo da se ne vratiš.

PITANJE: On je zavisnik.

DEJVID ŠOR: Teško mi je zamisliti da se u nekom času neće pono-
vo vratiti drogiranju.

HAUSOV IZGLED

Keti Krendal drži na zidu fotografije Marlona Branda i Šona Pena kao
inspiraciju za Hausov izgled. Osvrće se na Hausovu drskost: – Potrudili

smo se da mu odredimo odeću u kojoj izgleda nehajno, iako je štos da izgleda dobro.

Keti je obukla Hausa u otmen i po meri šiven sako, uparen sa izgužvanom košuljom, farmerkama i patikama iz njegove nepresušne kolekcije patika *najk*. Ali Hausovi sakoi mu nisu baš po meri već su tesni. – I to kazuje određenu priču – objašnjava Keti. On je neko ko ne troši previše vremena na to da mu odeća savršeno pristaje. To je „suptilno ali uočljivo", kaže Keti. – Ponekad lik mora da nosi odeću koja mu ne paše savršeno.

Da se ne zavaravamo, odeća je zaista dobra. Većinu Hausovih sportskih sakoa šio je Aleksandar Makvin a njegove košulje su: „veoma skupe. Tako je kada se snima serija koja je hit." Što se Hausovih majica tiče „trudim se da one budu više rokerske", mnoge su sašivene po narudžbini. Ni Hausovu bajkersku jaknu nećete naći u prodavnici. Keti je uzela standardu *vanson*** jaknu i sama prišila uredne trake na rukave.

IMPERIJA UZVRAĆA UDARAC

– Ono što Hju čini zaista je neverovatno, ne samo što tako ubedljivo glumi Amerikanca nego još i unosi sve potankosti u svoju glumu u ovakvom tempu, i uz broj stranica koje svakog dana treba da pređe. Ne bih da uvredim bilo koga drugog na TV-u ali smatram da niko drugi nije ni blizu onome što Hju postiže.

KEJTI DŽEJKOBS

Hju Lori je jedan od velikog broja Britanaca i Kanađana koji učestvuju u seriji *Haus* (a ima i po koji zalutali Australijanac). Direktor fotografije Gejl Tatersol i ostali iz ekipe su Englezi, deo zajednice od desetine hiljada Britanaca u Holivudu. Scenograf Džeremi Kasels je Škotlanđanin; Dejvid Šor i Dejvid Hoselton su Kanađani, Džesi Spenser je Australijanac. Hju Lori je već bio veoma popularan glumac u Ujedinjenom Kraljevstvu, uglavnom čuven po komičnim ulogama u serijama *Dživs i Vuster*, *A Bit of Fry and Laurie* (sa Stivenom Frajom) i *Crna guja*. Ni u jednoj od ovih serija Lori nije morao da govori s američkim akcentom.

---

* Vanson je čuveni američki proizvođač kožnih jakni, tradicionalnih, rokerskih, bajkerskih i ostalih. (Prim. prev.)

Hausova personalizovana bajkerska jakna.

– Moj otac je nedavno preminuo, pa sam jednog dana rekao Hjuu kako smo moj otac i ja proveli najzabavnije trenutke uz *Dživs i Vuster* i *Crnu guju*, histerično se smejući. Sećam se prvog susreta s Hjuom; pomislio sam kako moj tata gore na nebu govori: – Konačno radiš s glumcem kojeg poštujem.

DŽEREMI KASELS

Jedina osoba koju akcenat Hjua Lorija nije ubedio jeste sâm Hju Lori. – To dolazi i odlazi – kaže on. – Imam dobre i loše dane a šest godina kasnije ne mogu da shvatim zašto je to tako. – Uvežbava svoj akcenat na putu do studija. Ako vozi motor, gleda kako se drugi vozači pitaju s kim li to razgovara kada se zaustave u saobraćaju. – Nekih dana mi prosto ne ide – kaže on a zatim se ispravlja. – Ne, svakog dana mi ne ide. – Ako treba ponovo da snimi neki dijalog, pažljivo se sluša.

– Ponekad odslušam samo prvu rečenicu ali i u toj jednoj čujem tri greške pa pomislim: ako treba da ispravim te tri greške, to znači da u čitavoj seriji ima još trideset jedna hiljada grešaka. Šta da radim? Nekad prosto nema dovoljno vremena za ispravke.

S druge strane, Gejl Tatersol opisuje akcenat Hjua Lorija kao besprekoran. Gejl se divi tome što Hju može da upamti čitav svoj dijalog i medicinske termine kao i sve fizičke radnje sa štapom. – On je zaista veličanstven glumac – tvrdi Gejl. – Zaista je uživanje gledati ga kako radi i biti deo tima. – Scenaristi Rasel Frend, Garet Lerner i Tomi Moran pričaju o radnoj etici Hjua Lorija i onome što unosi u seriju a što gledaoci ne vide. Kada Haus treba da uništi Kadinu klozetsku šolju u *Neka se snalaze kako znaju*, Lori je smislio najbolji način: neće je olupati svojim štapom, nego će improvizovati – smrviće je maljem, jednim udarcem. Njih trojica su raspravljali o tome kako da razviju kadar; i slažu se da je njegov akcenat dobar. – Mislim da je besprekoran – kaže Garet. – Ponekad je strog prema sebi nakon snimanja jednog kadra a vi ga pitate na koju to reč misli, jer niste primetili da je nešto bilo pogrešno.

Garet Lerner se priseća Hjua Lorija iz jedne epizode kultne britanske komedije *The Young Ones*; Rasel i Tomi nisu toliko bili upoznati s Lorijevim radom ali ih je njegov akcenat sasvim uverio. Rasel kaže: – Kada smo ga prvi put videli i kada je progovorio s britanskim akcentom rekao sam: „O! Zašto govoriš s britanskim akcentom?” – Tomi Moran ga je čuo kako govori isključivo s američkim akcentom, čak i za ručkom. A onda je Lori dao intervju za *Dobro jutro, Ameriko* sa seta. – Pričao je s američkim akcentom sve dok mu nije postavljeno pitanje a onda je krenuo da odgovara s britanskim akcentom, pa sam na sekund pomislio da pravi nekakvu šalu sa izgovorom.

TOMI MORAN: Ne zvuči kao njegov glas. Čini mi se čudan.

GARET LERNER: Njegovi britanski akcenat je truo.

Hju Lori o … *Hausu*

PITANJE: Ovde je divna ekipa...

– Oni su divna, divna družina. Ja nisam.

PITANJE: Kakva si očekiva nakon snimanja pilot-epizode? Da se okonča snimanje pilota, još deset epizoda?

– Tako je. Mislio sam da će to biti zanimljive dve nedelje. Brajan Singer je očigledno zanimljiv tip a na kraju ću dobiti šezdesetominutni DVD koji ću moći da pokažem svojim prijateljima i kažem: „Vidite u šta je moglo da se izrodi.”

PITANJE: Ali jesi znao da je scenario dobar.

– Jesam. Uvek sam smatrao da može ispasti dobro. Malkice sam neiskren. Uvek sam gajio potajnu nadu da može uspeti. Smatrao sam da postoje prave vrednosti u scenariju ali nalaziš se u milosti toliko toga što nema nikakve veze sa serijom.

PITANJE: Koliko je žestok ritam snimanja?

– Žestok je i nemilosrdan. Količina posla je nezamisliva pa ipak, svi su u savršenoj formi i sve se glatko odvija. Ta se životinja ne može učiniti mehaničkom. Ne možete pritisnuti dugme pa da scenariji počnu da ispadaju niti se na pritisak dugmeta pojavi ekipa snimatelja. Svake nedelje se osećate kao da iznova izmišljate točak. Svaku scenu započinjete gotovo ni iz čega, razmišljajući kako da nešto učinite na način na koji to nikad ranije nije bilo učinjeno. Pretpostavljam da bi bilo moguće držati se stvari za koje smatramo da su bile uspešne ali svi pokušavaju da učine upravo suprotno – glumci se trude da pronađu nešto što ranije nisu radili a režiseri traže kadrove kakve nisu snimili.

PITANJE: Da li si pod pritiskom?

– U ovom poslu, koji svakako nije igra, ima nešto neobično: naposletku to je samo televizijska serija. Paradoks leži u ovoj činjenici: ako je tretirate kao televizijsku seriju onda ona neće biti čak ni televizijska serija već otkazana televizijska serija. Svi su dužni a i plaćeni da se u svemu ponašaju malo opsesivno. Naravno, znamo da ne lečimo rak; čak i ne predstavljamo ljude koji leče rak ali smo dužni da budemo opsesivni i perfekcionisti čak i za priliku da ostanemo u igri. Ovo je takmičarski posao i gledaoce je veoma teško pridobiti za sebe a milion ljudi čeka svoju priliku da radi ono što mi radimo. Svi osećamo vreli dah neuspeha za vratom, i sve može da se sruši.

PITANJE: Ne u prethodnoj sezoni...

– Veoma retko izlazim na internet ali drugačije ne mogu da doznam šta ljudi misle. Ne preporučujem to nikome, a i može biti smrtonosno zato što se ljudi samo žale. Ne odbacujem kritiku drugih, to se ne može, ali smatram da veliki deo onoga što ljudi smatraju nezadovoljavajućim ili uvredljivim jesu zapravo oni sami. To je deo njihovog sopstvenog organskog razvoja. Mogu da kažu: „Druga sezona je

– Mnogi doktori su nesrećni baš zato što moraju da leče pacijente.

bila mnogo bolja." Pa, da li je to zaista tačno ili ste tek od nedavno počeli da pratite seriju? Dakle, gledaoci su gledaoci, kao i oni prvi koji su počeli da prate seriju. Zaista smatram da je nešto od onoga što radimo sada bolje od svega što smo ikada uradili.

PITANJE: Čak i u ovom trenutku, da li čitaš ovo i misliš da je kul?

– Da, stvarno. Naravno, često nas optužuju da se služimo uobičajenim formama ali takva je priroda televizije. Morate da izgradite određen broj setova i da ih iznova koristite. To je prva i najpraktičnija stvar o kojoj se mora razmišljati. Ne možete da radite televizijsku seriju u kojoj se neće iznova koristiti njena fizička dobra. Čim postavite nešto na svoje mesto, obično radno mesto, oko toga mora da se stvori uobičajena struktura; u suprotnom nije isplativo. Mislim da se mnogo manje služimo uobičajenim formama od policijskih serija u kojima se svake nedelje hvataju negativci.

PITANJE: *Haus* je najpopularnija serija na svetu. Šta kažeš na to?

– Ne znam šta to znači. Ali izgleda da je neobično popularna u drugim delovima sveta. To me je silno iznenadilo tim pre što se u njoj mnogo govori. U njoj nema mnogo automobilskih jurnjava, helikoptera koji eksplodiraju ili potera po krovovima.

PITANJE: Ali si primio udarac.

– Jesam, tako je. Verovatno je to razumljivo u mnogim kulturama.

PITANJE: Mogao si to da očekuješ.

– Jesam. I to svake nedelje.

PITANJE: Čejs te je udario u prošloj sezoni...

– U prvoj epizodi psihijatar kaže kako ljudi dobijaju samo deserte a Haus to odbacuje, i kaže kako bi njega pacijenti neprestano silovali, da je pravde. Priznaje da je njegovo ponašanje provokativno.

HJU LORI O ... FILOZOFIJI *HAUSA*

PITANJE: Centralna tema je – ne dobijaš ono što zaslužuješ već ono što ti sleduje.

– Dobiješ samo ono što dobiješ. To je svojevrsna antitelevizija, kako mi se čini, pogotovo u ovoj zemlji. Filmovi i TV služe da uvere ljude da pravda postoji, vrlina se nagrađuje, zlo se kažnjava i momak sreće devojku. Postoje zadovoljavajuća razrešenja, čemu se *Haus* čvrsto protivi. Iako moramo priznati da smo televizijska serija; u celini uzevši, ljudi preživljavaju užasne bolesti i srećni završeci postoje. Lik Hausa veoma prezrivo gleda na čitavu tu ideju o pravdi. Ljudi gledaju TV serije zato što su njihovi životi nasumični i nepravedni. Uključuju televizor da bi gledali pravednost, da bi videli kako negativci odlaze iza rešetaka a pozitivci dobijaju aplauz.

PITANJE: A onaj menadžer hedž fonda koji poklanja svoj novac?

– Postoji nekakva psihička moralna ekonomija koju mora da preformuliše.

PITANJE: Tako nešto na Hausa ne ostavlja utisak.

– Zbilja ga se ne doima, ali je Haus prema njemu neobično blag. On je besan ali i brižan. Haus ima tu snažnu protestantsku crtu, čini mi se. On kakvo jednostavno ili udobno rešenje smatra suštinski sumnjivim. Ako je jednostavno, onda nešto nije u redu s tim, a to se donekle poklapa s dilemom tog menadžera. On je uspešan u mnogim oblastima, pa mora da je negde nešto naopako. Postoji cena koja se mora platiti.

PITANJE: Haus nije materijalista.

– On je mnogo štošta ali poseduje taj gotovo detinjasti poriv za prisvajanjem novca i igračaka. To je jedan od načina na koji Haus uspostavlja ravnotežu.

PITANJE: Da li je privlačna Hausova osobina da kaže ono što mu je na umu?

– Naravno. Poput mita o Ikaru, sna o letenju; to je svojevrsno društveno bestežinsko stanje. Ako vas ne sputava gravitacija kakvog: „Ne smem ovo da kažem", „Ne smem ono da kažem", „Ovo me sprečava". Ovaj lik prosto ne poštuje zakon gravitacije. Dozvoljeno mu je da uzleti visoko, što je uzbudljiva mogućnost. Nedostižna.

PITANJE: Sve se svodi na to da se pregura dan zato što je to veoma naporno.

– Naporno je. A Haus je sumnjičav po pitanju unutrašnje dobrote. U scenariju Larija Kaplova za epizodu *Autopsija*, za koju je dobio nagradu Udruženja scenarista, reč je o mladoj devojci koja ima tumor na mozgu. Svi u bolnici se dive držanju i razmišljanju ove devojke, njenoj hrabrosti, a Haus je skeptičan prema hrabrim bolesnicima od raka. Često se govori kako je svako ko ima tu bolest hrabar. Haus je veoma skeptičan. Koliko dotična devojka može da bude hrabra? Postoje li samo hrabre žrtve raka? Da su svi hrabri, onda reč *hrabrost* ništa ne bi značila.

On se zatim uhvati za ideju da je njena hrabrost zapravo simptom; bolest je promenila njenu ličnost i tako će je i lečiti. Scenario je genijalan upravo po tome što Haus nije u pravu. Greši na način koji vodi do boljeg rešenja za njeno lečenje. To je apsolutno fantastičan scenario: filozofski zanimljiv, kao uostalom i svi drugi.

PITANJE: Postoje neke divne hausovske boljke – poput tipa koji zloupotrebljava sirup za kašalj kako bi se zaglupeo. (*Neznanje je blaženstvo*)

– Apsolutno genijalno. Mislim da je to za njega bolno jer postoji nešto preteće u tome da neko preda svoj razum kako bi doživeo sreću zato što je sam, na svakom koraku, negovao intelekt na uštrb sopstvene sreće. Ali shvata da je to barem održivo stanje i prihvata neznanje kao blaženstvo.

HJU LORI O ... LUKASU

PITANJE: Hausov drugi mogući prijatelj pojavljuje se kao suparnik. Jadni Haus.

– Mlađi muškarac. Ima smisla, na neki čudan način... Haus bi bio mnogo grublji s nekim drugim mogućim Kadinim partnerom. Zapravo je i bio.

PITANJE: Mogao je da se ratosilja tih likova.

– Ali ovaj tip je ozbiljan. Na neki neobičan i uvrnut način, mogu da ga zamislim kako daje svoj blagoslov i odobrava tu vezu. Ne da je priznaje ali na određenom nivou odobrava.

Hju Lori o... Vilsonu

PITANJE: Ovo je jedna od retkih serija koja istražuje muško prijateljstvo...

– Ne znam zašto se koristi ta užasna reč *bromance**. Mislim da su muškarci veoma sluđeni jer nisu sigurni kako da se ophode jedni prema drugima.

PITANJE: Posle Amber, morao si da saznaš s kim se Vilson viđa. Moraš da znaš šta smera.

– Da, jer iako se radi o muškom odnosu, postoji i taj muško-ženski odnos. To ne znači da sanjarim o Robertu Šonu Lenardu a, tako mi svega, ne bih da ga predstavim kao ženstvenog ili neprivlačnog; međutim definitivno postoji muška i ženska strana svih nas, kao i u *Neobičan par*, a Vilson teži toj ženskoj strani kao što Haus teži aljkavo muškoj.

PITANJE: Robert Šon Lenard kaže da je Vilson mnogo više upropašten od Hausa.

– Može biti da je tako. Verovatno će se u četrnaestoj sezoni, dugo nakon mene, istraživati Vilsonova izopačena psiha. On mnogo bolje funkcioniše, na površnom nivou. Haus nije sposoban da funkcioniše – očigledna je činjenica. To je samo po sebi relativno zdravije nego tiho Vilsonovo mučenje.

Hju Lori o... Hjuu Loriju

PITANJE: Da li gledaš seriju?

– Gledao sam je. Zapravo je mnogo veće uživanje odložiti gledanje na neko vreme, sve dok ne zaboravim ko je radi i šta ja radim u njoj. Ponekad mislim: „Bio je to dobar trenutak". Ako je nešto sveže

---

* Bromance (*engl.*) jeste portmanto reč koja označava neseksualnu vezu dva muškarca. (Prim. prev.)

u mom pamćenju, pomislim: „Mogao sam to i bolje" ili „zašto sam to uradio?".

PITANJE: Jel' teško naučiti tekst?

– Zapravo i nije. To je pravi blagoslov jer ga ima mnogo. Kada je serija počela producenti i ljudi u studiju su se pitali da li će se ikome dopasti. To je bila njihova prva briga. Druga je bila da li ćemo moći da je snimamo ako se dopadne. Jer, ako neko zaboravi svoj tekst, ne možemo da je snimamo. Ili: „Da li je trezan?" „Hoće li se se pojaviti na vreme?" „Nosi li pištolj?" I sve tako neke stvari koje su se, da budem iskren, i dogodile a verovatno se i u ovom času događaju negde u Los Anđelesu. Neko se ne pojavi na snimanju ili preti da će udariti režisera, možda šutira nameštaj ili je toliko nespreman da se prvi kadar snima tri sata. Sve su to razložne brige.

– Sreća je što brzo uči tekst. Kada ga gledate, izgleda kao da to čini bez imalo truda. Definicija nekog ko je fantastičan u svom poslu glasi: izgleda kao da to radi s lakoćom. Ali, izuzetno je teško tako nešto postići.

KEJTI DŽEJKOBS

PITANJE: Britanci te znaju po *Fraj i Lori* i *Crnoj guji*...

– Ako me znaju...

PITANJE: Naravno da te znaju. Da li su generalno bili iznenađeni ovakvom velikom karakternom glumom?

– Mislim da nisu obratili pažnju na to. Pomalo je čudno kako se čitava ta stvar raširila, a pritom je ostavila mnogo manji ili nikakav utisak u Velikoj Britaniji. Naša je serija najgledanija u Italiji, Španiji, Nemačkoj, Brazilu. Dobijam pisma od Rusa. U Britaniji se nije probila. Nije se nešto primila, što je u redu. Zapravo, tako je još bolje.

PITANJE: Neki Britanci su ambivalentni po pitanju Amerike.

– Britanci su krivi za najgori niz lenjih predrasuda o Amerikancima. „Uopšte ne shvataju ironiju." To je čisto sranje. U velikom broju slučajeva imaju mnogo razvijeniji smisao za ironiju od nas. Veliki deo TV programa nije ništa drugo nego ironija. Nisu sposobni da budu neironični... Postoje mnoge lenje i pomalo snobovske predrasude.

PITANJE: Da li živiš ovde a tamo putuješ?

– Da. Živim ovde, neophodno je, ali to ne zovem tako. Ovde boravim. Iako sam se konačno prijavio za zelenu kartu, delimično i zato što je zakon o radnim dozvolama postao tako strog u poslednje vreme da je veoma teško raditi bez zelene karte... Veliki sam poštovalac ove zemlje i veoma vezan za ljude s kojima radim.

PITANJE: Koliko je teško glumiti to s nogom? Daš nekom nogu...

– To me je malo pogodilo.

PITANJE: Da li sam dobro čuo da te noga zaista boli?

– Nešto sam joj uradio; ne znam šta. To je više mehanički problem. Čitanje dokumenta, otvaranje vrata, javljanje na telefon dok daješ injekciju. Moj problem bi bio šta uraditi sa štapom?

HJU LORI O... HAUSU

PITANJE: Stejsi. To si ozbiljno uprskao.

– Dejvid Šor piše apsolutno fantastične dramatične scene, ali ima i neverovatnu veštinu korišćenja aluzija. Didaskalije koje piše neverovatno su dobre. Prosto se majstorski poziva na prethodne veze ili prošle događaje ili dešavanja izvan scene. A to važi i za način na koji je predstavio Hausov odnos sa Stejsi, kao u *Kazablanci*. Upoznali su se u Parizu. Nemci su nosili sivo itd. A ona ušeta u Rikov bar. Od svih bolnica na čitavom svetu. On ima izvanredan talenat za takve stvari. Na kraju sam potpuno poverovao u taj odnos i zagolicala me je ta istorija.

PITANJE: U šestoj sezoni treba da poverujemo da ti je bolje.

– Pa, zavisnik je zavisnik, ma šta bila njegova droga – analgetici, depresija, zagonetke ili šta god drugo – važno je samo mučiti one oko sebe. Zavisnost je samo privremeno savladana ali nikada ne iščezava. Lečeni alkoholičari celog života odlaze na sastanke „Anonimnih alkoholičara".

– Ne mislim da je Haus đavo; ne mislim ni da je anđeo.

DEJVID ŠOR

PITANJE: Haus nema vremena da odlazi svuda gde bi trebalo da ode.

– Bio bi to dan veoma ispunjen obavezama.

PITANJE: Haus podržava Čejsa po pitanju Dibale. On kaže: „Bolje ubistvo nego pogrešna dijagnoza".

– Što je delimično šala, ali samo delimično. Svestan je da to navodno zvuči apsurdno ali je to ipak i istina. I jedno i drugo.

PITANJE: I ranije si se zaticao u tom položaju, spasavao si živote pred sobom ali šta biva s onim hiljadama ljudi koje ne poznajemo. A Ron Livingston [Sebastijan u *Tuberkuloza ili ne*]? Stvarno si mrzeo tog tipa.

– Bio sam ljubomoran... Po kakvoj to skali ljudi donose svoje odluke? Da li ih donose na osnovu osoba koje su u sobi s njima?

PITANJE: Zašto Haus ima loptu za kriket u svojoj kancelariji?

– To je tek predmet koji rado dodirujem s vremena na vreme. Uz to je i dosta proputovao; uvek sam osećao kao da je akademski svet, koliko mu Haus pripada ili mu je pripadao, svet za sebe. Uzima najrazličitije stvari. Ima trofej iz CIA – orla kojeg je ukrao sa stola neke žene.

PITANJE: Imaš fotografiju Stivena Kolberta.

– Bio sam ushićen što je taj genije uopšte poželeo da ima fotografiju mene kao Hausa na zidu [svog stola], bilo to ironično ili ne. U međuvremenu je prikupio mnoštvo drugih fotografija pa ne znam nalazim li se još uvek tamo; ali jesam bio nekoliko godina, pa sam smatrao da je zavredelo da mu uzvratim kompliment. Mislim da bi Haus verovatno uživao u Kolbertu. Čini se prirodno.

PITANJE: Dopalo mi se kada si razbijao klozetsku šolju.

– Osećate nekakvo zadovoljstvo dok gledate kako se bistri, ispunjeni ljudi ponašaju kao petogodišnjaci. U svima nama postoji jedan petogodišnjak. On nikada ne odlazi. Neke serije bi prišile određenu osobinu jednom liku i objasnile kako se radi o usijanoj glavi. On je takav i takav. Svi smo takvi ponekad. Ponekad smo i malodušni. Svi smo nespokojni.

PITANJE: Dejvid Šor ne smatra da Haus ima zlatno srce, za razliku od drugih.

– Sposoban je za plemenite činove samopožrtvovanosti kao i za dobrotu. Kada i učini nešto ljubazno, ne očekuje nagradu za to. Na američkoj televiziji viđa se nešto neobično i sentimentalno, a to je da se plemenita dela i činovi ljubaznosti primećuju i nagrađuju ili im se barem aplaudira. Neverovatno je koliko puta režiser ili scenarista pravi scenu u kojoj se ljubavnici ponovo nalaze, bomba se demontira ili se neki herojski čin odvija u javnosti. Ljubavnici se ponovo sreću na stadionu za bejzbol, na aerodromu ili u podzemnoj železnici, gde ljudi tapšu. Susret se nikada ne odvija u njihovim spavaćim sobama. Haus je neobičan po tome što ne mari što dobra dela prolaze nezapaženo i to je osobina za divljenje. Na njega se odnosi onaj Kiplingov stih [iz „Ako"]: *Rizikuj sve u jednom bacanju novčića/ Izgubi, a onda kreni iz početka/I nikom ne reci koliko si izgubio.* To što nikom nećeš pričati o svom gubitku plemenito je. On je takav.

– Lično ne mislim da ima zlatno srce kao što to smatraju mnogi gledaoci. Mislim da je on ipak ljudsko biće. Hjuova gluma je tu neobično dobra – bilo bi veoma lako odglumiti to mehanički ali Hju izaziva taj osećaj da se negde iza tih očiju krije ljudsko biće. Mislim da mu samo zato gledaoci opraštaju mnogo toga.

DEJVID ŠOR

PITANJE: Nikada neće izgovoriti da ga je briga.

– Tako je.

PITANJE: Triter zaista uspeva da dopre do Hausa. On kaže da svi lažu i da njegovi postupci lažu.

– Policajci i doktori više od osoba drugih profesija vide čovečanstvo kakvo jeste. Vide ljude u ekstremnim prilikama. Verovatno razviju bolju sposobnost da procene šta je ljudskost i na šta smo spremni ili nismo. To je veoma iznijansirano, kao i polagano pogoršanje. Sve počinje s opaskom „pustio si me da čekam", što Haus čuje u pogrešnom trenutku, tako da se vraća s krekom a onda šutne svoj štap, u svojevrsnom činu fizičkog maltretiranja. Pogoršanje je tako zanimljivo narastalo.

PITANJE: Jedino si tada pomislio da Hausa neko može nadigrati.

– Postoji jedna veoma dobra Formanova opaska. Shvatamo da je Forman imao burno detinjstvo i na osnovu svog bogatog iskustva s policijom kaže kako panduri imaju milion načina da te upropaste, što je istina. Niko ne želi da sebi stvara neprijatelja od policajca. To se ne može dobro završiti.

PITANJE: Kadi ti je sačuvala leđa.

– Bio je to divan trenutak. Veoma sam ponosan na to što sam bio učesnik nekih zbivanja.

PITANJE: Jesu li Haus i Kadi i dalje prijatelji i posle dvadeset pet godina?

– Stvarno nemam pojma. Doktori vole da se drže svoje profesije više nego drugi. Posle tolikog ulaganja u sticanje diploma, nastaviće da rade ono što su radili.

PITANJE: Šta bi Haus radio kada bi otišao u penziju?

– Noga ga boli sve dok se ne angažuje oko nekog problema. Šerlok Holms je bio depresivan dok ne dobije da rešava neki problem.

PITANJE: Muzika ti je važna?

– Tako uviđam vezu između stvari. Mogu da improvizujem. Bah i Telonijus Monk mogu da žive skupa u njemu.

– Uvek sam gajio potajnu nadu da može uspeti.

ZAKLJUČAK

– Ne težimo tome da budemo okej serija.
Težimo tome da svaka epizoda bude što bolja
i nadamo se uspehu više nego porazu.
Niko od nas ne uči da bi dobio prolaznu ocenu.

KEJTI DŽEJKOBS

Godine 2009, *Eurodata TV Vorlvajd*, francuska organizacija ko-
ja prikuplja televizijske rejtinge iz čitavog sveta, proglasila je
Hausa najpopularnijom televizijskom serijom na svetu, s više
od 81,8 miliona gledalaca u 66 zemalja. Haus je dokazani fe-
nomen koji postiže uspeh u neobično raznolikim kulturama.
Serija je pokrenula mnogobrojnu literaturu, počevši od aka-
demskih rasprava pa do izobilja modernih stvari namenjenih
fanovima na internetu. Hausov grubi šarm prevazilazi genera-
cijski jaz i granice, kao i svaki demografski pokazatelj koji su
međunarodni stručnjaci za marketing osmislili. *Haus* je zauvek
pohranjen na američkoj kablovskoj televiziji, među emisije ko-
je će se reprizirati. Slobodno se može reći da je *Haus* veliki hit.
   Svakodnevna posvećenost glumaca i svih drugih u ekipi
Hausa kvalitetu nije se promenila još od pilot-epizode. Te-
levizija je industrija u kojoj kvalitet nije zalog uspeha. *Haus*
je uspeo da bude i trajno popularan i izuzetno dobar, a tu je
kombinaciju teško održati. Serija je bez prestanka kandidat za

nagrade, što pokazuje da je visoko cene kritičari i ljudi iz iste branše, a i mnogobrojni gledaoci. Nagrade su otišle: Emi za scenario *Tri priče* (2005) Dejvidu Šoru; nagrada za protetičku šminku za *Šta bude, biće* (2007) Daliji Dokter, Džejmiju Kelmanu i Edu Frenču; nagrada za režiju *Hausove glave* (2008) Gregu Jaitanesu; nagrada za montažu zvuka u *Razdvojeni* (2009) Von Vargi, Huanu Sisnerosu, Geriju Lencu i Riču Vajngartu. Hju Lori je osvojio Zlatnog globusa za najboljeg glumca u dramskoj seriji 2006. i 2007. godine i nagradu Udruženja filmskih glumaca 2007. i 2009. godine; Omar Eps je osvojio nagradu Imidž za glumu 2007. i 2008. godine; Lorens Kaplou je osvojio nagradu Udruženja dramskih pisaca 2006. a Rasel Frend, Garet Lerner, Dejvid Foster i Dejvid Šor su osvojili nagradu Udruženja dramskih pisaca 2010. za epizodu *Slomljeno* i tako redom i tako dalje.

Čak i pošto se nakon šest sezona svakodnevni posao na seriji odlikuje neprekinutim umetničkim i tehničkim kvalitetom, pogled na taj posao se donekle promenio. Kejti Džejkobs opisuje izazove iz prve sezone: – Prva sezona je bila nešto sasvim drugačije. Posao mi je u tom trenutku izgledao kao neprekidna borba, ali ne govorim pejorativno. Moram da se izborim da bismo se emitovali; moram da obezbedim dobru reklamu; moram da se borim za publicitet; moram da se borim za glumačku podelu; moram da se borim za sve. Ovo je posao pun konkurencije.

Ona to poredi s današnjim trenutkom: – Danas sam u sasvim drugačijem, neverovatno blaženom položaju – više ne moram da vodim nijednu od onih bitaka. Emitujemo se. I dalje se emitujemo. Imam dobru reklamu – na tome još radim. Posao jeste težak, ali na drugačiji način.

....

U samom centru ovog neobičnog svemira nalazi se lik Hausa. Oduvek se sve ticalo i zauvek će se sve ticati Hausa. Iz načina na koji je njegov lik izgrađen tokom vremena proističe da će i dalje iznenađivati ljude koji misle da ga dobro poznaju. Sudeći po čoveku koji ga je stvorio, Haus je drugačiji i nimalo nalik na bilo koga od nas.

– On nije nemoralan; on je veoma moralna ličnost po tome što se stalno bori da otkrije šta je ispravno činiti. Društvene smernice mu nikako nisu uteha. On svakoj situaciji prilazi kao suštinskoj. Nikada se ne pita šta mu zakon nalaže, već šta mu osnovni etički principi nalažu. Shvata da su mnoga pitanja s kojima se doktori suočavaju veoma, veoma teška i složena.

DEJVID ŠOR

PITANJE: Haus nije mekog srca.

DEJVID ŠOR: Najblaže rečeno.

Haus je ograničen isključivo sposobnošću scenarista da mu pronađu nove profesionalne izazove i nove muke u privatnom životu, i mogućnošću Hjua Lorija da osvoji taj lik s takvom snagom i ubeđenjem. Nijedna od ovih promenljivih nije dovedena u pitanje.

....

Kako se šesta sezona završava, Haus se leči alkoholom. U *Izboru* se budi u praznom krevetu u stanu svog suseda. Vilson plaća članovima Hausovog tima po sto dolara da ga izvedu odatle (Forman, očekivano, traži dvesta dolara). Haus se dobro provodi u karaoke baru s Formanom i Čejsom, pevajući „Midnight Train to Georgia"; Trinaest ga vodi u „Fokshoul", lezbijski bar, a u takvoj večeri, Vilson tvrdi, Haus ne može a da ne uživa.
Ali kao i na samom početku, iznad svega visi njegov odnos s Kadi. Ona naivno (što znači da joj Vilson nije platio) poziva Hausa na večeru. On je odbija. Kadi stoji na pragu – ljudi svom doktoru kažu ono što je najvažnije dok im je ruka na kvaki.

KADI: Samo želim da budemo prijatelji.

HAUS: Čudno. To je poslednje što ja želim da budemo.

Haus se iznenada suočava s onim čega se najviše plaši, a to je da ostane sam. Sem se useljava kod Vilsona, tako da ga Vilson moli da se iseli iz stana a Lukas i Kadi planiraju da žive zajedno. U epizodi *Prtljag* pratimo Hausovu terapiju kod psihijatra Nolana. Haus traži nešto što će mu skrenuti pažnju; pije i izaziva tuče, prima u svoj stan svog starog drugara iz Mejfilda Alvija i aktivno se bavim slučajem žene koja pati od amnezije; njena se potraga za identitetom odvija uporedo s Nolanovim pokušajem da dopre do uzroka Hausove najnovije boljke.

Nolan zaključuje da se muž žene u amneziji plaši da je ne izgubi a i Haus gubi nekog – kako zna da će Haus uvek imati Vilsona, jedino ostaje Kadi. Alvi je založio nekoliko Hausovih knjiga a on jednu pokušava da povrati na sve načine, nudeći kupcu dve hiljade dolara, a zatim tražeći od Alvija da je ukrade. Ta jedna je *Approach to the Acute Abdomen*, Ernesta T. Kadija, M.D., Kadinog pradede; Haus želi da joj pokloni tu knjigu u posebnoj prilici. Kada Nolan otkriva ono što mora biti istina, a to je da Haus tuguje za nekim koga je voleo, Haus odlazi s terapije. Kaže da je uradio ono što je Nolan tražio ali da je i dalje nesrećan; ali Nolan ne može više ništa da učini – on ima pristupa isključivo Hausovoj psihi, ne i Kadinom srcu.

U poslednjoj epizodi, *Pomozite mi*, Haus poklanja onu knjigu tek verenoj Kadi. Posveta koju ispisuje je banalna i nimalo nalik na Hausa, a glasi *Lisi i Lukasu. Za novo poglavlje... Sve najbolje, Greg. Poljupci.* Haus primećuje da Kadi okleva da mu odgovori ali čak i Haus mora da se strpi – Kadi mora da se pozabavi ozbiljnom nesrećom, rušenjem krana u Trentonu. Haus je sledi i zatiče se u užasnoj situaciji u *Jedan dan, jedna soba*, dok pomaže Hani, kojoj je noga priklještena pod ruševinama.

Kadi i Haus su se nalazili u istoj ovoj situaciji, samo u izmenjenim ulogama. U epizodi *Tri priče* Kadi ubeđuje Hausa da pristane na amputaciju noge jer mu je mišić odumro. U ovoj epizodi najsigurnije je da Hani odseku prignječenu nogu. Dok Kadi insistira da joj odseku nogu, Haus očajnički pokušava da odloži taj zahvat. Kadi pretpostavlja da joj se Haus sveti preko Hane.

KADI: Ne volim te i zato prihvati to i živi kako znaš, a nemoj da unesrećuješ sve oko sebe.

HAUS: Odlično. Životna lekcija od sredovečne samohrane majke koja se zabavlja s nezrelim čovekom.

KADI: Jebi se. Muka mi je da stalno tražim neki izgovor za tebe... gotovo je.

Haus zatim kaže Hani kako bi voleo da im je dozvolio da mu odseku nogu. Postao je gori čovek zato što se nije podvrgnuo operaciji. – A sada sam sâm. – Hausovi doktori su pogrešili, prepisali su mu ležanje u krevetu i antibiotike koji su krivi za stanje u kom je; Hanin doktor (Haus) učinio je sve što je trebalo u krajnjoj nuždi i nakon što je oslobođena, trebalo bi da preživi. Dok je Haus insistirao da zadrži nogu i živi, Hana je pristala da ostane bez noge, ali umire od ćudljive embolije na putu u bolnicu. Ne dobiješ ono što zaslužuješ već ono što ti sleduje.

Haus se našao oči u oči sa sudbinom, i sve što je preduzeo kako bi se promenio uzaludno je. Forman pokušava da razgovara s njim ali je on neutešan. Odlazi kući i uzima tablete iz poslednjeg šteka, spreman da odbaci sve što je postigao. Pre nego što se potpuno preda, spasava ga Kadi koja mu kaže da je raskinula s Lukasom. Sedi u svom novom domu sa svojim verenikom a samo misli na Hausa. Njihova poslednja bučna svađa je bila samo još jedna predigra. – Volim te – kaže Kadi. – Volela bih da nije tako, ali ne mogu drugačije. – Haus mora da proveri da li opet halucinira. Ne halucinira, nešto se *zaista* promenilo, i oni se ljube. Ponekad, dakle, dobiješ ono što želiš.

Ko zna gde će Haus i Kadi biti u naredne dve nedelje ili dve godine? Da li će biti zaljubljeni ili neće razgovarati? Stabilnost je uvek varljiva a kriza s kojom se Trinaest iznenada suočava dešava se upravo sada. Taub je zatiče kako ostavlja poruku Hausu. Traži odsustvo.

TAUB: Jesi li dobro?

TRINAEST: Očigledno nisam.

Fanovi televizijskih serija, kao i fanovi bilo koje drame, očekuju da će likovi koji im se dopadaju biti uspešni i srećni i priželjkuju sve suprotno onima do kojih im nije stalo. Želimo da naši omiljeni likovi donose dobre odluke, da ne posežu za flašom alkohola ili tabletama u nadi da će tako promeniti svoju sudbinu i preusmeriti svoje živote. Želimo da odagnaju bolest, kakve god da su im šanse. Možda je utešno to što ništa nije večno, ne postoji unapred određen ishod ove ili one karijere, veze ili života. Postavite Dejvidu Šoru isto pitanje koje se postavlja i drugim glavnim osobama zaduženim za Hausa o tome kako će svi likovi okončati. Saznaćete da budućnost tek treba ispisati.

PITANJE: Da li će kroz dvadeset godina Haus i Kadi biti prijatelji?

DEJVID ŠOR: Ne mogu da odgovorim na to pitanje. Ne mogu da kažem da li će biti venčani ili će postati neprijatelji. Ne znam. Ti ljudi su živi u mojoj glavi i ja gledam kako se njihovi životi odvijaju paralalno s mojim.

PITANJE: Ali upravo ih ti pratiš.

DEJVID ŠOR: Tako je ali ih sledim tamo gde mislim da će biti zanimljivo i gde se čini prirodnim. Ne znam kuda će krenuti.

Oprema za snimanje *Hausa* u Foksovom studiju,
u Njujorškoj ulici u Los Anđelesu.

DODATAK

Epizode

Prva sezona

PRVA: pilot

DRUGA: Očinstvo / Paternity

TREĆA: Okamova oštrica / Occam's Razor

ČETVRTA: Materinstvo / Maternity

PETA: Tamni vilajet / Damned If You Do

ŠESTA: Sokratovski metod / The Socratic Method

SEDMA: Vernost / Fidelity

OSMA: Otrov / Poison

DEVETA: Testament za života / DNR

DESETA: Istorija bolesti / Histories

JEDANAESTA: Detoksikacija / Detox

DVANAESTA: Sportsko lečenje / Sports Medicine

TRINAESTA: Prokletstvo / Cursed

ČETRNAESTA: Kontrola / Control

PETNAESTA: Pravila mafije / Mob Rules

ŠESNAESTA: Breme / Heavy

SEDAMNAESTA: Uzor / Role Model

OSAMNAESTA: O bebama i kupanju / Babies and Bathwater

DEVETNAESTA: Deca / Kids

DVADESETA: Ljubav boli / Love Hurts

DVADESET PRVA: Tri priče / Three Stories

DVADESET DRUGA: Medeni mesec / Honeymoon

Druga sezona

PRVA: Prihvatanje /Acceptance

DRUGA: Autopsija /Autopsy

TREĆA: Hampti-Dampti / Humpty Dumpty

ČETVRTA: Tuberkuloza ili ne / TB or Not TB

PETA: Tatin sin / Daddy's Boy

ŠESTA: Točkovi / Spin

SEDMA: Lov / Hunting

OSMA: Greška / The Mistake

DEVETA: Obmana / Deception

DESETA: Nemogućnost komunikacije /
Failure to Communicate

JEDANAESTA: Mora da zna / Need to Know

DVANAESTA: Odvlačenje pažnje / Distractions

TRINAESTA: Površno / Skin Deep

ČETRNAESTA: Seks ubija / Sex Kills

PETNAESTA: Nesvesno / Clueless

ŠESNAESTA: Bezbedno / Safe

SEDAMNAESTA: Svi skupa / All In

OSAMNAESTA: Ne diraj lava / Sleeping Dogs Lie

DEVETNAESTA: Haus protiv Boga / House vs. God

Treća sezona

Šesta sezona

PETA: Hrabro srce / Brave Heart

ŠESTA: Poznate nepoznanice / Known Unknowns

SEDMA: Timski rad / Teamwork

OSMA: Blaženo neznanje / Ignorance is Bliss

DEVETA: Vilson / Wilson

DESETA: Na tajnom zadatku / The Down Low

JEDANAESTA: Kajanje / Remorse

DVANAESTA: Zveckanje lancima / Moving the Chains

TRINAESTA: Od 5 do 9 / 5 to 9

ČETRNAESTA: Skriveni životi / Private Lives

PETNAESTA: Crna rupa / Black Hole

ŠESNAESTA: Stanje uzbune / Lockdown

SEDAMNAESTA: Pad viteza / Knight Fall

OSAMNAESTA: Otvoreno / Open and Shut

DEVETNAESTA: Izbor / The Choice

DVADESETA: Prtljag / Baggage

DVADESET PRVA: Pomozite mi / Help Me

ZAHVALNOST

Ijan Džekman zahvaljuje Metu Harperu, Lisi Šarki, Keri Kanja i Majklu Morisonu iz izdavačke kuće *HarperCollins*; Kim Niemi i Stivu Koulteru iz *NBC Juniverzala*; Stenu Potingeru; Majklu Jarišu; Lindzi Džefin i svima iz *Hausa* koji su bili toliko velikodušni. Posebno se zahvaljujem Džefriju Kolou i Nejsi Sifert koji su se izuzetno potrudili. Veliko hvala mojoj ključnoj trojci: K., S. i L.

Vrela stolica

CIP - Каталогизација у публикацији
Народна библиотека Србије, Београд

654.197

ЦЕКМАН, Ијан

  Doktor Haus : [zvanični vodič kroz popularnu medicinsku seriju] / Ijan
Džekman ; sa predgovorom Hjua Lorija ; sa engleskog prevela Dijana
Đelošević. - 2. izd. - Beograd : Evro–Giunti, 2012 (Novi Sad : Budućnost). -
370 str. : fotogr. ; 23 cm

Prevod dela: House M. D. / Ian Jackman. - Tiraž 2.000. - Str. 7-16:
Uvodna reč Hjua Lorija. - Napomene i i bibliografske reference uz tekst.

ISBN 978-86-505-1805-2

a) Доктор Хаус. Телевизијска серија
COBISS.SR-ID 190224908